全駅紹介

# 中央線（東京〜高尾）

## ぶらり途中下車

〜沿線の魅力再発見の日帰り旅〜

坂上 正一 著

馬場先門付近（明治時代後期）

# Contents



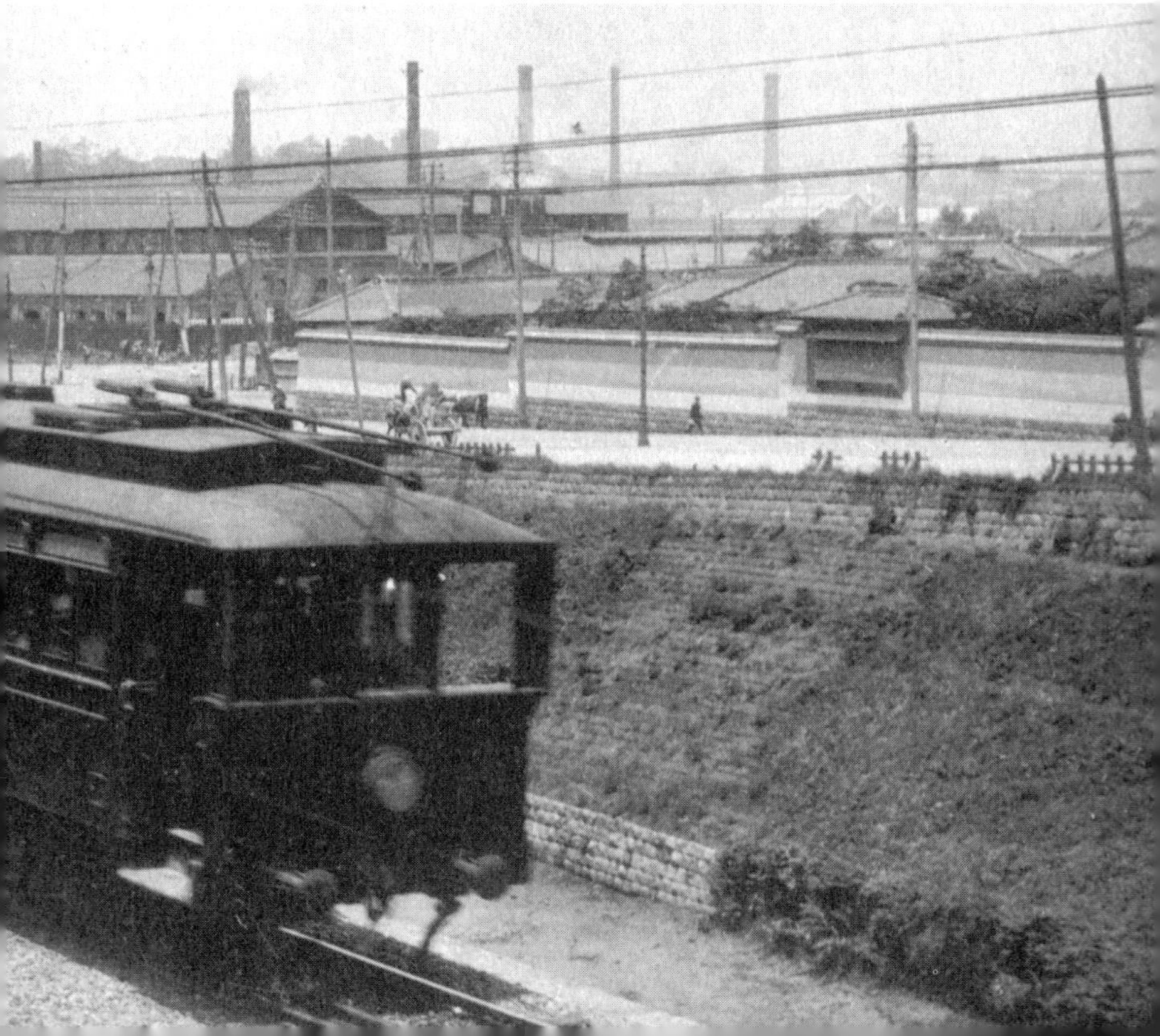

御茶ノ水～水道橋間を走るデ963形電車。写真の奥は東京砲兵工廠で、現在の東京ドームシティ付近。◎明治時代後期　所蔵：生田誠

## ——首都東京を横断する中央線の130年——

中央線の前身である甲武鉄道が新宿~立川間を走り出したのは明治22(1889)年、大日本帝国憲法が公布された年です。壮麗な赤煉瓦駅舎の東京駅が開業したのは大正3(1914)年ですが、この年には欧州大陸で第一次世界大戦が起きています。東京駅が開業したことで中央線東京～浅川(高尾)間が開通しました。

振り返ってみると、明治の時代に帝都東京を東西に横断する甲武鉄道が走り始めてから130年余。首都東京を走る中央線はそれぞれの駅が、日本の近代化と風雪の時代の節目、節目にドラマを紡ぎながら歩んできたことに気が付かされます。

本書では東京～高尾間を取り上げましたが、走り続けた年月を思えば中央線は成熟路線であり、沿線に新しい変化は見られないものです。ところが、中央線は八重洲口再開発が動き出した東京駅を始めに沿線のそこかしこで駅と街の表情が今も変わり続けています。

御茶ノ水駅ではバリアフリー化を目的に駅舎大改造中であり、飯田橋では西口に洒落たデザインの駅舎が誕生し、新宿では新たな西口再開発計画で、小田急デパートを核にした超高層駅ビル建設計画が動き出しました。ダイナミックに北口再開発中の中野ではサンプラザの解体が決まり、新西口駅舎建設事業も動き出しています。東小金井という地味な駅でも、昭和40年代に自動車の鉄道輸送の拠点だった以降、眠っていた北口の再開発事業が動き出し、交通広場も整備され、駅前交番も設置されました。武蔵小金井では沿線最大級といわれる再開発事業で南口の装いは一新しています。ツインタワーが屹立する国分寺北口も交通広場が整備され、ようやく中央特快停車駅にふさわしい駅姿になりました。変化の波は高尾駅にも及び、駅周辺整備事業で長年馴染んだ由緒ある北口駅舎の移設が決まりました。十年一昔といいますが、わずか一年ぶりに沿線各駅を歩いてみて、その変わりように驚かされたものです。

国立では、鉄道総研への引き込み線跡が緑道として整備されましたが、本書では今は伝承の世界になりつつある中央線に設けられていた引き込み線の地図を掲載しました。沿線随所に見え隠れする歴史ドラマとともに、記憶も定かではなくなった引き込み線があった時代に思いを馳せると、沿線歩きの面白さも増幅されるのではないかと思います。

令和3(2021)年春　著者記

【主な参考資料】


・新聞集成明治編年史　林泉社
・新聞集成大正編年史　明治大正昭和新聞研究会
・昭和の郊外戦前編／戦後編　三浦展編　柏書房
・東京故事物語　高橋義孝編　河出書房新社
・志村正順のラジオ・デイズ　尾崎義之著　新潮文庫
・わが町・新宿　田辺茂一著　サンケイ出版
・荻窪風土記　井伏鱒二　新潮文庫
・千代田区史　千代田区
・麹町区史　麹町区
・四谷区史　四谷区
・牛込区史　牛込区
・新宿区史　新宿区
・中野区史　中野区
・中野町誌　中野町
・杉並区史　杉並区
・三鷹市史　三鷹市
・武蔵野市史　武蔵野市
・国立市史　国立市
・立川市史　立川市
・八王子市史　八王子市
・八王子(大正15年)八王子市
・花袋小品（東京雑感）　田山花袋著　隆文館　明治42年
・一日の行楽　田山花袋著　博文館　大正7年
・中央東及西線川越線青梅線鉄道名所　萩谷勇吉編　闡幽会刊　明治43年
・中央線案内　清水長次郎　明治40年
・汽車の窓から　谷口梨花著　博文館　昭和２年
・東京郷土地誌遠足の友　宮部治郎吉・高橋友夫編　金昌堂　明治36年
・学者町学生町　出口競著　実業之日本社　大正6年
・日本歓楽郷案内　酒井潔著　竹酔書房　昭和6年
・東京名物食べある記　時事新報家庭部編　正和堂書房　昭和5年
・中央線電化記念写真帳　鉄道省東京電気事務所 編　鉄道省刊　昭和6年
・大東京名所百景写真帖　青海堂刊　昭和11年
・日本写真帖　田山宗尭 編　ともゑ商会刊　明治45年
・東京風景　小川一真出版部　明治44年
・大東京寫眞帖(出版者・刊行年不明)
・新宿御苑御写真　宇佐美写真館刊
・陸軍士官学校写真帖　河原佐平 編　河原商店刊
・仁山智水帖　光村写真部
・東京市史蹟名勝天然紀念物写真帖　東京市公園課刊
・大正天皇大喪記録　鉄道省刊

# 01 東京駅 国家の象徴なり赤煉瓦駅舎

## ◆東京駅と丸の内

壮麗な赤煉瓦駅舎の東京駅は大正3（1914）年12月18日に完成した。足掛け7年をかけた大工事だった。

日清戦争が終わった翌年の明治29（1896）年、第9回帝国議会で帝都東京に国家の象徴たる東京中央停車場を建設することが可決された。しかし、日露戦争の影響で遅れ、建設工事は戦争終了後の明治41（1908）年から本格化し、大正3年に完成したときに「東京駅」と命名された。

当時、東京駅周辺は江戸時代以来のメインストリートである中央通りが走る八重洲側が繁華の求心地であった。しかし、新たに建設しようとする鉄筋煉瓦造り3階建て全長320m、豪壮華麗な洋式建築である東京駅は単なる停車場ではなく国家の象徴的な位置づけであったことから、皇居と正対する丸の内側となり、駅舎中央に皇室専用出入口が設けられ、駅舎から皇居を結ぶ行幸通りが整備された。

東京駅建設が動き出したころの明治42年地図を見るとまだ「丸の内」の町名はなく、永楽町、八重洲町、有楽町三町の総称となっている。

「丸の内」は「丸」が曲輪（くるわ）と同じ意味であり、江戸時代に「御曲輪内（おくるわうち）」と呼ばれたことに由来している。千代田区域の「丸の内」が正式な町名となったのは昭和4（1929）年のことだ。「有楽町」については織田信長の弟で茶人として有名であった織田長益有楽斎の名前に

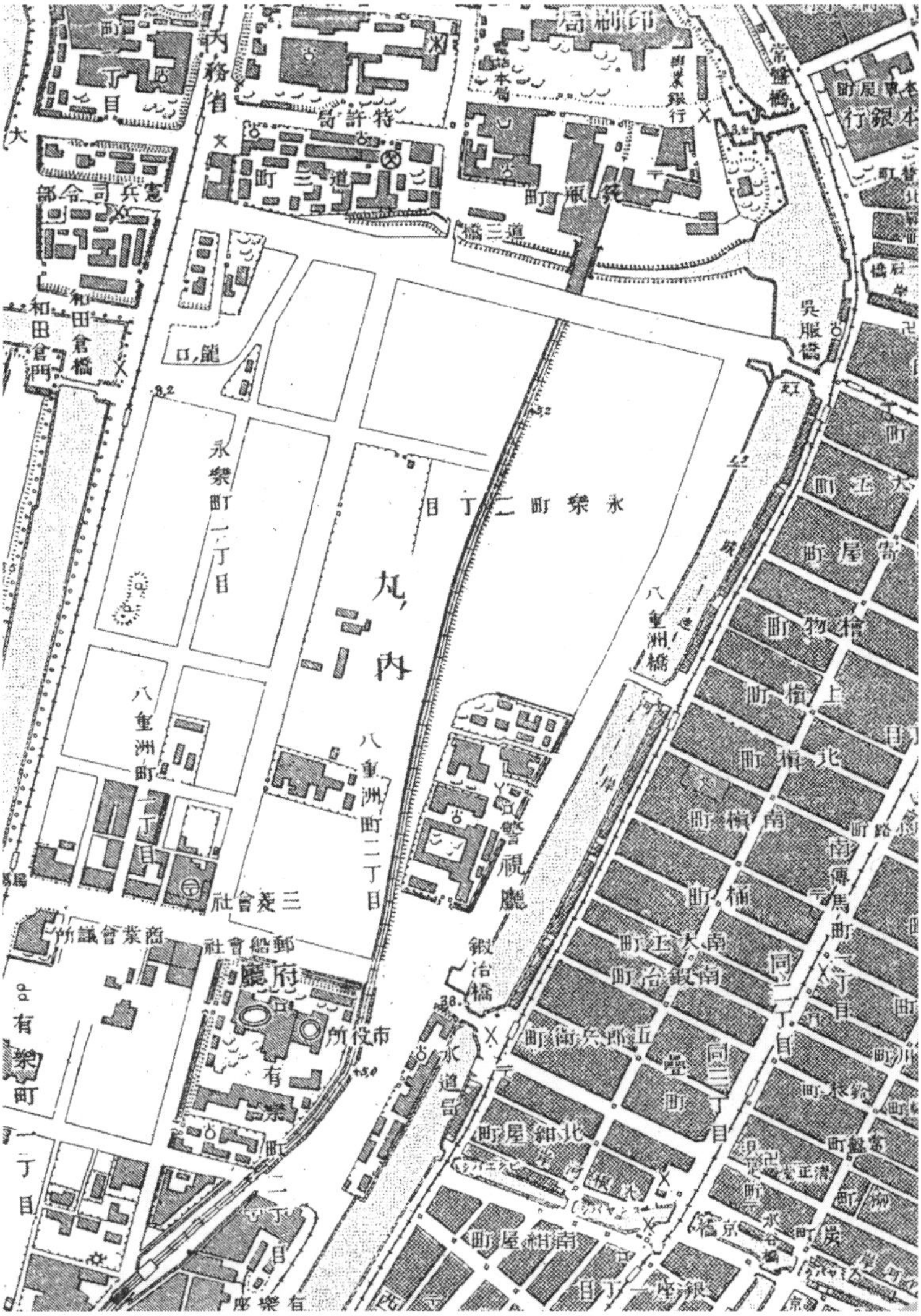


明治42（1909）年、東京駅開設の５年前の丸の内・八重洲付近。
陸軍参謀本部陸地測量部発行「1/10000地形図」。

**【東京駅付近の空撮(大正11年)】**
「三菱が原」と呼ばれていた東京駅丸の内側には、次々と近代的ビルが建てられようとしていた。お堀端の東京海上ビルディングは大正7（1918）年に竣工し、丸ノ内ビルヂング、郵船ビルディングは続いて姿を現わそうとしていた。手前に見えている東京駅には、太平洋戦争の戦災で焼失する南北2つのドーム屋根が健在だった。◎撮影：朝日新聞社

由来するというのが一般的だ。

天正18(1590)年徳川家康江戸入府のころ、あたり一帯は日比谷入江と呼ばれた湿地帯だったが、家康はこの地を埋め立てて徳川譜代の大名を配置。城内防備の要とし、南北町奉行や評定所も置かれたのが、江戸時代の丸の内こと御曲輪内だ。

明治維新後に大名屋敷や武家屋敷は取り壊されて官有地となり、陸軍の兵舎・練兵場などになった。その後、往時の都市計画に当たる「東京市区改正」で、明治23(1890)年には陸軍省用地となっていた土地が民間に払い下げられることになった。この時、帝都の中心部に誕生する広大な空間を巡って、三菱と三井が入札金額をめぐってそれぞれお抱えの政治家を巻き込んでの激しい情報戦の末、三菱に軍配が上がった。現在の丸の内最大の大地主が三菱地所である由縁である。

明治20年代末期から三菱がオフィス街開発に動くまで、往時の丸の内一帯は三菱ヶ原と呼ばれ、夜間ともなれば追い剥ぎや博打に喧嘩と無頼の徒の天国であったが、日本初の本格的オフィス街の整備が始まると三菱ケ原のイメージは一掃されていく。

丸の内初のオフィスビルとして誕生したのは明治27年竣工の三菱一号館だ。英国ビクトリア時代の建築スタイルはその後、次々と建てられた煉瓦造りオフィスビルとともに英国風の瀟洒な街並みは「一丁倫

三菱一号館

明治40年代の丸の内一丁倫敦

敦」と評された。

丸の内の歴史の第一頁となった三菱一号館は平成21（2009）年、三菱地所が当初の設計図面、解体時の実測図、保存されていた部材などをもとに、できるかぎり忠実に復元して、三菱美術館に生まれ変わっている。

## ◆辰野金吾と大林組

東京駅は人口に膾炙しているように、明治建築界の大御所である辰野金吾が設計した。その施工を引き受けたのは関西の大林組である。辰野金吾の強い推薦があった。

辰野金吾と大林組の関係は日露戦争に遡る。明治37（1904）年に始まった日露戦争では2万人を超えるロシア兵捕虜が日本に送られている。そこで持ち上がったのが、彼らを収容する施設だった。大阪の浜寺（高石市）に収容所用地は確保したものの、2万人を超える捕虜を収用する規模もさることながら、1ヶ月足らずという工期にどこの土建業大手も二の足を踏んだ。誰もが「無理だ」と考えた収容所建設に手を挙げたのが、明治25（1892）年創業の大林組だった。

大林組は20日間という工期内に2万数千人規模の収容所施設を完工。しかも、通常ではあり得ない工期だったにも拘わらず、江戸時代からの宮大工の流れを汲む大林組の丁寧な仕事に感嘆したのが辰野金吾だった。

日本銀行や万世橋駅の設計もしている辰野金吾は、東京の大工の杜撰さに泣かされた苦い経験を持つ。火事は江戸の華だったことから安直な普請が主流だった東京の建設業は拙速だったようで、辰野は日本銀行建設当時、工事途中で請負業者を解雇。後の施工を自身が直轄で行ったことがある。苦い

**【東京駅(大正期)】**

明治29（1896）年の帝国議会で可決された中央停車場の建設は、大正３（1914）年12月に現在の東京駅の開業という形で結実した。建築家の辰野金吾、葛西萬司の設計による西洋風のレンガ・鉄筋造りの名駅舎は、震災と戦災を乗り越えて、現在も東京の玄関口の役割を果たしている。◎所蔵：生田 誠

経験があっただけに、大林組の丁寧な仕事は辰野に感銘を与えたのだろう。

大林組のしっかりした仕事は、関東大震災でも東京駅はびくともしなかったことで証明された。以降、空襲で被災した東京駅の戦後復興工事から八重洲口鉄道会館、東海道新幹線東京駅舎、総武線東京地下駅、東京駅の地下水対策等々、東京駅関連工事は大林組の独壇場だった。

東京駅は平成19年から5年をかけた赤煉瓦駅舎復元工事が行われたが、東京駅と大林組との関係から「復元工事も大林組」と、業界の誰もが思っていたところ、落札したのは鹿島だった。

業界が目を剥いたという仰天劇の発端は、東武鉄道の東京スカイツリーにあった。東武鉄道と鹿島のつながりは濃かった。そこに割って入ったのが大林組。業界用語では「潜った」というそうだが、入札で鹿島をひっくり返した。それを鹿島が赤煉瓦駅舎復元工事で「潜り返して」、東京スカイツリーの仇を取ったとのことである。

高架化された東京駅付近

## ◆解体・建て替えの危機もあった

赤煉瓦の東京駅丸の内駅舎は平成15（２００３）年に国の重要文化財となったが、戦後四度に渡って東京駅高層化計画があり、解体されてしまう危機もあったのが東京駅の歴史でもある。

最初の東京駅建て替え計画が持ち上がったのは昭和33（１９５８）年、第4代国鉄総裁十河信二が公表した24階建ての高層ビル化構想だった。各国の航空会社や領事館などをテナントとすることもそのプランに入っていた。だが、十河の退任や資金面の問題等で計画は幻に終わる。

実現には至らなかったが、この時の東京駅高層化構想は貴重な副産物をもたらした。計画を受けての耐震性を確保するため、建設大手の間で五重塔の分析を中心にした「柔構造」研究が始まり、その成果を生かして建設されたのが昭和43（１９６８）年完成の霞ヶ関ビルである。

再び建替え計画が浮上したのは昭和52（１９７７）年。当時の高木文男国鉄総裁が美濃部亮吉都知事との会談で老朽化著しい東京駅改築案を打診。美濃部都知事は「ならば駅だけでなく、丸の内再開発も」と応じたが、ミソを付けてしまう。美濃部都知事は外国人特派員協会で、東京駅保存問題を講演し、東京駅の赤煉瓦駅舎の明治村（愛知県）移設案を口にしたところ、外国人から「東京であってこそ意味がある」と反論・失笑されたのだ。

国鉄は昭和56年にも、35階建ての東京駅高層化を発表したが、永田町で巨額赤字の国鉄民営化論が起きていたことから、戦後三度目になる東京駅高層化も国鉄民営化論の嵐の中で雲散霧消。

四度目は昭和62（１９８７）年のＪＲ発足前後。この時は高峰秀子や三浦朱門らが赤煉瓦駅舎保存運動を起こし、大きなうねりとなって東京駅の保存が決定。平成15年に赤煉瓦の丸の内駅舎は国の重要文化財に指定され、現在に至っていることになる。

## ◆井上勝と鉄道国有化

日本の「鉄道の父」と呼ばれる井上勝の銅像が丸の内駅前広場に建っている。

井上勝は、伊藤博文や井上馨ら「長州五傑」の一人として英国に渡り、鉄道や鉱山学を学んでいる。帰朝後に初代鉄道頭となり、明治5（1872）年の新橋〜横浜間の開業など、草創期の日本の鉄道行政の頂点に立って鉄道発展を牽引、現在の主要路線図を描いた。

ビル街を背にして立つ井上勝像

井上勝は当初から鉄道国有論者であった。しかし、維新成って日本の近代化制度移行への莫大な出費に加え、西南戦争で国の財政は米櫃の底が見えているような状況。そこで、井上勝は国策会社的民営鉄道を設立して幹線鉄道建設を委ねる知恵を働かせた。その一例が日本鉄道だ。

日本鉄道の企業形態は民鉄ではあったが、路線の建設や運営には政府及び官設鉄道が関わり、建設路線の決定も国策的要素を優先させるものの国有地の無償貸与、建設費は国が持つなど、私鉄会社とはいえ実態は国策会社であった。日本鉄道が手がけたのが現在の東北本線や高崎線、常磐線など東日本の主要路線だ。日本鉄道に倣って以後、山陽鉄道・九州鉄道・北海道炭礦鉄道などの半官半民会社が各地で設立されている。

「鉄道の国有を」という井上勝の永年の悲願は明治39（1906）年3月に公布された鉄道国有法成立で実現する。

鉄道国有法は日本資本主義の発展と深くかかわっている。資本主義を牽引した渋沢栄一や三井や三菱などの財閥は鉄道民営派だった。だが、近代資本主義の発展にともなって産業支配と鉄道支配との間に密接な関連性があることを認識するようになる。

主要産業を独占化しつつあった財閥は、物流の大動脈である鉄道の意義を高く評価するようになり、主要幹線が多数の民鉄によって分割保有されていることは、諸外国との競争上、非常な不利であることを認識していったのである。

明治30年代に入っても渋沢栄一に加えて井上馨や加藤高明、高橋是清も鉄道国有化反対論を唱えていたが、財界からは輸出コストの低減に鉄道運賃の低廉化と運輸体型の統一化、合理化が強く要求されるようになった。日露戦争前のことだ。

日露戦争の勝利で、朝鮮半島そして満州の市場化が現実のものとなった。鉄道体系の一本化確立は経済界に加えて軍事輸送の面からも軍部、さらには官僚からも要求される。かくて紆余曲折を経ながら鉄道国有法は成立し、甲武鉄道や日本鉄道を始め17私鉄が国有化された。

大陸経略をも見ての鉄道国有化である。必然的に満州でもネットワークを構築しなければ、画竜点睛を欠く。

満鉄こと南満州鉄道が、鉄道国有法公布から半年後の明治39年11月に半官半民の特殊会社として設立された所以である。資本金2億円は当時としては桁外れの巨大企業で、本社は満州の玄関口大連に置かれた。日露戦争中の満州軍野戦鉄道提理部を母体に日露戦争でのポーツマス条約でロシアから譲渡された東清鉄道の南満州支線――長春〜大連間の鉄道施設及び付属地と、日露戦争中に物資輸送のため建設された軽便鉄道の安奉線――安東(現・丹東)〜奉天(現・瀋陽)間とその付属地の経営が当初の満鉄設立目的であった。

井上勝の死没は明治43年8月2日。66歳だった。鉄道国有法も成り、東京駅の建設工事を目にしてから亡くなった井上勝の銅像は東京駅開業に合わせて造立された。高知・桂浜の坂本龍馬像を造った本山白雲が雛型を、台座は東京駅を設計した辰野金吾が担当。銅像本体の高さは約4m、台座と合わせると11mという大きなものだった。

井上勝の銅像は戦時下の昭和19(1944)年に金属供出で撤去、解体されるという憂き目に遭う。しかし、井上没後50年を前にした昭和34(1959)年、初代の大きさに倣って現在の2代目が造立されている。手がけたのは「東洋のロダン」と称された朝倉文夫だ。東京駅復元工事で一時撤去されたが、現在は初代像が設けられた位置近くに戻され、その視線は赤煉瓦の壮麗な駅舎に向けられている。

## ◆大丸有エリア

赤煉瓦駅舎を玄関口とし、摩天楼が林立する丸の内一帯は押しも押されもしない日本経済の求心地だが、平成9(1997)年8月には「丸の内のたそがれ」との大きな横見出しで日本経済

東京駅八重洲口の大丸百貨店など

新聞から揶揄されたこともある。

慢性的なオフィス不足、情報化進展に伴う既存オフィスの機能面での老朽化、さらには就業者の執務環境の改善などの問題が、丸の内をはじめ大手町、有楽町地区で顕在化してきたのは1980年代後半、時代が昭和から平成に移行する時期だった。東京都はその頃、都市再開発方針を打ち出し、この3地区を「東京駅周辺再開発誘導地区」と指定、東京駅周辺地域も区域決定された。大雑把にいうと、日比谷通り〜日本橋川〜外濠通り〜晴海通りに囲まれたエリアになっている。

東京都のこの都市再開発方針を受けて、丸の内、大手町、有楽町の地権者の間で、地区が抱える課題解決のために一体的な再開発を進めていこうという機運が盛り上がり、昭和63（1988）年に地権者全員で構成される「大手町・丸の内・有楽町地区再開発計画推進協議会」通称大丸有協議会が設立された。

平成8（1996）年には大丸有協議会と、東京都・千代田区・JR東日本による「大丸有まちづくり懇談会」も発足。都心の将来像について公民協力しての議論が継続された。日経新聞に揶揄されたのはこの頃のことだ。

平成11年4月、都知事に就いた石原慎太郎はその年11月に「危機突破戦略プラン」を発表。東京駅の復元と行幸通りの整備、大丸有まちづくり懇談会によるガイドラインの策定など首都東京の顔・都心の再生を重点課題とした。

石原都政のスタートで、大丸有エリアでの最先端のまちづくりが加速された。エリア再生の一番手となったのが、21世紀早々に誕生した東京サンケイビルであり、8階建てから37階建てに建て替えられた丸ビルだった。

## ◆丸ビル今昔

丸ノ内ビルヂングこと丸ビルは大正12（1923）年2月20日竣工。重厚な8階建ては東洋一とも謳われた威容を誇り、その年の9月1日に発生した関東大震災では外壁や構造などに損害を受けたが、丸の内地区のほかの建造物と同様、被災者救援の拠点の一つとなった。

〈丸ビルには震災前の日本橋と銀座の繁華を収縮した「殷賑な屋内市街」が出現した。丸ビル内に開店している大商店の売店が二十日ごろから一斉に店開きするや、出入りするもの毎日十万人余、震災前の四万余りに比べて二倍半の賑わいを呈している〉云々と東京朝日新聞大正12年9月26日は関東大震災直後の丸ビルの模様を報じている。

丸ビルは日本で初めて、オフィスの低層階に今でいうショッピングモールを導入したが、そのことが大震災という非常時に役立ったことがうかがえる。当時のテナントには白木屋、冨山房、明治屋、丸善、森永、千疋屋、櫻組靴店（現リーガルの母体）などの名が見える。

〈ある人はモダンガールというと丸ビルの女を連想するようであるが震災直後、帝都文化の中心となった丸ビルはたし

昭和初期の東京駅から見た丸の内

かに新時代を代表すべき女性が沢山いた〉と報じているのは大正15年8月の都新聞だ。

モダンガールとは、大正末から昭和はじめにかけて時代の先端を闊歩した女性を指す。男の方はモダンボーイと呼ばれ、これがいわゆる「モガ・モボ時代」だ。映画館やダンスホール、カフェ、喫茶店が続々誕生。そうした時代の帝都東京の街を闊歩したモダンガールは断髪、フェルト帽に洋装が、お気に入りのモードだった。

丸の内のモダンガールを垢抜けさせたのは、関東大震災でも無事だった丸ビル4階の純アメリカ風美容室「丸の内美容院」の存在も大きかった。開店したのはニューヨークのブロードウエイで美容室を経営していた山野千枝子。日本の近代美容の先駆者である。彼女の弟子の一人が吉行あぐり。女優吉行和子や今はもう亡くなった芥川賞作家吉行淳之介の母親である。

山野千枝子は美容師がまだ「髪結い」と呼ばれていた時代に赤外線パックに全身エステ、脱毛術等々を導入したのだから、丸の内の大和撫子も垢抜ける。

歴史とエピソードを積み重ねてきた丸ビルが37階に建て替えられ、グランドオープンしたのは平成14（2002）年9月。35〜36階の高層レストランや35階の吹き抜けロビーからの眺望や夜景など、新たな東京名所となった話題は記憶に新しい。

## ◆JR東日本と東海の東京駅所有権境界

JR東京駅には、駅長が2人いる。昭和62（1987）年の国鉄民営化によって東京駅がJR東日本とJR東海の共用駅となったためだが、JR東日本の駅長室は丸の内側に、JR東海は八重洲側に駅長室がある。

国鉄民営分割では、ドル箱路線だった東海道新幹線の所有権をめぐって、ＪＲ東日本とＪＲ東海とで激しい応酬がやり取りされたが、東京駅構内や地下に広がる商業施設はＪＲ東日本とＪＲ東海の両社で運営されている。

基本的には在来線と東北・上越・北陸新幹線用地および横須賀線・総武快速線や京葉線が発着する地下駅がＪＲ東日本の所有であり、東海道新幹線用地はＪＲ東海となる。東海道新幹線は14～19番線だが、14～15番線ホームはＪＲ東日本の所有となっている。14～15番線は、かつて東海道本線のホームとして使用されていたためらしい。

所有権はホームや線路用地ばかりでもなく、地下にも及ぶ。東京駅地下街は様々な商業施設が展開されているが、ＪＲ東日本の用地では同社グループ会社の鉄道会館が商業施設の運営を行い、ＪＲ東海は八重洲口側の新幹線の真下という細長い場所で「東京駅一番街」を展開している。ここの「東京ギフトパレット」は令和2年春に引退した新幹線７００系電車車体のアルミをリサイクルして装飾に用いていのは、よく知られたことらしい。

## ◆八重洲口に摩天楼2本

八重洲地区は東京駅を挟んで反対側の丸の内地区と比べると再開発が遅れた。商業施設が展開する地下街に潜ると、その利便性が格段に違うのが分かる。丸の内側は地下街が発展し、大手町から東銀座まで地上に出ることなく往来できる地下都市を形成しているが、八重洲側は八重洲地下街を数えるだけといっても過言ではない。

地上も地下も発展が遅れたのは、東京駅の八重洲口が設けられたのは、東京駅開業から十年以上も経過した昭和4（1925）年だったことだ。以降、八重洲側の発展は十年も二十年も遅れることになったが、令和の時代に入って地下街も含めて八重洲側の景観は劇的に変わろうとしている。

八重洲通りの両サイドにあたる「八重洲二丁目北地区」と「八重洲一丁目東地区」で再開発事業が進行している。前者は、八重洲通り入口にあったヤンマー本社ビルを、後者は東京建物旧本社ビルを解体して250m級のタワービルとなる。

この再開発事業では東京駅直結という地の利を生かして国際会議場も整備される予定だ。地下街も拡張され、商業施設の他に臨海部と都心部を結ぶBRTも発着する巨大バスターミナルも設けられる。

八重洲口鉄鋼ビル前からは八重洲〜京橋〜日本橋地区を結ぶ巡回バス「メトロリンク日本橋」が、丸の内側では新丸ビル前から大手町・丸の内・有楽町地区を結ぶ巡回バス「丸の内シャトル」が10〜15分間隔で運行されている。地元企業の協賛で、いずれも無料であり、コース内に設けられた停留所での乗り降り自由となっている。

今も変わりつつある東京駅周辺を見るのには、絶好の無料バスである。

02

# 神田駅　中央線の起点は神田駅

## ◆神田駅と万世橋駅

神田駅の開業は大正8（1919）年。100年前になる。中央線が東京駅から出るようになった年に神田駅も同時開業している。そのころはすでに電化されており当初から電車用の高架駅だったことから、終戦後東京が焼け野原になったとき、神田駅ホームから皇居を警備する進駐軍MPの姿が見えたと、大正生まれの大先輩が存命中に聞いたことがある。

中央線の前身は御存じのように、明治22（1889）年開業した甲武鉄道だ。新宿〜立川間の開業からスタートした甲武鉄道は明治27年からは都心部にも延伸。新宿〜牛込〜飯田町〜御茶ノ水と順次市街線を延長させていき、御茶ノ水〜昌平橋間が完成したのは明治41（1908）年。甲武鉄道もこのころには明治39年の鉄道国有法で中央線と路線名も変わった。

昌平橋〜万世橋が開業したのは明治45（1912）年4月1日。元号が大正と変わるのはそれから3か月後の7月である。

万世橋への延長は東京中央停車場（東京駅）との連絡駅という位置付けであったが、駅の設計は東京

大正8（1919）年、中央線の東京駅延伸により誕生した神田駅。◎大正期　所蔵：生田 誠

駅と同じ辰野金吾。煉瓦・石積みの2階建て駅舎の1階には1等・2等・3等の待合室を備え、2階には食堂まであった一流駅だった。

万世橋駅前は現在の神田須田町交差点で、浅草・上野・銀座・品川方面を結ぶ市電と接続していたから、万世橋駅はターミナル駅として繁華を極める。その賑わいは銀座とならぶ繁華街になったほどだ。周辺には主に洋服生地を扱う問屋街が周辺に形成され、万世橋駅前には飲食店、寄席、映画館が次々と開業した。

## ◆万世橋駅の栄枯盛衰

神田須田町交差点には日露戦争の軍神広瀬武夫海軍中佐の銅像もあったことから、駅前の繁華に花を添えた。広瀬中佐は日露戦争旅順港閉塞作戦で、部下の杉野孫七上等兵曹を助けようとして、ロシア海軍砲弾の直撃を受け戦死。その英雄的戦死を讃えられて明治43(1910)年に銅像(杉野孫七像とあわせての群像)が建てられたものだが、戦後の昭和22年にGHQ命令により撤去された。

大正8(1919)年、中央線東京~万世橋間が開業。この時に中間駅として神田駅が設けられ、昌平橋駅は閉鎖された。

神田駅は高架駅であったことから、神田駅は万世橋駅とは比べ物にならないほどの地味な駅姿から歴史を刻み始めたのだ。一方の万世橋

万世橋駅前の軍神広瀬中佐像

全盛期の万世橋停車場

駅も東京駅が完成したことからターミナルとしての役目は終了した。

万世橋駅は大正12（1923）年9月1日の関東大震災で焼失。利用客は神田駅や秋葉原駅が使えることから、万世橋駅の存在価値は激減。大正14年には2代目駅舎が完成するが、震災で残存した基礎を利用した平屋建ての簡素なものとなった。昭和11（1936）年には鉄道博物館が駅に併設されると、駅舎の大部分を鉄道博物館に譲り、駅自体は大幅に縮小の憂き目に。その有様は小屋同然だったという。そして太平洋戦争中の昭和18年、乗降客減少に伴って駅は休止。以降、復活しないままである。

## ◆万世橋よみがえる

万世橋駅は、スタートは華々しかっただけにその後の歩みは落ち目の三度笠の如くだが、現在は跡地を利用した商業施設が誕生しており、多少なりとも賑やかさが生まれている。

鉄道博物館は戦後、交通博物館と名称を変え、平成18（2006）年まで開館していたこと、覚えている向きも多いだろう。

万世橋復活の契機となったのは、交通博物館跡地に地上20階建て「JR神田万世橋ビル」建てられたこと。JR東日本が神田万世橋ビル開業に合わせた万世橋開発計画を発表したからだ。

中央線神田〜御茶ノ水間にある旧万世橋駅の遺構を整備・公開すると共に旧ホーム部では展望カフェや屋外デッキを整備。高架下のアーチ内部空間では商業施設を展開する他、神田川沿いに親水デッキを設

往時の赤煉瓦を活かした万世橋マーチエキュート

置し、新たな水辺風景を創出するというのがそのプランの概要で、平成25(2013)年に「マーチエキュート 神田万世橋」というショップやカフェが並ぶ商業施設に生まれ変わり、それまでのうらぶれムードは一変したのである。

万世橋といえば、橋の袂に建つ「肉の万世」がお馴染みだが、こちらも健在である。「万世」の前身は千代田区史によれば「鹿野無線電機商会」なる電気部品商だった。

神田〜秋葉原エリアが電気の街として形成されていくのは戦後のことだが、その勃興期に襲ったのが「政府支出は税収を限度とする」方針を打ち出したドッジライン(昭和24年)による税率の大幅アップ、更にシャープ勧告による取引高税などの重税旋風だ。重税により電気店の街だった神田・秋葉原でも倒産、休業、商売替えが続出した。

重税の嵐の中で倒産した業者の一人が、朝日新聞にも広告を打っていた鹿野無線電機商会だった。「税務署に火を付けて焼いてやろう、あの税務官吏の野郎と刺し違えて死んでやる」とまで思ったが、肉とコロッケの店で再起を図ったのが、橋にあやかって店名をつけた「万世」である。

## ◆江戸っ子の街の神田青物市場

中央線は東京駅から名古屋駅までの路線だが、中央線の起点は東京駅ではなく、神田駅なのだ。国鉄時代は東京駅が起点だったが、民営化後は東京〜神田間は東北本線への乗り入れ区間とされ、中央線の戸籍上の起点は東京駅から神田駅に変更されたのである。

もっとも大動脈中央線の起点駅に昇格したからといって神田駅は相変わらず地味なままだし、街並みも摩天楼が林立する東京駅周辺とは違い、スポーツ紙片手のサラリーマンの街といったイメージか。

神田の街の雰囲気は江戸時代以来、町人――江戸っ子の街として発展してきた歴史とは無縁ではないだろう。

神田駅開業の頃はまだ神田多町に「やっちゃ場」――青物市場が健在だった。

万世橋の南側に位置する神田多町には、江戸時代から青物商が集まっていた。青物商は17世紀初期（慶長年間）から多町、連雀町、佐柄木町に散在しており、振袖火事と呼ばれる明暦の大火（1657年）の後、多町にまとめられた。八代吉宗治世の享保年間に幕府御用達となってからは急速に発展し、後の神田青物市場の母体となる。神田川北岸には、米、薪炭、竹などの問屋があったほか、職人仕事の諸材料の荷受け地でもあった。

〈神田多町の青物市場といえば、おそらく東都に足を入れた者は如何に殷盛なるかを想像するに難からざるべし。明治十年には問屋の数激増し、現今は朝六時頃より正午迄はほとんど通ずること能わざるほどの大繁盛なり〉（大正7年刊「最新東京名勝案内」）

大都市江戸～東京の需要を満たした青物市場も大正12年の関東大震災で甚大な被害を受けたことから移転が決まり、昭和３（１９２８）年に秋葉原に移った。秋葉原の青物市場もその後大田区に移転し、神田を象徴した一つの青物市場も消えた。秋葉原の青物市場は高層ビルU

昭和３（1928）年に秋葉原に移転して開場した東京市神田青果市場。
◎昭和戦前期　所蔵：生田 誠

秋葉原に移転する前の神田多町のやっちゃば

Ｄ Ｘビルが建っているあたりが、その場所である。

## ◆「火事と喧嘩は江戸の華」神田っ子気質

「銀座は日本一とかいうけど、もともとは神田の土を運んだ埋立地なんだよ」と、神田駅前で薬局を開いていた古老に聞いたことがある。いまはもう故人となってしまったが、生粋の神田っ子である古老は、「江戸っ子」は神田生まれの神田育ちであると自負していただけに、歴史は銀座より遙かに古い神田が、商業地としての評価は銀座の風下に成り下がったのがいたくお気に召さなかったらしい。時代がまだ昭和の頃のことだ。

神田神社こと神田明神が１３００年以上の歴史があるように、神田の地名の起こりは中世に遡る。もともとはいまの神田橋周辺を神田と呼称。そのころ駿河台の街はなく、一帯は神田台地が広がり、神田山があった。

神田山に関しては詳しい文献がなく、研究者の間でも推定値しか出てこないが一説には３００ｍ以上は

日本橋川に架かる神田橋。関東大震災で崩壊したため架け替えられた。
◎明治後期　所蔵：生田 誠

あったといわれる。その山を切り崩し、旗本屋敷の武家地として家康が三河以来の股肱の家臣を駿河から呼び寄せて居住させたのが、「神田駿河台」の町名が生まれた所以だ。

家康の江戸入府のころの日本橋〜京橋〜銀座一帯は低湿地帯だった。家康はお城に近いそのエリアを町人地とするべく埋め立てを始める。その埋め立てに用いたのが神田山を切り崩した土で、「銀座を掘れば神田の土が出てくる」と古老が口にした所以でもある。

「火事と喧嘩は江戸の華」なる言葉も、古老によれば江戸っ子の気性を現したものだという。

喧嘩ばかりでなく、命に係わる災厄である火事でさえ、「江戸の華」と呼んだのは、江戸時代の社会事情がある。

江戸時代はさながら年中行事のように起こる大火事もさることながら、火事となると街はかえって活気を呈したからだ。往時、庶民のほとんどが裏店と呼ばれた長屋住まいの江戸っ子は、自分の持ち物は着るものと布団ぐらいなものだ。客が泊っていくようなら大家から別の布団を借りればいい。商売道具の屋台や天秤は親方からの借り物だから、火事に遭っても失うものはほとんどない。よほどの大火でなければ、命も助かる。何しろ戸を蹴破ればすぐに外に出られるような長屋ばかりだったからだ。それにそれまで溜めていた店賃は棒引きになる。火事が収まれば、お上からの炊き出しがある。無論、タダだ。

大工・左官・鳶職人等々にその下働きまで復興のための仕事はいくらでもある。だから、裏店に暮らすような江戸っ子は火事を喜んだ。そうした気分が「火事と喧嘩は江戸の華」と開き直っていたそうである。

## ◆「神田」の地名への愛着

「神田」と一口に言っても、その範囲は広い。鉄道駅は中央線だけでも御茶ノ水、水道橋があり、地下鉄各線には末広町、淡路町、岩本町、小川町、神保町の各駅がある。エリア内にはオフィス街、商業地区、学生街、古書店街と神田の顔は多様だが、神田ッ子の「神田」の地名へのこだわりは強い。

神田区が誕生したのは明治11（1878）年。それまでの大区小区制から15区制に移行したときだ。しかし、東京市が35区制（昭和7年）から23区制になった昭和22年、由緒ある地名を戴いた「神田区」は消えた。現在の千代田区の北半分に相当する神田区は麴町区と統合されて千代田区となった。

「千代田」の新区名は江戸城が千代田城と呼ばれていたことに来由するが、旧神田区住民は区内のすべての町名に「神田」を冠称し、中世以来の地名に拘った。

昭和37（1962）年住居表示法が施行された。錯綜する町名や地番を整理し、郵便物の配達など行政上の利便をも図るためだったが、各地で土地の歴史を無視した地名の簡素化や新町名が誕生した。旧神田区住民はしかし、「神田」の名称に愛着が強かった。「神田神保町」のように旧町名に固執するところも少なくなかった。神田神保町の他に神田錦町、神田淡路町、神田練塀町、神田須田町もそうだ。

町名から「神田」を外したのは岩本町、鍛治町、猿楽町、三崎町などがあったが、猿楽町や三崎町はその後「神田」を冠称。現在「神田」がつかない町名は岩本町や鍛治町などごく一部。岩本町には「神田岩本町」もある。これは岩本町でも住居表示に外れた地域が、そのまま旧町名を死守している。

神田ッ子の「神田」に対する愛着は強いのである。

# 03 御茶ノ水駅

## 神田川開削で湯島と駿河台に分かれる

### ◆深山幽谷の景勝地

「八千八声啼き叫ぶ杜鵑の名所神田御茶ノ水」と謳われたのは明治時代だ。

――昨年の夏の船旅行の時には右の岸一帯に幾百千年を経たらんと思うばかりの古木が生い繁って、陽を見ることも出来なかった。あたかも深山幽谷にでも入ったような心地がした。どうしても東京市中とは思われなかった。それ故、山水の景を愛する風流人は茗渓の勝地と褒め、終日舟を浮かべて帰るを忘るるというくらいなところであった。

然るに今度通ってみると、飯田町、上野両停車場の連絡鉄道を開通するとかで、大層な工事最中である。そのため彼の古き大木は切り倒され、彼の青き芝生は掘り尽くされ、いかにも気の毒な有様に変わっている。

文明の交通機関を敷かんとしての匠であるから、此の勝地をぶち壊されるのもやむを得ないこととは言いながらも

御茶ノ水駅は現在とは位置が違い、御茶ノ水橋の西側に置かれていた。
◎明治後期～大正期　所蔵：生田 誠

まことに遺憾なことである――。

明治36（1903）年に刊行された『東京郷土地誌遠足の友』からの抜粋引用である。往昔の神田川が水量豊かな清流だったこと、御茶ノ水駅開業前の模様がよく分かる一文だ。

御茶ノ水駅はこの本が出た翌年の明治37年12月31日に開業した。当時はまだ甲武鉄道の時代（幹線鉄道国有化は明治39年）。大晦日の開業はきっと、最寄りとなった神田明神への初詣客を当て込んだのだろう。飯田町から御茶ノ水までの路線は当初から複線電化で開通。御茶ノ水〜中野間は1日28往復、新宿までは10分間隔の運転であったという。

昭和7（1932）年に中央線の複々線化及び総武線の乗り入れで、現在地に移った。現在、大規模な駅改良工事が進められている御茶ノ水駅は二代目ということになる。

御茶ノ水駅周辺には神田駿河台側に杏雲堂病院、日大病院、湯島側には順天堂医院等々、病医院も多く、バリアフリー化は早くから求められていた。神田川の土手という立地条件がバリアフリー整備を送らせた最大の要因だが、駅改良工事で同駅長年の懸案が解決する。

現在の聖橋側ホーム及び線路上空に人工地盤を設置。聖橋口駅舎は人工地盤上に移設し、御茶ノ水ソラシティと連繋した駅前広場機能を拡張することになっており、ホームと人工地盤上とはエレベーターとエスカレーターで連結される。工事の完了は令和5年の予定だが、御茶ノ水駅の景観もガラリと変わることになる。

## ◆太田南畝と駿河台

聖橋交差点角に建つ高さ100m超の御茶ノ水ソラシティは平成25（2013）年の開業だ。地下鉄

**【神田川と総武・中央線の電車(昭和戦前期)】**

神田川に沿って走る中央線の電車と、神田川を渡る総武線の電車。昭和7(1932)年に総武線の両国〜御茶ノ水間が開通して松住町架道橋ができたことで、この壮大な光景が見られるようになった。左奥に見える高架駅は、秋葉原駅に誕生した総武線ホームである。◎所蔵：生田 誠

千代田線・新御茶ノ水駅に直結するサンクスガーデンは自然光が差し込む開放感あふれる空間となり、飲食店など商業施設が軒を連ねる地下と緑豊かな地上をエスカレーターで連絡。駿河台の景観には欠かせないニコライ堂を借景にした地上広場はかつての御茶ノ水にはなかった立体的都市空間となっている。

ソラシティが建つエリアは日立製作所本社の跡地だ。明治時代は三菱社岩崎弥之助の邸であり、地上広場の煉瓦擁壁は、邸の擁壁を再利用して造られている。また敷地南西にはその形状から「軍艦山」と呼ばれ、ニコライ堂と共に駿河台の名所だった。江戸時代の狂歌師にして御家人だった大田南畝の終焉の地でもあり、地上広場にはそれらの碑も建つ。

大田南畝の一生は40歳前後を境に一変している。

大田南畝、名は直次郎。最下級幕臣である御家人の家に生まれている。明和2（1767）年19歳の時、平賀源内の勧めで書いた『寝惚先生文集』で一躍文名をあげ、やがて江戸戯文学の寵児から帝王となっていく。重商主義で貨幣経済を発展させ、浮世絵など新たな江戸町人文化が生まれた田沼意次の時代だ。

意次が失脚、文武の道を説く松平定信が登場すると、大田南畝は残された長い人生を日の当たらぬ下級官吏として生きている。

「世の中に蚊ほどうるさきものはなし　ぶんぶというて夜も寝られず」と、定信の「寛政の改革」を批判した南畝の狂歌が幕府から睨まれたからともいう。南畝が親しくしていた旗本土山宗次郎が定信

ニコライ堂と湯島聖堂の間を結ぶ「聖」なる橋、聖橋。手前は東京市電。◎昭和戦前期　所蔵：生田 誠

政権に異論を唱えると、公金横領の罪をつくられて死罪にされているから、権力の怖さに背筋が凍ったかもしれない。

南畝は、定信政権下で始まった登用試験の御家人の部で一番の成績を取る。勘定畑は能力次第で御家人でも勘定奉行を望めた能力重視の部署であるが、南畝は終生、使い殺し同然に勘定畑の下級職に甘んじ、その生涯を御家人の身分で終えている。南畝は最晩年の10年間を駿河台で送っている。

## ◆旗本屋敷と神田駿河台

お茶の水橋から聖橋を眺める景色は東京百景の一つだろう。聖橋の印象的なアーチが渓谷美をかもし出す神田川の水面に映り、巧まずして輪を描いたところに、メトロ丸の内線が鉄橋に顔を覗かせる。

この景色の主役である神田川は、江戸時代初期に本郷台地の神田山を切り崩して開削した運河だ。この神田川によって本郷台地は湯島と駿河台に分けられた。

神田駿河台は旗本屋敷が多かった。明治維新後、そうした武家屋敷地などに東京大学・学習院・東京外国語学校などの官立学校が設置され、さらに明治10年代から東京法学社、専修学校、

昭和初期の日大、明大、中大など駿河台空撮写真

御茶ノ水ソラシティ

英吉利法律学校、明治法律学校、日本法律学校といった主に法科、経済科を中心とした私立学校が建ち始める。

学校ができれば学生寮・寄宿舎・下宿が建ち、現在の靖国通り周辺には法律図書などの専門書店が相次いで店を開き、学生街が形成された。この書店街が後に神保町の古書街となる。

各種学校は明治36（1903）年の専門学校令、大正8（1919）年の大学令を経て大学となり、上記学校はそれぞれ法政、専修、中央、明治、日大となっていった。文学系や自然系の他科も開設され、さらに多くの学生を集めた。医科を開いた学校には病院も併設された。その代表例が御茶ノ水駅前にある日大病院ということになる。

駿河台の名称は、徳川家康の死後、江戸に帰ってきた駿河詰の旗本をこの台地に住まわせたことが来由となっているが、旗本屋敷が多かったことが、その後の駿河台の個性をつくることになっている。

旗本屋敷用地の制が定められたのは三代家光治世の寛永年間だが、その広さは石高によって格差が付けられている。

・1万石より7千石まで3500坪
・6千石より4千石まで2000坪
・3千500石より2千600石まで1200坪

関東大震災前のお茶の水橋

・2千500石より1千600石まで1090坪
・1千500石より800石まで900坪
・700石より400石まで750坪
・300石より200石まで600坪

200石、300石クラスの旗本でも600坪もの宅地に屋敷を貰えた。家康ゆかりの旗本が多かったから2千石、3千石が駿河台にはゴロゴロいたことが推測される。家康の三河時代からの股肱の臣であった旗本大久保彦左衛門は4千石。関ケ原の戦いで家康の本陣で槍奉行を努め「天下の御意見番」として講談や時代劇でもてはやされた大久保彦左衛門の屋敷があったのが、先に上げた杏雲堂病院だ。

旗本屋敷が多かったため、駿河台は江戸時代から学業、武芸の学校が多くなり、明治になると、その広大な屋敷跡は学校に転用するに実に都合がよかった。明大や日大、八王子に移転した中央大などは旗本屋敷跡に建てられたものだ。その学生や教師を相手にした古本屋街が発展したというのが駿河台の街のなりたちとなっている。

## ◆明治大正時代の駿河台寸描

田山花袋は明治42(1909)年に発表した『東京雑感』で、往時の神田を〈神田区は活気に富めり。されど其の活気は日本橋、京橋に見るがごとき江戸趣味の純粋なるものにあらずして、本郷牛込の一部と稍々その発達を同じうせり。雑貨店の多さ、古本屋、古雑誌店、雑誌店の多さ、街頭を行く者の多くは書生庇髪海老茶の群れなる、確かに明治のハイカラ趣味を有すと言いて差し支えなし〉云々と著している。

文中の「庇髪」は束髪の一つ。前髪と鬢とをふくらませ、庇のように前方へ突き出して結う髪形。明治30年代ごろ、当節の人気女優川上貞奴が始めてから流行。女学生が多く用いたことから、女学生の異称ともなった。「海老茶」は海老茶袴の意で、これも女学生を表す言葉。

大正6（1917）年刊『学者町学生町』（実業之日本社）は大正時代の学生群像を伝えている。

――五銭とあれば自動電話の料金のみ、いかに貧弱なポケットからでもそれくらいは捻出する事は容易とて、近頃、ちいっと贅沢になりかかってきた東京の学生たちは、昼と夜はここの大理石の食卓に寄りかかって「ええと、薄いコーヒー」「僕にも。それからハムバーグステーキ」「僕はハムライスだ」などと、中学生もあれば高商の学生もあり。

ここには鍋町のように、五銭投げ込むと音楽が聞こえるという装置はないけれど、筒型の砂糖壺から一匙掬った白砂糖の、黒く濃き液汁の中に静かに溶けてゆくをあちこちとかき回して舌に乗せたる甘味は、彼の怪しげなるミルクホールにおける角砂糖に湯を注ぎて、それと称するものと事変わり、安直ながらカフェの気分を味わうに足れり。

ハムライス・ワンが、かちゃりと音立てて食卓に乗せられたをまじまじと食ってしまって、コーヒーを一杯、それで勘定が十五銭とは廉いもの。それに給仕の男なるも却って快く、男子なるだけに愛想

関東大震災復興事業で架けられた聖橋

の無いということくらいは我慢してやらねばなるまじ——。

大正初期にはもうハンバーグステーキがあったようだ。

## ◆ビヤホール「ランチョン」

ビヤホール「ランチョン」は神田神保町の交差点近く、靖国通り沿いにある。昭和から平成にかけて神保町が仕事場だった20数年間、ランチョンは打ち合わせの場でもあり、ビールにカツサンドで昼食代わりにしたものだ。

ランチョンはその昔、洋食屋からスタートした老舗で、明治42（1909）年の創業だ。ビヤホールなるものが日本の社会にデビューしたのは明治32（1899）年8月4日、サッポロビールの前身である日本麦酒が東京・銀座の新橋際に開店した「ヱビスビヤホール」を嚆矢とするから、ランチョンの創業はほぼ10年後ということになる。

本邦初のビヤホールはたちまち人気を呼んだようで、報知新聞明治32年8月26日は〈一風変わる恵比寿麦酒の一杯売りが出来、遠方からもわざわざ馬車でやって来るほどの大繁盛、一日平均800人内外の来客で上がり高は120～130円に及ぶ〉云々。因みにもりそばが1銭5厘、天ぷら蕎麦が5銭の時代である。また、同年9月4日中央新聞は、ビヤホールを〈貴賤高下の距てなく〉車夫と紳士が相対する「四民平等の別天地」と記しているものの、当初はツマミがなかったことからビールの旨味が削がれると報じている。

当時は〈西洋のビヤホールでは大抵何も食べないで麦酒を飲むばかり、やむなくんば赤い大根位である〉と伝わっていたらしい。「赤い大根」の正体は生憎不勉強で不明だが、それに倣って最初は大根の漬け物を出していたと記事にはある。しかし、これは不評で〈何か他のものをとの声多く、それから蕗、海老等の佃煮を出した〉がこれも不人気で〈最早廃す事に。日本人は何もなしに呑むという事は旨味の三分を削がれ、果実か菓子を売ることにしたら好かろうに…〉云々。

ビヤホール兼洋食屋の「ランチョン」は、そうした時代にほんのわずかに遅れて創業された。以降、今日まで神保町の街を見てきたことになる。

## ◆神田明神と風水

聖橋は関東大震災後の復興事業の一つとして昭和7（1932）年に架橋された。聖橋架橋で、神田明神はグッと近くなり、御茶ノ水駅が最寄り駅となった。

平将門を祭神の一柱とする神田神社こと神田明神は、もともとは大手町にあった。現在は三井物産の足許、将門の首塚があるところだ。現在地に移転したのは元和2（1616）年。江戸城拡張によるものだが、このとき幕府は神田明神を「江戸総鎮守」と位置づけ、社殿造営は幕府の手によって行っている。

徳川家康は江戸のまちづくりにあたって風水にこだわった。奈良時代、中国から渡ってきた風水思想は支配階級の思想となったが、風水

妻恋神社拝殿。神主は湯島天神が兼ねている

神田明神社殿

では北東の方角は祟りをもたらす怨霊が入る「鬼門」と位置付けている。神田明神の移転は、江戸城から見て鬼門の方角、北東の地に遷座させていることになる。平将門は怨霊の権化のような存在だが、家康は怨霊を以て怨霊の方角の守護としたことになる。

神田明神は、妻恋神社、湯島天神とともに本郷台地の東端にほぼ一直線に建ち並んでいる。

神田明神の祭神の一柱は、これまでに数多の祟り伝説を残している怨霊大魔神平将門。

妻恋神社の祭神は、日本武尊だ。伊勢国で病に斃れるが、都に戻れぬまま命を落とす無念が怨霊となったのか、その体は白鳥となって倭国を目指していったと伝わる。

湯島天神の祭神は「飛梅伝説」で知られる菅原道真。今でこそ「学問の神様」となっているが、北野天満宮に祀られるまでは怨霊大魔王の如く京都の朝廷を恐れ戦かせた逸話が残されている。

江戸城から見て北東の位置にあたる神田明神、妻恋神社、湯島天神の祭神がいずれも怨霊の化身であり、三社はあたかも江戸城の鬼門を、怨霊を以て怨霊の侵入を阻む結界を張っているかのような位置関係にある。

## ◆上野から移転して湯島聖堂に

時季ともなれば「合格祈願」の親子連れで賑わう湯島聖堂は、日本の学校教育史の要だ。江戸幕府を開いた徳川家康は林羅山らを重用し、儒学を治世に取り込むことを図る。儒学は簡単に言えば仁・義・礼・

湯島聖堂

智・信の「五徳」を養えば、父子・君臣・夫婦・長幼・朋友などの人間関係がうまくいくというものだ。この儒学が、以後の徳川幕府治世の基調となる。

三代家光は、今でいう専任家庭教師のような「侍読」として仕えていた林羅山に、上野忍岡（現在のほぼ上野公園）に5千坪以上の土地を与え、学舎と書庫を建てさせる。寛永9（1632）年、尾張の徳川義直が孔子廟を寄進。形が整った上野聖堂を五代綱吉が元禄3（1690）年に湯島に移転して、上野聖堂から湯島聖堂となる。

儒学者林羅山が家康、秀忠、家光、家綱と将軍四代に重用されたのは身分制度を是とする「上下定分の理」を打ち出したからでもある。寛永6（1629）年に著した『春鑑抄』に曰く「天は尊く地は卑し、天は高く地は低し。上下差別あるごとく、人にも又君は尊く、臣は卑しきぞ」云々。天が上にあり、地が下にあることは時代の転変如何によらない絶対不変の天理であり、それは君臣、父子、夫婦、兄弟などあらゆる人間社会の上下関係を貫くものである。そして、士農工商の身分秩序もまた、天理によるもので不変不滅なものであるとしたのだから、封建時代にあっては都合のいい学説だったのである。

湯島聖堂となってからおよそ百年を経た寛政9（1797）年幕府直轄学校として、昌平坂学問所（通称：昌平黌）が開設される。昌平坂学問所が明治期には学校、大学校と改称されながら東京帝国大学のルーツとなるのはよく知られるところだ。

湯島聖堂では、鉄道が開業した年の明治5年3月10日、わが国初の博覧会が開かれている。

湯島聖堂大成殿を会場として文部省博物局によって開催されたこの博覧会は、後に行われる内国勧業博覧会とは違い、古今の名品珍品600点余が出品されている。人気を集めたのは大成殿中庭のガラスケースに陳列された高さ３ｍ近い名古屋城の金の鯱だった。

　博覧会は午前９時から午後４時までの開館時間が設けられ、会期は20日間だったが、金の鯱は大人気。入場制限をするほど混雑の極みを呈した。ために会期も１ヶ月間延長したほど。交通機関と言えばせいぜい人力車で、ほとんどの人が自らの足で行くしかなかった時代、記録によれば博覧会の入場者総数15万人、１日平均３千人の観覧者が大成殿に押し寄せたことになるという。

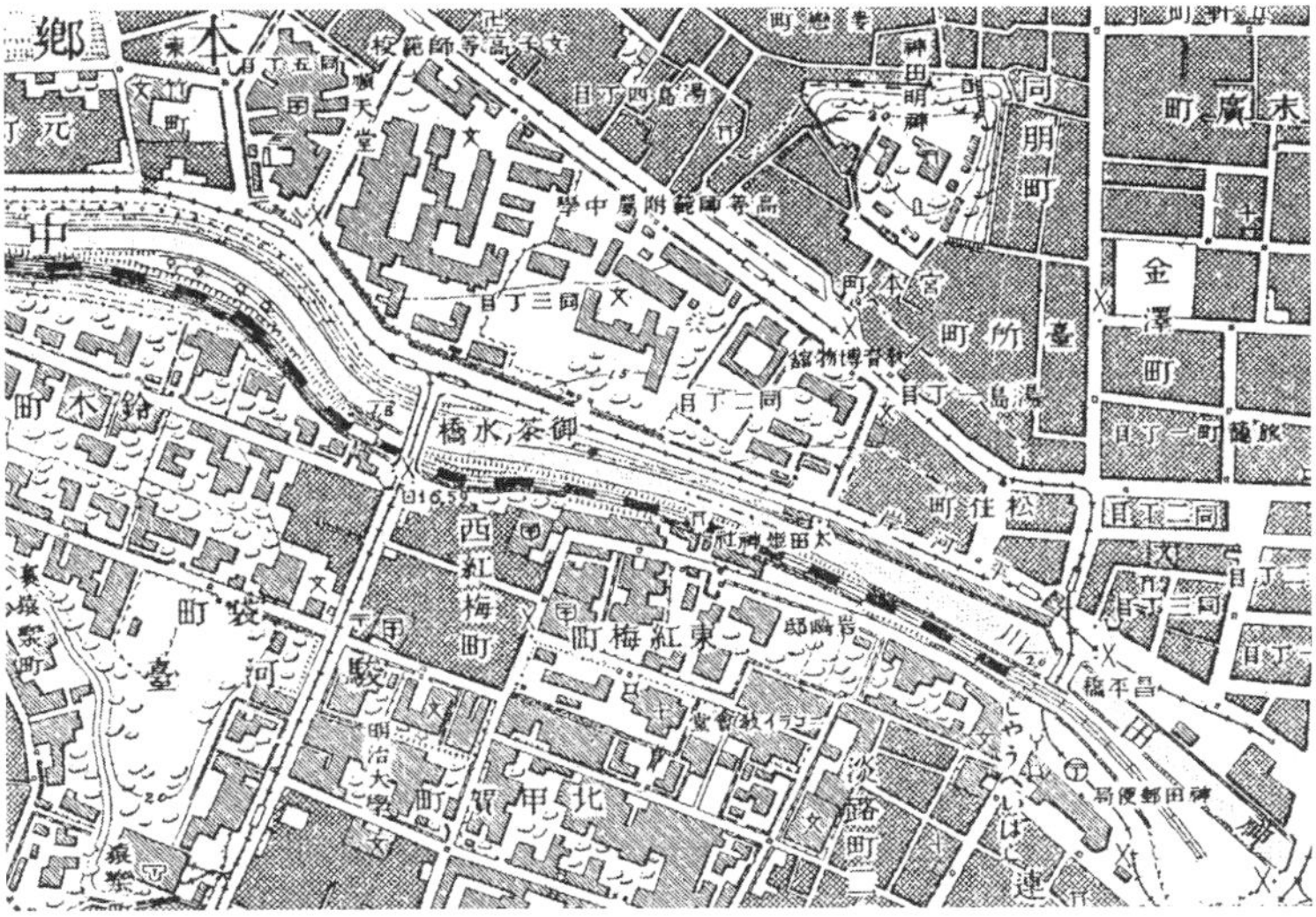


昌平橋駅の記載が見える明治42（1909）年の御茶ノ水付近の地図。
陸軍参謀本部陸地測量部発行「1/10000地形図」。

# 04 水道橋駅 甲武鉄道市街線始発駅の予定だった

## ◆三菱が開発した三崎町練兵場

水道橋の顔である東京ドームが三井不動産の傘下に入ることになった。三井不動産は令和2年11月に、TOBで東京ドーム株の取得を発表。読売新聞など東京ドームの大株主らもTOBに賛意を示したことから買収はすんなり進んだ。三井不動産は東京ドームを完全子会社化し、読売新聞グループとも協力して、後楽園一帯の再開発を視野に入れていると聞く。

駅の南側の三崎町はその昔、三菱が開発していったエリアであることを考えると、二大財閥だった三井、三菱が時を隔てて関わってくるのもなにやら因縁めく。

三崎町の開発に、三菱が乗り出すことになったのは、明治20年代に遡る。

そもそも甲武鉄道は、新宿から延伸する市街線計画では始発駅は三崎町だった。三崎町の北側にあたる小石川には

往時の砲兵工廠正門

明治4（1871）年から東京陸軍砲兵工廠があり、三崎町にはそのころ広大な練兵場があったことから認可も下りやすい新宿〜三崎町市街線延伸計画だった。

甲武鉄道が市街線計画を立てたのは明治22（1889）年だった。ところがその翌年、現在の三崎町2丁目と3丁目をほぼ含んでいた練兵場用地は三菱に払い下げられることになったのである。

かくて計画では甲武鉄道市街線始発駅である水道橋駅の開設は見送られ、三菱はその後、練兵場だった一帯を新しい街として開発していく。明治29（1896）年には日本大学が新校舎を建設し、一橋から移転してきたことから、三崎町は学生街となっていく。三崎座を始めに芝居小屋や映画館も相次いで生まれていったのが、練兵場払下げからの三崎町の歩みとなっている。

水道橋駅は当初計画より遅くなったが、駅所在地は当初の計画通り神田三崎町に明治39（1906）年9月24日、甲武鉄道電車の駅として開業した。しかし、1週間後の10月1日には鉄道国有法の施行で甲武鉄道は官設鉄道となり、路線名称も明治42（1909）年に中央東線、同44年から中央本線となった。

水道橋駅開業まで、界隈の交通機関は現在の白山通りや外濠通りを走る市電だけで、外濠をはさんで北側は小石川区、水道橋駅が設けられた南側は神田区の時代だ。

水道橋駅の開業は砲兵工廠ばかりでなく、白山通りを挟んで東側にあった東京府立工芸学校や小石川に多かった印刷工場や製本工場への通勤通学客は両手を上げて歓迎した。小石川後楽園も便利になり、行楽客も増えた。駅南側に目を転じれば、三崎町〜猿楽町〜神保町にひろがる日本大学や各種学校、私立中学へ通学する生徒・学生にも大歓迎されたことはいうまでもない。

東京府立工芸学校は、就職率100％の学校として有名な現在の東京都立工芸高校だ。歴史は古く、工芸・デザインの専門校として明治40年に築地で開校。しかし、大正12年の関東大震災で校舎が全焼。

**【水道橋駅(明治後期)】**
ポール式、1両の電車が走る中央線の高架線と白山通りを行く路面電車(市電)の組み合わせである。水道橋駅は、明治39(1906)年9月に甲武鉄道の駅として開業し、すぐ(翌月)に官設鉄道の駅になった。神田川に架かる水道橋はこの後、2回架け替えられている。◎所蔵：生田 誠

昭和2(1927)年に現在地に新校舎が落成した。昭和25年に都立工芸高校と学校名が変更されている。

## ◆砲兵工廠の移転

水道橋の駅名は神田上水の懸樋があったことに來由しているが、神田川に架けられた水道橋の南詰の高架上にホームが設けられた。その位置は今も変わっていない。

——東京から神田万世橋、御茶ノ水、水道橋、飯田町、牛込、市ヶ谷、四谷、信濃町、千駄ヶ谷、代々木を経て新宿に至るまでは改めて説かぬ。駿河台の崖下や、外濠の堤下を走るので、左窓の方は大した眺望もないが、右窓には御茶ノ水の風光や、教育博物館、旧聖堂や女子高等師範学校などが見え、続いて水道橋から飯田町までは砲兵工廠が見える。

牛込より四谷までは外濠に沿うて走り、其間濠端には桜があり、土手には躑躅が植えてあるので春夏は電車も美粧せられるのである——。

水道橋が架橋される前の昭和2(1927)年に博文館から出版された『汽車の窓から』の一節だ。このころの地図では「東京工廠」「造兵廠」と分けて記されている砲兵工廠も、その後九州の小倉砲兵工廠と統合されて、長く水道橋の代名詞だった東京砲兵工廠も二・二六事件が起きた昭和11(1936)年には福岡県の小倉に移転。民間に払い下げられることになった跡地に建ったのが、後に「水道橋の顔」となる後楽園球場だった。

## ◆後楽園球場で日の丸解禁

職業野球(現在のプロ野球)が本格的に始まったのは、軍靴の響きが高まりつつあった昭和11年だが、戦前の野球界は神宮球場を聖地とする学生野球の黄金期。職業野球は白い目で見られたことから神宮球場は貸してもらえず、球場に困った。そこで杉並区に上井草球場、深川区に洲崎球場が造られたが、上井草は交通の便が悪く、洲崎は海岸沿いのために満潮時には浸水騒ぎが常態化。

そうした状況で耳にしたのが砲兵工廠の移転だった。紆余曲折あったが、跡地の払い下げを受け、財界の大物渋沢栄一や小林一三らが出資者に名を連ねて昭和12（1937）年後楽園球場は開場した。

しかし、時代はまもなく太平洋戦争に突入。後楽園球場は戦争末期には軍に接収され、グラウンドではジャガイモやトウモロコシが栽培され、2階席には高射砲が設置された。終戦後には廃棄兵器の集積場にされたこともある。

世相が少しばかり落ち着いた昭和24年10月15日、後楽園球場で日米親善野球が行われた。その第1戦の試合前、日米国歌が奏され、センターポールに星条旗とともに日の丸が掲揚された。

敗戦後、日章旗は掲揚どころか、手に持つことさえ禁じられていた。それが解禁されたのは昭和24年1月1日。占領軍の最高司令官マッカーサー元帥は年頭所感で日の丸を解禁した。マッカーサーのお年玉政策で後楽園球場に揚がった日の丸は、戦後初めて大衆の面前に翻った瞬間でもあった。

〈その瞬間、球場は静かになり（中略）スタンドにいた歌手の灰田勝彦は感激のあまり涙を流した。詩人のサトウ・ハチローも頬を濡らした〉と『志村正順のラジオ・デイズ』（尾嶋義之著・新潮文庫）は綴っ

東京ドーム

【水道橋付近(昭和33年)】
神田川の流れに沿って走る中央線には水道橋駅が置かれている。一方、右下には水道橋、白山通りが走り、都電が並んでいる。右上には戦前に完成していた後楽園球場が見える。この頃の後楽園遊園地には、ローラースケート場や後楽園アイスパレスがあった。
◎撮影：朝日新聞社

ている。

志村正順は戦前から戦後にかけて、実況放送で名を売ったNHKのスポーツアナウンサー。団塊の世代なら大相撲やプロ野球を名調子で実況した「志村節」は耳に覚えがあるだろう。

## ◆コカ・コーラに殺到

〈コカ・コーラが初見参したのもこの時である。戦前も日本にないことはなかったが、明治屋が少量輸入していたに過ぎなかった。球場内でコカ・コーラが五十円で販売され、観衆はこの不思議な味のする茶色の飲料を求めて売店に殺到した。ホットドッグも珍しくて飛ぶように売れた〉云々と、『志村正順のラジオ・デイズ』の一節にある。

コカ・コーラは、日本では戦後発売され、我々にお馴染みとなった炭酸飲料と思われがちだが、引用した行にもあるように実は戦前、既にお目見えしている。

明治屋が大正8(1919)年「コカコラタンサン」として新聞広告をしている。その5年前には、高村光太郎が詩集『道程』のうちの1編「狂者の詩」でコカ・コーラを詩っている。

吹いてこい、吹いてこい秩父おろしの寒い風

(中略)

コカコオラ、THANK　YOU　BERY　MUCH——

大正から昭和にかけては明治期からのラムネに加えて多種多様のサイダー類、炭酸飲料が売り出されて清涼飲料水は日本人にとって馴染んだものとなっている。

大正の初めには明治屋がコカ・コーラの輸入販売を始めたのもその流れの中にあるが、戦前のコカ・

コーラは軍靴の時代に埋もれていった。

戦争に負け、進駐軍の時代になると音楽や映画を初めにアメリカ文化がどっと流れ込んで来た。その時代にコカ・コーラは日本で再デビューした。戦前と違って日本人を虜にしたのは、コカ・コーラやホットドッグは日本人にとって豊かさの象徴でもあったアメリカ文化の一つであったからかも知れない。

## ◆巨人V9時代と佐藤栄作長期政権

昭和24年の日の丸解禁は、マッカーサーから与えられた免罪符でもあった。日本はやがて神武景気から岩戸景気を経て高度成長時代を迎える。

後楽園球場を象徴とするプロ野球の隆盛と日本復興の足取りは軌を一にし、水道橋駅も野球ブームの到来で乗降客も急増する。後楽園球場は巨人軍の本拠地だけに集客力は抜群で、巨人戦カードの日の水道橋駅は特に大混雑したものだ。その混雑に拍車をかけたのが昭和33(1958)年にデビューした長嶋茂雄だ。以降の「長嶋の時代」は日本の繁栄時代とマッチしていく。

巨人のV9が始まったのは東京オリンピックの翌年、昭和40年だ。カラーテレビ時代が始まり、大量生産・大量消費の高度経済成長の波の中で、老いも若きも昭和元禄と浮かれた。その頃、プロ野球ファンの8割は巨人ファンと言われたものである。

「日本人の成熟度は12歳。勝者に迎合する傾向がある」とは、戦後の日本を数年間統治したマッカーサーが残した言葉だが、プロ野球ファンの過半数が巨人ファンだと言われたV9時代と、自民党の佐藤栄作首相が8年間に及ぶ長期政権を築いた時代と昭和の黄金時代は見事に重なっている。

## ◆三井の後楽園再開発が浮上

昭和31(1956)年の地図で後楽園球場一帯を見ると、後楽園球場の北側には昭和30年にオープンした後楽園遊園地が、球場の北西には競輪場、球場の西側にはアイスパレスが記されている。

それから半世紀以上経った現在、後楽園球場は東京ドームホテルやプリズムホールなどに変わり、日米親善野球開催の年にスタートした後楽園競輪は美濃部亮吉都知事時代の昭和47年廃止された。その後の東京スタジアムを経て跡地に建設されたのが東京ドーム球場だ。アイスパレスがあったエリアは東京ドームボウリングセンターや後楽園ホールに変わっている。変わっていないのは東京ドームシティアトラクションシズと改称した後楽園遊園地ぐらいだ。

日本の戦前戦後の歴史の一面を刻んだ後楽園球場も、昭和62(1987)年に閉場した。代わりに東京ドームが水道橋の繁華の核となった。しかし、その東京ドームも三井不動産に身売りが決まった。三井不動産は、東京ドーム買収後の青写真に、ドーム球場の建て替えを含めた後楽園再開発を描いているとも聞く。プロ野球人気は昭和の時代より衰えたとはいえ、まだまだ根強い。ましてや東京ドームは集客力抜群の読売ジャイアンツというキラーコンテンツを持つのも、三井不動産が後楽園一帯の再開発を意図した理由だろう。

水道橋駅は昭和7年に中央線が複々線化した際に、各駅停車用の駅として改築されている。以降、水道橋駅に大きな変化はないまま現在に至っている。鉄道好きによると、昭和初期の標準的な電車専用駅の風情が残されているそうだが、一般には古めかしく見えるだけだろう。後楽園再開発が現実のものになれば、水道橋駅も装いが改まるのだろうか。

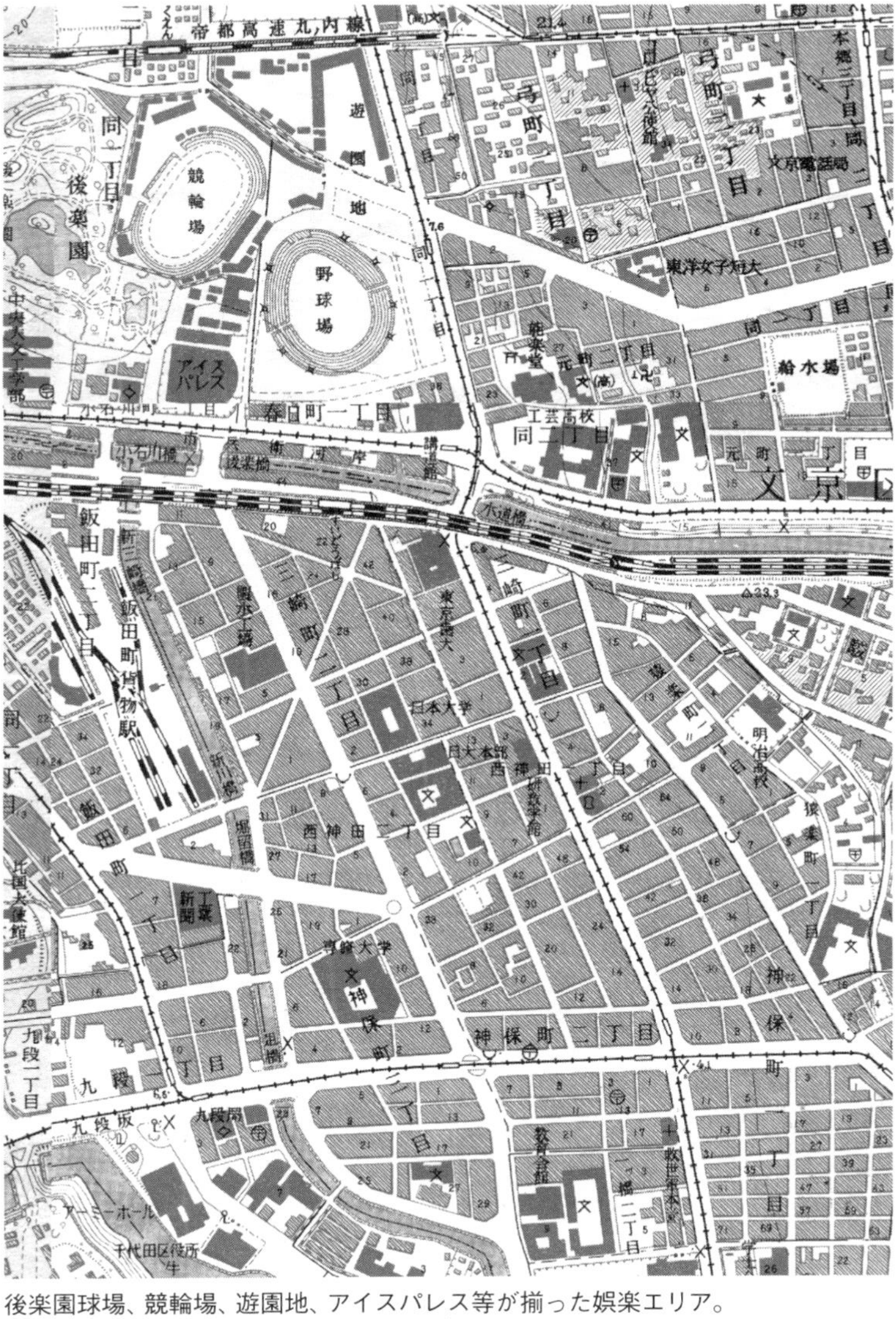


後楽園球場、競輪場、遊園地、アイスパレス等が揃った娯楽エリア。
建設省地理調査所発行「1/10000地形図」

# 05 飯田橋駅 新西口駅舎で装い一新

## ◆牛込駅の復活思わせる新西口駅舎

新西口駅舎完成で、飯田橋駅はホームともども装いは一新された。

飯田橋駅の従来ホームは、きついカーブに位置していたため、停車する電車とホームの間に最大で30センチ以上の隙間ができたうえ、段差も20センチほどあったことで、年間10件ほどの転落事故が発生するなど、乗客の乗り降りに危険な駅であった。この問題を抜本的に解消するためホームの位置を新宿寄りに200mほど移設。あしかけ5年をかけての改良工事で、令和2年7月から新西口駅舎での営業が始まったのだった。従来のホームは改良を加えて新ホームと東口改札を結ぶ通路に転用した。

新西口駅舎の目の前は早稲田通りで、線路と外濠に架かる牛込橋を渡れば神楽坂下に出る。神楽坂は今でこそ往時の勢いは薄れたものの江戸時代からの繁華街だった。この立地こそ、その昔に甲武鉄道が、早稲田通りはさんで新西口駅舎と向かい合うところに牛込駅を設けた理由だ。

牛込駅は、今は往時の石積みのほんの一部が残されているだけで、目に止める人も少ない。しかし、新西口駅舎の誕生は、牛込駅復活を

飯田橋駅西口駅舎

思わせないでもない。

牛込駅は昭和3（1928）年の飯田橋駅開業で廃止されたが、飯田橋駅開業でホームから西口改札まで実に長い連絡通路で結んだのも神楽坂口とするためだ。

この長い連絡通路は飯田橋駅名物でもあったが、ホーム移設の改良工事で新ホームに変わった。従来のホームは東口改札までの長い連絡通路に転用されている。飯田橋駅の東口と西口の近くて遠い関係はなにやら宿命のようでもある。

## ◆牛込濠ボート場の由緒

新西口駅舎前には歩行者空間も設けられ、江戸時代の牛込見附門跡の石垣に目をやってから神楽坂方面へ向かうと、牛込橋の左手に見えるのが牛込濠と白いボート乗り場のある風景だ。牛込濠のボート場は東京で最初に出来た由緒を持つ。後に出来た不忍池や井の頭公園のボート場の手本ともなっている。

ボート場と場内にあるカフェレストランを経営するのは東京水上倶楽部。創業は大正7（1918）年。米騒動やシベリア出兵と内憂外患の社会情勢だった年である。落ち着かない社会生活にレクリエーション施設を、と音頭を取ったのは時の東京市長後藤新平。しかし、財源はなく、後藤の盟友だった代議士古川清が私財を投じて誕生したのが外濠を利用した東京水上倶楽部だ。江戸情緒を残した東京水上倶楽部は皇族の利用もあって賑わいを重ね、濠の廻り全体に雪洞を吊して夜

牛込濠のボート乗り場

間も営業。10人以上が乗れる舟も浮かび、遊楽客にはラムネやカキ氷などを提供し、夏には蛍を離し花火を打ち上げ、秋には灯篭流しをしていたと伝わる。

〈暗い隅っこの方へボートを寄せて、なにか甘い囁きに耽っている恋の男女に、わざと水をはねかけて通る岡焼き連の悪戯も、夏の夕暮れの情景としてはまことに相応しい。ボートに乗る女学生。彼女たちの尻を追う中学生の多いのも神楽坂景物の見逃しえない一つであろう〉云々と、昭和6（1931）年発行の『日本歓楽郷案内』は、ボート場が若い男女の格好の逢引スポットでもあったことを伝えている。

牛込橋を挟んで反対側には20階建ての飯田橋セントラルプラザが建つ。飯田濠を埋め立て昭和59（1984）年に竣工した商業ビルだ。飯田濠には、神田川と舟運水路を形成していた神楽河岸の揚場があった。

江戸城の外濠で一番標高のあるところにあった真田濠から時計回りに市ヶ谷濠、牛込濠、飯田濠とつながっていた。今は上智大のキャンパスとなってすっかり埋め立てられてしまった真田濠の水面高は19m。以下順に低くなり、市ヶ谷濠10m、牛込濠が水面高5mで、飯田濠が神田川とほぼ同じ水面高となっていた。これは落差を設けて棚田よろしく真田濠の水を順次、堰を通して落としていき、水を湛えていた。これは各濠が自前で水量を満たせなかったことによる。

では、濠の水はどこから持ってきたのか。答えは玉川上水だ。

玉川上水は四ツ谷大木戸あたりから暗渠となり、地中に設置した木管を通って城中及び江戸市中に

昭和初期の飯田町駅貨物ヤード

配水されていたが、その水路を分岐して真田濠にも玉川上水流し込んでいた。つまり、玉川上水と神田川は外濠を通してつながっていたことになる。

## ◆神楽坂花街の盛衰

牛込橋を渡れば、早稲田通りと外堀通りが交差する神楽坂下交差点だ。

神楽坂が賑わいを見せ始めるのは通称「神楽坂の毘沙門様」こと善国寺が麹町から現在地に移転してきてからだ。

伝によれば戦国時代末期1590年代創建の善国寺は、江戸時代が始まると黄門様こと水戸光圀の庇護を受けたのが寺勢隆盛の端緒で、寛政4（1792）年に現在の麹町3丁目から神楽坂に移転。当初はほとんど武家屋敷だけであった神楽坂界隈も、善国寺の引っ越しに伴い、よしず張りの茶屋などの門前町も一緒に移転。徐々に町屋も増えていくと明治初期に花街も形成され、華やかな街になっていったというのが神楽坂ミニヒストリーだ。

昭和戦前まで、縁日では山の手銀座と呼ばれるほどの賑わいで、夜の帷が下りる灯ともる頃になると人出で歩けないほどになり、神楽坂下の交差点などは「車馬通行止め」の札が出たほどという。

東京で縁日の夜店が初めて出たのも神楽坂毘沙門天で、明治20年頃という。以降、浅草を始め諸所でも夜店を出すようになった。

古い花街だった神楽坂が変わる兆しを見せたのは、昭和の時代も終

神楽坂の毘沙門天善國寺門

わる1980年代末期。政界財界の人士が好んだお座敷遊びも時の流れの中で衰微していった。当時は神楽坂のそこかしこで黒板塀の料亭が見られたが、今では数えるほどになった。

## ◆牛込城と由井正雪

神楽坂にかつて牛込城があったことを知る人は少ない。

神楽坂毘沙門天の裏手、地蔵坂をあがった光照寺のある高台が幻の牛込城があったところだ。

戦国時代の天文年間(1532～55)、小田原北条氏に招聘されて牛込の地にやってきた上州赤城山麓の大胡城主大胡重行は、現在の光照寺境内を中心に城を造営する。ハッキリしているのはここまでで、堀や城門、城館など城内の構造については記録がなく、詳細は不明ながら、戦国時代によく見られる居館を主体とした城だったようで、表門は神楽坂に、裏門は西の神田川にかかる面影橋付近にあったとも推測されている。

大胡氏は、姓を牛込と改め、小田原北条氏の重臣となって赤坂、桜田、日比谷あたりまで領し、小田原北条氏が滅亡した後は徳川家旗本になる、といっても大胡氏の名は一般にはマイナーもいいところだが、神楽坂の赤城神社は、大胡氏が故郷の赤城神社を神楽坂に勧請したものだ。

今も残る牛込見附門の石垣

牛込城の居館があったと伝わる光照寺

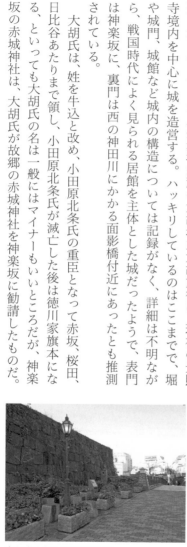

江戸時代に入って徳川幕府は赤城神社を江戸大社の列に加え、牛込の総鎮守にしてからは「日枝神社」「神田明神」と共に、「江戸の三社」と称されるほどの隆盛を見せている。

赤城神社の地には平将門の首なし胴体が埋められているなどといった伝承もある。近年までは鬱蒼とした樹木が生い茂っていたが現在は様相一変。早々と完売したという境内地のマンションが風情を台無しにしている、と思うのは開発前を知っている人だけか。

牛込城があった光照寺には由井正雪にまつわる話もある。由井正雪は一時、界隈に住まっていたと伝えられ、明治の末に光照寺境内の井戸をさらったとき、井戸の中に横穴を発見。由井正雪の抜け穴ではないかと騒がれた。

駿府生まれの楠流軍学者由井正雪は三代将軍家光死去の年の夏、丸橋忠弥らと謀り、浪人2千人を集めて幕府転覆を謀った「慶安の変」の軍学者。由井正雪の道場は現在の東榎町から天神町にかけて、早稲田通りと江戸川橋通りが交差する東側にあった。約500坪の地所に、周囲は黒板塀で囲った堂々たるもので、門弟は一説には5千人。武者窓のある道場は十数棟に付属舎が建ち並び、いま大日本印刷の榎町工場の敷地になっているあたりが正雪の旧居跡と伝わる。

## ◆飯田町駅跡地大開発

新しくなった飯田橋駅西口を出て、牛込橋と反対方向に早稲田通りを行くと、日本歯科大病院を過ぎて左に曲がれば東京大神宮に出る。駅から徒歩3〜4分だ。

東京大神宮は明治13（1880）年、東京における伊勢神宮の遙拝殿として創建された格式高い神社だ。当初は日比谷に勧請されたことから「日比谷大神宮」と称されていたが、大正12年の関東大震災で焼失。昭和３年、現在地に遷座・再建され「飯田橋大神宮」から「東京大神宮」と改称されたのは戦後のことだ。

東京大神宮は日比谷大神宮時代の明治34（１９０１）年東京で初めての神前結婚式を行った由緒もある。近年は女性誌等で縁結びのパワースポット云々と紹介されてから若い女性の参拝客が急増。神社側も、商機来たりと「縁結び鈴蘭守り」「結び札」「幸せ恋守り」等々、縁結びスポットにあやかって種々の縁結びグッズを売っている。

縁結びの御利益あって結婚式まで同社で挙げるのはどのくらいの割合なのだろうなどと思いながら緩やかな坂を下っていけば目白通りに出る。目白通りの向こう側は、甲武鉄道飯田町駅跡地を再開発した一帯だ。

「東京のお伊勢様」東京大神宮社殿

ＪＲ飯田橋駅から九段下へと伸びる目白通り沿いは、歴史を物語る碑が点在している。東京農業大学、日本大学、國學院大學の開校地であり、幕末に清河八郎によってつくられた新徴組の屯所もあった。榎本武揚が開いた牧場北辰舎もこの地にあった。

「甲武鉄道飯田町駅記念碑」もその一つだ。碑文に曰く、

〈明治22年、新宿～八王子間に甲武鉄道が開業し、同28年には市街線として延長され、飯田町駅が開業し現在の中央線の始発駅となる。同37年、我が国で初めて飯田町～中野間で電車が運転され、その後甲武鉄道は御茶ノ水方面に延長。同39年、甲武鉄道は国有化され、昭和８年に飯田町駅は貨物専用

駅となった。この奥のホテルエドモントが旧駅構内で、改札口は小石川側にあった〉云々。

## ◆ホームの延伸で急カーブ駅に

中央線の前身となる甲武鉄道建設計画のそもそもは明治初期に遡る。明治3（1870）年、玉川上水を利用した新宿・羽村間の舟運が開かれた。しかし、2年後に上水汚染の理由で廃止される。その代わりとして、玉川上水の堤防沿いに馬車鉄道の敷設計画が持ち上がった。これが甲武馬車鉄道で、新宿～八王子間の開業を目指すようになる。

計画進行中の明治5（1872）年には文明開化で新橋～横浜間で鉄道が開通する。馬車鉄道も当然ながら蒸気機関の導入を模索するようになる。

甲武馬車鉄道は明治17（1884）年に馬車鉄道から蒸気鉄道に変更して出願。甲州街道沿いに鉄道を通す計画が認可されると明治21年に甲武鉄道と社名を変更。開業に向けて動き出す。

飯田橋付近から小石川・牛込方面を見た風景。3両の東京市電が見える。
◎大正期　所蔵：生田 誠

明治22（1889）年に新宿～立川間を開通させてまもなく八王子駅も開業すると、都心部への延伸を図る。新宿から東京市内への市街線延長は明治27年に新宿～牛込間が、翌年に牛込～飯田町間が開業している。

牛込駅をかつての牛込見附門近くに設置したのは神楽坂の玄関口としてだが、「水道橋」の項で触れたように、甲武鉄道の当初計画では三崎町始発駅だったが、三崎町練兵場の開発で、小石川三崎町に近い飯田町駅を当座の始発駅とした。

飯田町は、江戸時代は外濠の内側――城郭内に設けられた珍しい町人地で、麹町と共に武家地の需要に応えて発展。明治に入っても商業地として賑やかだったこと、また一帯が帝都のものづくりの町になりつつあったのも貨物併用駅として開設となったものだ。

明治37（1904）年に電車併用運転が始まり、電車線が御茶ノ水まで開通。その後、鉄道国有法で甲武鉄道改め中央線となって、万世橋～東京へと延長される。昭和4（1929）年に中央線が複々線化された際に、牛込駅と飯田町駅の電車ホームを統合して、両駅の中間に設けられたのが飯田橋駅だ。

当時のことであるから電車の編成も短く、ホームも水道橋方面のカーブ区間に少し掛かる程度だった。しかし、戦後の編成長大化に対応するため水道橋方向にホームの延伸を重ねたため、急カーブを持つ駅になってしまったのが、飯田橋駅の生い立ちとなっている。

## ◆飯田町駅跡地大開発

飯田橋駅開業当時、現在は5差路交差点にまたがって歩道橋が伸びている東口駅前は、市電4路線が発着するターミナルを形成していた。東口はさらに神田川と外濠（飯田濠）の合流点で、舟運の要衝だった。神田川の両岸にはものづくりの中小企業が密集し、駅南側の目白通り沿いに同様の風景が九段下まで続いていた。

飯田町駅は昭和8（1933）年には貨物専用駅としてそうした街の物流拠点となって戦後も活気を呈していた。昭和5年の地図を見れば、貨物用線路が幾本も描かれている。

昭和47（1972）年には、周辺に多かった新聞社や印刷会社の需要に応える形で飯田町紙流通センターが開設。以後平成9（1997）年に紙輸送列車が廃止されるまで、各地から紙製品を積んだ列車が到着していたのである。

飯田町貨物駅周辺の鉄道敷地再開発が始まったのは昭和50年代で、ホテルエドモント（現在はホテルメトロポリタンエドモントと改称）が開業した昭和60（1985）年はまだ引込線が残されていた。平成11（1999）年飯田町駅が廃止されると、日本橋川沿いの一帯を呑み込む形で、いわゆる裏飯田橋の大開発が始まったのだ。

縁あって長い付き合いがあった印刷会社はこのエリアの一角にあった。しかし、大開発の網に入っていたことからコンクリート打ちっ放しの3階建てビルが、土地と等価交換で20階超の高層ビルの数フロアに変身した。

かつては飯田町駅があった一帯は現在、大塚商会や大和ハウスなど一流企業が目白押しのちょっとした高層オフィス街に変貌している。

巨大な歩道橋が設置されている飯田橋交差点

# 06 市ケ谷駅 地下鉄の駅はお濠の下に

## ◆「市ケ谷の顔」陸軍士官学校

中央線に電車が走り出すと、往時でも沿線ガイドブックの類が増え始める。外濠に沿って電車が走る市ケ谷は明媚な景色で知られるが、明治43（1910）年刊の『中央東及西線川越線青梅線鉄道名所』は、市ヶ谷駅の名所に陸軍士官学校と市ヶ谷亀岡八幡とを上げている。

改札を出て、駅前名物の釣り堀を眺めながら市ヶ谷橋を渡ると、左手前方にあるのが防衛省や陸上自衛隊市ヶ谷駐屯地、海上自衛隊市ヶ谷基地の白い建物が並ぶ。明治時代の名所案内に取り上げられた陸軍士官学校があったところである。

江戸時代、この地は徳川御三家の筆頭格尾張藩の上屋敷だった。陸軍士官学校が置かれたのは明治7（1874）年。以降、お濠を臨む市ヶ谷台地に立地した陸軍士官学校は市ヶ谷の顔となった。

明治40年代の陸軍士官学校遠望

昭和16(1941)年には朝霞に移転した士官学校の代わりに陸軍省・参謀本部・教育総監部・陸軍航空総監部の中央省部が三宅坂から当地に移転。太平洋戦争終戦後の陸海軍解体まで帝国陸軍の中枢が置かれていた。

終戦後のGHQによる接収が解除された昭和34年からは、自衛隊市ヶ谷駐屯地・市ヶ谷基地となり、陸上自衛隊東部方面総監部や統合幕僚学校などが置かれた。

そんな時代の昭和45(1970)年11月25日に起きたのが、三島由紀夫事件だった。駐屯地のバルコニーから憲法改正の檄を飛ばし、その後統監室で割腹自決を遂げた。あの時代に青春時代を送っていた団塊の世代にとって、その凄絶な死とあいまって三島由紀夫事件はあまりにも衝撃的だった。

三島由紀夫事件から半世紀。市ヶ谷に足を運ぶと50年前を思い出す団塊の世代は少なくない。

市ヶ谷台地に鎮座する市谷亀岡八幡宮は太田道灌が文明11(1479)年、江戸城築城の際に西方の守護神として鎌倉の鶴岡八幡宮の分霊を祀ったのがその起こりとなっている。鎌倉の「鶴岡」に対して亀岡八幡宮と称した。

関東大震災前の市ケ谷見附付近

その後は戦国時代の戦火にさらされ荒廃していった。江戸時代初期の寛永年間に外濠が出来た際、その頃は市谷見附門内にあったことから、現在地に移転させられている。

三代家光や五代綱吉の生母桂昌院などの信仰を得て神社も再興され、境内には茶屋や芝居小屋などで賑わった。例祭は江戸市中でも華やかなものだったと伝わる。明治に入ると神仏分離令などで衰退。太平洋戦争の空襲で親睦も含め消失。現在の社殿は昭和37（1962）年に再建されている。

## ◆地下鉄駅はお濠の下

江戸時代の市ヶ谷見附門に設けられた市ヶ谷駅の開業は明治28（1895）年。中央線の前身となる甲武鉄道が新宿から都心部へ延伸を図った時に開業しているから、中央線の駅としては古参に入る。現在の駅は昭和4（1929）年の複々線化の際に建設された二代目だが、今では実にユニークな立地となっている。

昭和49（1974）年に有楽町線、昭和55年に都営新宿線、平成8（1996）年に南北線が開業し、市ヶ谷駅はそれぞれの地下鉄の連絡駅となった。

有楽町線開業の際、市ヶ谷ではどこに駅を設けるかが問題となり、外濠の下に線路を走らせ、ホームも設けようとなった。以降、都営新宿線、南北線とも先人に習い、3線とも外濠の水の下に線路が走り、外濠の水の下一帯が駅の構内ともなっている。

一方、お濠に面したJR市ヶ谷駅のホームは靖国通りが走る市ケ谷橋の下にある。駅前は昭和40年代初頭まで、靖国通りから外堀通りへ新宿行きの都電12系統が走っていたが、三島由紀夫事件が起きた年の1月に廃線となっている。

## ◆旗本番町武士の街にマンションずらり

駅前から麹町方面に向かうのが、日本テレビ通りだ。日テレが汐留に移転後も一部機能が残されていることから今も日テレ通りと通称されているのだが、その両サイドは番町エリアである。

麹町〜市ヶ谷一帯は、家康がいち早く手がけた武家屋敷地であり、番町は将軍親衛隊的な大番組が置かれた。江戸時代の職制で軍事担当は番方、行政担当は役方と呼ばれた。軍事担当にはその筆頭格である大番組の他、書院番組、御先手番組、小姓番組、小十人組等々、十指に及ぶ。

番町には一番町から六番町まであるが、番方は一番から六番の組に編成され、居住区が決まっていたことに由来する。もっとも江戸後期には細分化されたり複数の区画を統合したりで、当時の大番組の組番号と現在の町目の境は一致していない。そもそも江戸時代の番町エリアは今より遥かに広く飯田橋〜九段あたりまでに及んでいた。

旗本屋敷用地の基準は三代家光時代の寛永年間に設けられたが、元文3（1738）年に改定されたときは三百〜九百石で500坪とある。大番組の番士となる旗本は概ねこのクラスだった。番町が、明治時代以降は広い敷地を持つ屋敷地として変貌していく由縁でもある。

番町には島崎藤村、泉鏡花、有島武郎、与謝野鉄幹・晶子など、明治〜昭和に活躍した文学者が居住した。そのエリアは現在、番町文人通り（麹町大通りと大妻通りを結ぶ道）として案内プレートが設置され、14の旧居跡を紹介している。

しかし、広い屋敷地も代を重ねるごとにかかってくる相続税に耐えきれなくなってだろうか、時が流れて現在の番町はそこかしこに高級マンションが建つ。

## ◆大正通りと呼ばれた靖国通り

新宿方面から市ケ谷橋を渡って駅前から靖国神社に向かう靖国通りは関東大震災後の帝都復興事業の一環として整備された基幹道路で、新宿と下町を結ぶ主要道路として昭和5（1930）年に整備されたものだ。

完成当時、東京日々新聞（現在の毎日新聞）が復興記念に名称を募集。大正時代に工事が始まり昭和に完成した大事業ということで大正通りに決まり、ほぼ同時期に完成した南北の幹線は昭和通りと名付けられた。

靖国通りの道路行政上の名称は「東京都道302号新宿両国線」だが、昭和37（1962）年に東京都が都道の通称を決めた際、靖国神社そばを通ることから新宿から両国橋までを靖国通りとした。

明治と昭和の間に挟まれてとかく影が薄い大正時代だが、明治通り、昭和通りはそのまま残っているのに、大正通りの道路名は幻になってしまった。

かつての市ケ谷見附門石垣が残る市ヶ谷駅前の靖国通りを行くと、靖国神社までは僅かな距離だ。

## ◆幕末維新と靖国神社

靖国通りに面した靖国神社南門から境内にちょっと入ったところに「練兵館跡地」の石碑が立っている。

練兵館は、斎藤弥九郎によって開かれた神道無念流の道場だ。「技の千葉」（北辰一刀流・玄武館）「位の桃井」（鏡新明智流・士学館）と並んで「力の斎藤」と称され、幕末江戸三大道場の一つに数えられた。練兵館は当初は現在の九段下俎橋付近に設立されたが、天保9(1938)年の火事で類焼し靖国神社南門付近に移転したものだ。百畳敷きの道場と三十畳敷きの寄宿所があり、黒船来航以来の尚武の風潮もあって隆盛を誇った。

練兵館は長州藩の桂小五郎、高杉晋作、井上馨、伊藤博文、品川弥二郎等々を輩出、幕末維新ゆかりの道場でもあった。動乱の時代に命を落とした同志の霊を慰めんと、明治新政府で実権を握った薩長がこの地に東京招魂社を建立したのも、そうした由縁が影響している。

招魂社は初め明治元(1867)年、京都東山に設けられ、次いで東京招魂社が明治5年に九段上に建てられて各地から合祀された。維新政府が当初は賊軍と決めつけた旧幕軍の祭祀供養を許可したのは明治7年の太政官達からだ。

明治12年、東京招魂社は靖国神社と改称される。別格官幣社としてその後国家的合祀社となったのはご承知の通り。

境内にある遊就館の展示品の大多数を占めるのは太平洋戦争に関連するものだが、1階フロアには復元されたゼロ戦が展示されている。中国発のコロナが流行する前のこと、零戦を数人の外国人観光客が熱心に鑑賞しているのを目撃。「ゼロファイター」などという言葉も耳に入って来たから、太平洋戦争初期には米軍を恐れさせたゼロ戦は、

現存する江戸城の遺構である田安門

靖国神社遊就館のゼロ戦(復元)

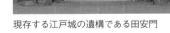

彼の国でも世代を越えて知名の戦闘機らしい。

館内売店横手に軽食が取れる「茶寮・結」がある。ここでは、明治41（1908）年9月に発刊された『海軍割烹術参考書』のレシピに基づいて、その時代の味を忠実に再現したという「海軍カレー」が人気メニューだ。

ジャガイモやニンジンといった具材はカレールーに溶け込むことなく原形をとどめた一口サイズ。味は甘口風味だった。福神漬けがカレーに添えられるようになったのは、大正時代に日本郵船のコックが海外航路船の一等客室に出すカレーに「福神漬け」を添えたのが始まりと仄聞する。

## ◆松平定信と浮世絵

靖国神社正門から靖国通りに出れば北の丸公園の玄関口にも当たる田安門が見える。寛永13（1636）年のもので、現存する旧江戸城建築遺構のうちで最古のものだ。

田安門は、松平定信の田安家屋敷があったところだ。松平定信は寛政の改革で知られるが、その時代に浮世絵文化は危機に陥っている。

浮世絵に革命が起きたのは明和2（1765）年。鈴木春信を中心とする浮世絵師集団により多色摺木版の新しい技術が考案されて江戸にデビューしたのが「錦絵」だった。草創期は墨版だった浮世絵はその後、筆で彩色する「丹絵」や「紅絵」「漆絵」が現れ、やがて板で着色する「紅摺絵」が考案された。墨1色から色のついた浮世絵は人気を呼んだが、地味な感は拭えない。そこに出てきたのが極彩色の錦絵だった。以降、浮世絵は爆発的なブームを呼び、江戸文化を彩っていく。

この時期に幕政を取り仕切ったのは田沼意次。幕府財政の立て直しが急務だった田沼は商業の発展に力を入れ、年貢ではなく流通税に眼を向け、貨幣経済が拡大。そうした中で蘭学や黄表紙など新しい文化も生まれた。

一方、寛政の改革では、定信の倹約令が睨みを利かしたことから、浮世絵は派手な色彩を控えた地味な「紫絵」が主流となり、浮世絵人気は急速に落ちていく。定信失脚して再び、浮世絵の隆盛期となったのが、将軍在位の50年間、政治よりひたすら女色に励んだ家斉時代の文化文政期（1804～29）となっている。かくて浮世絵は後世に残る日本文化となった。

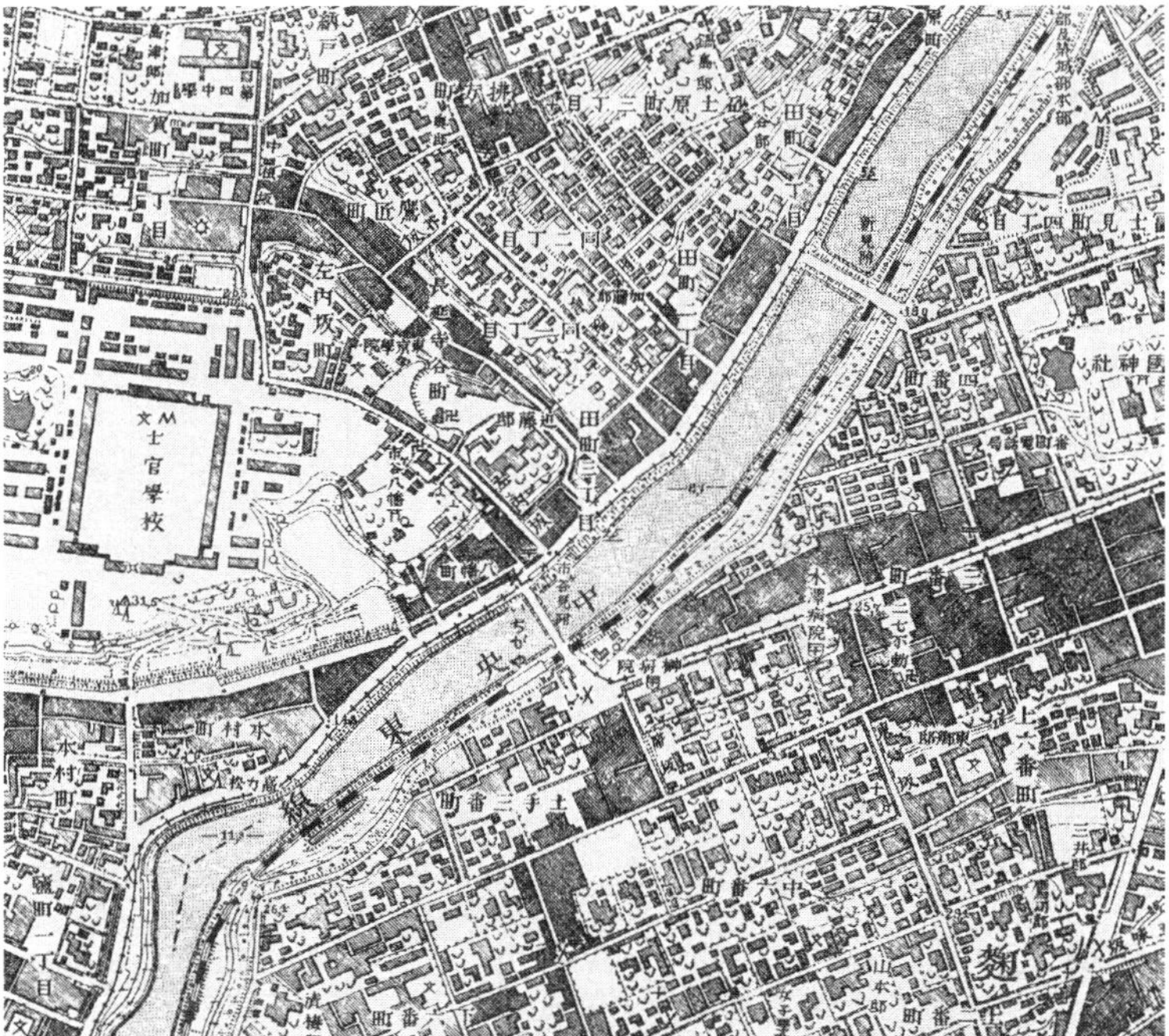

江戸時代から続く町名が残っていた明治42（1909）年当時の地図。
陸軍参謀本部陸地測量部発行「1/10000地形図」。

# 07 四ツ谷駅 当初のルート計画になかった四ツ谷駅

## ◆甲武鉄道市街線の軍用路線化で開設

中央線の前身は甲武鉄道だが、甲武鉄道が都心部への延長を企図し、新宿〜三崎町間の市街線延伸計画を立てた当初、四ツ谷駅は計画に入っていなかった。四ツ谷駅ばかりでなく代々木、千駄ヶ谷、信濃町も計画変更で開設されたものとなっている。

往時の鉄道省が編纂した『日本鉄道史』（大正10年刊）には、新宿〜三崎町市街線について〈新宿停車場から坂町、本村町を経て外濠を縦貫し市ケ谷に出て外濠の内側に沿い小石川橋に至るものなりし。明治25年に計画変更。新宿より青山練兵場の北端を経て四谷に至り外濠に達し、その内側に沿い市ケ谷を経て小石川橋に至るものとし〉とある。

文中の坂町、本村町は靖国通り沿いにあり、本村町には現在は防衛省となっている陸軍士官学校が立地している。

『甲武鉄道市街線紀要』（甲武鉄道・明治29年）には、市街線は南線と北線の二通りを考え、現在の靖国通り沿いに新宿から市ケ谷までのほぼ直線ルートである北線で新宿〜三崎町間の市街線認可を得たとしている。

明治20年代は、長崎事件（明治17年、中国北洋艦隊の水兵が上陸後、遊郭で乱暴狼藉を働いたうえ、市中で略奪、婦女子に暴行など、警察隊との市街戦にエスカレートした）を契機に中国清朝との関係が緊迫化していた時期であり、軍部は市街線計画に青山練兵場を通すことを強く要求したことから、市街線計画は新宿～信濃町～四谷のルートになった。

当時の事情を教えてくれるのが、四ツ谷駅から見える旧御所トンネルだ。

東京メトロ丸の内線四ツ谷駅は地上駅であり、ＪＲ中央線及び総武線の４本のレールを跨ぐように設けられているが、新宿方面行きホームの最後方に立つと赤煉瓦のトンネルが見える。総武線下りで利用されている軌道が1本のトンネルだが、このトンネルが「旧御所トンネル」と呼ばれるものだ。赤煉瓦は明治27（１８９４）年、日清戦争勃発年に建設・開業した当時の姿をそのまま残している歴史的建造物でもある。

軍部が要求した変更ルートにそのルートにあったのが赤坂御所（現赤坂御用地）。当時のことであるから、畏れ多くもかしこくも云々と紛糾したが、皇室の了解を取りつけて地下を掘ったのが、現在は迎賓館の下を走ることになった赤煉瓦の旧御所トンネルだった。

日清戦争は明治27（１８９４）年7月25日から明治28年4月17日にかけて行われたが、四ツ谷駅と信濃町駅の開業は明治27年10月9日、市ヶ谷駅は明治28年３月６日。当初計画の三崎町に代わって、小石川に近くに開設した飯田町駅は明治28年4月3日と、日清戦争中の開業となっている。

代々木駅と千駄ヶ谷駅は四ツ谷駅開業から10年後であることからも、甲武鉄道市街線開業当時の世相がうかがえる。

## ◆初の婦人専用車両は中央線

軍用路線としてスタートした甲武鉄道市街線も、日清・日露の両戦争を経ながら通勤・通学及び日

**【四谷見附橋(大正期)】**

江戸城外濠に近い四ツ谷駅付近には、三十六見附のひとつ四谷見附が置かれていたが、近代の道路改修により、現在の新宿通りが整備されて四谷見附橋が誕生した。大正２（1913）年に架橋された初代四谷見附橋は、その後に架け替えられて八王子市の長池公園に移築された。◎所蔵：生田 誠

常生活路線として発展。利用客も増えていくが、新たな問題が突発した。女性に悪さを働く痴漢の出没だ。

東京の鉄道でいち早く女性専用車を連結したのは京王線と聞くが、女性専用車両が通勤通学時に連結されたのは、京王線が初めてではない。痴漢はいつの時代にもいた。日本初の女性専用車は明治末期の中央線に遡る。

日清戦争で武功を挙げた陸軍大将乃木希典は明治40（1907）年から学習院院長も兼任しているが、その分校が四谷にあった。

「乃木大将もかつて、学習院女学部の生徒が電車に乗ると、男子が兎角生徒の体に触れたがって困ると鉄道管理局員に語られたと記憶する」云々と報じているのは、東京朝日新聞明治45年1月28日。

当時の不逞の輩は、女学生が乗る電車を「花電車」と称し、混雑に紛れて今でいうラブレターである付け文で誘惑したり、あるいはまた女学生の体に触ったりしていたと、記事にはある。

朝夕の通学時間帯に中央線中野〜昌平橋（万世橋駅ができるまでの仮駅だった）間に婦人専用車第1号が走ったのは、明治45年1月31日。

鉄道管理局員語って曰く「外国の例は知らぬが、日本ではこれが最初である。これを運転せしむるに至った動機は、従来男女学生間の風儀を乱すような事が少なからず、牛込や四谷駅長からの申し出もあり、調べてみると、女学生の客は次第に減って居る。遠いのを我慢して、車や徒歩で通学して居るものがだいぶあるということが分かったからである」云々。

当時の中央線は2両連結で、後部車両に「婦人専用」と札をかけた。この婦人専用車は1年足らずで廃止となっている。痴漢が減じたのか、あるいは加速する混雑に婦人専用車を設ける余裕がなくなったのかは、続報が見当たらないので不明である。

## ◆四谷見附橋と石垣

四ツ谷駅には改札口が3つある。四ツ谷口は外堀通りと新宿通りへの交差点で、赤坂口は地下鉄丸の内線と南北線への連絡口で、赤坂離宮迎賓館方面に便利だ。麹町口を出ると、直ぐ左手に石垣が見える。新宿通りの向かい側には聖イグナチオ教会と上智大学の瀟洒な景観がひろがる。上智大学は、終戦後の戦災瓦礫処理で昭和23（1948）年に埋め立てられた真田濠に建てられたものだ。

麹町口を出ると四谷見附橋袂の石垣が目に入る。往時は麹町大通りを跨いだ渡櫓のあった四谷御門の名残だ。明治6（1873）年に取り壊された。

俗に「江戸三十六見附」というが、徳川幕府は江戸城の周囲に濠を巡らし、外濠内濠の要衝要所に城門を設けて警備の目を光らせた。三十六見附云々はピーク時の数で、江戸末期には二十数カ所が残るのみだったと伝わる。

維新を迎え、江戸城改め皇城を取り巻く濠と市民の通行を禁止する見附門の存在は、経済生活に大きな障害となった。明治3年の布告でも外桜田・和田倉・馬場先・日比谷・数寄屋橋・鍛冶橋・呉服橋・常

四ツ谷駅麹町口

四ツ谷駅赤坂口

磐橋・神田橋・一ツ橋の十門は午後8時に締め切り、下級官吏や庶民は通行を禁止されている。

同年4月、麹町の町人総代らが半蔵門・竹橋門の通行許可を願い出た。両門が締め切りのため道のりが増し、商品の運搬賃も嵩んで物価高を招き、往来の人も減じて、特に麹町1～2丁目、隼町あたりは袋町同様になって町が寂れ、このごろは一同が悲嘆している。「どうか御一新の折柄、両門を開放されれば、四谷・赤坂・青山辺より日本橋・神田辺への交通も便利になり、且つ麹町は郭内草々の地でもあるので、これ以上疲弊しないようにしていただきたく存じ候」云々。

家康は江戸入府早々、麹町から四谷方面で家臣の知行割りを急いだ。城の防備上、甲州街道方面が最も手薄だったことによるが、広大な武家屋敷地となった界隈の消費を一手に引き受けたのが、外濠の内側――城郭内に誕生した麹町の町人地であることが「郭内草々の地」云々の意である。

麹町の町人総代の訴えから、諸門撤去の動きが起こる。既に見附門は構築以来星霜を重ねて腐朽し、風雨や地震のため破損も目立ち、その存在価値は消失し、市民生活の障害となっていたのも事実。

維新政府は明治3年11月、半蔵・田安・赤坂・市ヶ谷の五門の渡櫓撤去、5年4月には筋違・牛込両門の渡櫓の取り壊し払い下げを定め、同年8月には日比谷～浅草の外郭二十一門の撤廃を決定。四谷門もその中に入っており、翌年3月、数寄屋橋門から撤去工事が始まった。

## ◆城内の町人地だった麹町

麹町大通り（新宿通り）は、四谷から半蔵門まで今やオフィス街となっているが、往昔は鄙びた田舎道だった。

――三河出身の才兵衛は慶長年間、麹町に移住。このころはまだ人家もまばらであったから住居も手広に構え、往来の旅人の休息のために茶店を開いて生業とした。

そうするうちに武蔵野方面の農村から江戸へ通う者とも自然に馴染みも深くなり、その関係で人馬の宿をするようになり、そうなればまた多摩川でとれる鮎を日ごとに運ぶ漁夫もやってくる、江戸に運ぶ荷物を家の前で売買する商人も出てくるというありさまで、自然と問屋同様の営業をするようにもなってきた。

付近に茶店も多くできはじめると才兵衛は茶店を廃業。もっぱら街道筋から送られてくる商品の問屋専業となった――

麹町区史から要約引用した三代家光治世の寛永年間ごろの麹町大通りの情景だ。

江戸城の西側一帯、新宿方面まで拡大していく広大な武家屋敷街の消費を一手に引き受ける形となった麹町の町人町は、日本橋や京橋、神田と違って幕府が計画的に配置したものではなく、江戸城内郭で自然発生して発展していったことが大きな特徴となっている。

江戸時代の麹町界隈は広大な武家屋敷街の消費と需要を一手に引き受ける商業地区として繁華を極める。徳川三代家光治世の正保年間には日本橋の越後屋（現三越）に匹敵する大呉服屋「升屋岩城」を筆頭に米屋、酒屋、大工、魚屋、仕立屋、建具屋、桶大工、薬種屋、印判屋、小間物屋、菓子舗、蕎麦屋、鰻屋、雪駄屋などなど、広い往還の両側に大小様々の商いが軒を並べ、麹町の町人街は御門外の四谷・荒木町手前にまで広がり、十三丁を数えるほど賑わいを極めた。

麹町大通り北側、現在の麹町3丁目に大店を構えていた岩城升屋は錦絵にもなっているほどだが、明治維新になって急転直下、凋落する。越後屋や白木屋と違い、大名や旗本など武家相手の商売だったから、武士の時代が終わると商売も左前になった。

## ◆お好み焼きの源流は麹町

関西風あり、広島風ありとお好み焼きはご当地を謳い、味に拘りを見せているから、お好み焼きの源流は東京にあると言ったら反発を喰うかも知れない。しかし、江戸時代、麹町にあった菓子舗「助惣」の〈麩の焼き〉から進化・変化したものが「もんじゃ焼き」であり「お好み焼き」だ。

江戸切絵図「嘉永三年刊麹町六丁目金鱗堂尾張屋清七板・東都番町大絵図」に「助惣」は麹町3丁目、半蔵門から四谷方面に向かう左手、現在の麹町2丁目バス停近くに記されている。

「麩の焼き」は、くるくると巻いた形が経文を巻いた巻物に似ていたため、春秋の彼岸に仏事用として焼かれていたが、精進料理用の焼麩と区別するため「麩の焼き」と呼ばれるようになったと、昭和初期に刊行された『麹町区史』にある。

延宝年間(1673〜81)の創業当初は、小麦粉を水溶きして焼鍋に薄く流して焼いた片面に山椒味噌を塗って巻いていたが、やがて練り飴を詰めるようになってから評判を呼び「麩の焼き」は江戸名物となったと記されている。

「助惣」は明治7(1874)年に店仕舞いしたが、小麦粉を水で溶いて名物の一品に仕立てた「助惣」のアイデアが、明治になって「もんじゃ焼き」と変化する。駄菓子屋が鉄板、小麦粉と玉砂糖を水で緩く溶いたものを用意して、子供たちに焼かせながら、生地を使って子供に文字を教えたりしたから、当初の「文字焼き」転じて「もんじゃ焼き」になったのだ。

「もんじゃ焼き」が関東大震災後の手軽な補食として庶民の間に流行。やがて、具を入れ、味付けも砂糖から塩味もと多様化。そのうちに大人相手の店が生まれ、好きなものを生地に入れて焼くということから、「お好み焼き」になったというのである。

お好み焼きの源流が麹町「助惣」の「麩の焼き」にあるという説は麹町区史ばかりでなく『飲食事典』(平凡社刊)『ザ・駄菓子百科事典』(扶桑社刊)でも触れている。欧米で言えば、クレープの原形がお好み焼きにまで進化したことになる。

江戸時代も幕末近くなると、麹町は「山くじら」と暖簾に染め抜いた「ももんじ屋」、今でいう肉屋のメッカとなる。熊や鹿などの獣肉は甲州が供給源となり、甲州街道を通って麹町に運ばれた。お得意様は薩摩藩士だったというが、肉を口に運んでは倒幕のエネルギーとしていたものか?

## ◆しんみち通りの「ルノアール」

四ツ谷口を出て、新宿通りの一本裏通りになるしんみち通りに足を向けたら、「ルノアール」は今も盛業中だったことに、少々感慨を覚えた。

しんみち通りは20代後半からの数年間、馴染んだ路地だった。しんみち通りの外れに、梶井基次郎の代表作『檸檬』にあやかった社名だった小さな出版社があり、仕事先の一つだったことから、しんみち通りに入ってすぐの「ルノアール」はうってつけの喫茶店だった。ゆったり、広々していたことから打ち合わせでの資料を広げるのにも実に便利だったのだ。

しんみち通りの店が「ルノアール」の1号店であり、昭和30年代初

四ツ谷駅前しんみち通り

頭のオープンであることを教えられたのも、顔馴染みとなったマスターからだ。その頃の親会社は「花見煎餅」といい、喫茶部門のテコ入れに「ルノアール」を開店したものだという。ところが改めて調べてみると、1号店は日本橋にオープンしたと同社のHPにある。あのマスターは見栄を張ったのかな。

あの頃通ったバーはとうの昔に消え、鰻屋も蕎麦屋も店を畳んだ。若かりし頃の昭和40年代の匂いは今やかき消えたが、しんみち通りは、その名称から戦後出来た路地と思われがちだが、実は江戸時代から残る路地である。

ペリーの黒船来航(1853年)より3年前の嘉永3年版江戸切絵図「千駄ヶ谷/鮫ヶ橋/四谷絵図」には「新道ト云」と路地名が書き込まれ、「ルノアール」がある一画は四谷伝馬町1丁目となっている。往時は四谷門を出て直ぐのところに人馬問屋が置かれ、甲州街道への宿駅機能が設けられていたことになる。

## ◆たいやき「わかば」

駅前から新宿通りの左側を新宿方面に歩き、最初の信号の路地を左に入るとすぐに有名な「たいやきのわかば」がある。

「わかば」もまた往時、馴染んだ店だ。尻尾までアンコが入っていた。

「わかば」は麻布十番の「浪花家総本店」、人形町の「柳屋」と共に「東京のたいやき御三家」と呼ばれているが、「わかば」を今日あらしめたのは作家であり、落語評論でも名を残した安藤鶴夫だ。

安藤鶴夫は昭和28年(1953)3月、読売新聞朝刊「味なもの」欄に『たいやき』という一文を寄せ、自宅近くの小さなたいやき屋を取り上げて「しっぽから食べたら、しっぽのはじっこまで、見事にあんこが入っていた。ぼくはたいやき通では決してないが、戦争この方、もう永い間、たいやきのしっぽにあんこの入っているのを食べたことがない」と書いた。

この自宅近くの小さなたいやき屋が「わかば」なのだが、この一文が安藤自身びっくりするほどの「たいやき論争」を呼んだのだ。

安藤鶴夫の本意は「一つ金十円也のたいやきにうまいまずいをいうのではない。ぼくはそのたいやきに、人間の誠実を味わった」という結びにあるのだが、甘いものが貴重だった戦後間もない時代、たかがたいやき、されどたいやきだった。たいやき論争曰く「元々尻尾は指でつまんで食べるための持ち手であり、最後に捨ててしまうものだったので、アンコは無い方がいい」「甘いアンコを食べた最後の口直しとするために、アンコを入れるべきではない」「尻尾の先までアンコが入っていないと、損をしたような気がするので、入れるべきである」等々、侃々諤々。創業直後の「わかば」の名も知られるようになった経緯がある。

たいやきは明治時代、今川焼きから派生。種々の動物などを模した形のうち、縁起物の鯛が残ったという。近年はアンコに替えてクリームや溶かしたチョコレート、キャラメル、チーズなどを詰めたものも見られるが、たいやきにも天然物と養殖物がある。たいやきの焼き型には1匹ずつ焼き上げる型と複数匹を1度に焼き上げる型の2種類があり、手間の違いから前者を「天然物」後者を「養殖物」とも呼んでいるらしい。

## ◆服部半蔵、長谷川平蔵と四谷寺町

四谷には若葉町〜須賀町に寺町が形成されている。寛永年間の外濠工事で、麹町地区の寺社群が四谷地区に移転したのが起こりとなっている。

「わかば」の先にある浄土宗西念寺には半蔵門の由来となった服部半蔵正成の墓所と、徳川家康の嫡子・岡崎三郎信康供養の五輪塔がある。

服部半蔵というと伊賀忍者の代名詞だが、忍者だったのは初代の服部半蔵保長で、二代正成は三河以来の侍大将で、「鬼半蔵」と呼ばれたほど槍術に長けた足軽頭だった。

信康の切腹自刃の際、家康に介錯を命じられた半蔵正成は信康の冥福を祈るため仏門に帰依。西念と号し、晩年の文禄2（1593）年信康供養のために西念寺を起立した。

二代目半蔵は人心掌握もよくしたが、後を継いだ三代目の倅の正就がダメだった。徳川家から指揮権を預けられたに過ぎない伊賀同心を家来扱いしたために配下同心たちの反発を招き、ついに伊賀同心が寺に籠もって正就の解任を要求する騒ぎに至った。このため正就は伊賀同心の支配役を解かれ、大坂の役で行方不明とも、討ち死にしたとも伝えられる。以降、服部家は正就の弟、正重が服部半蔵を襲名。有為転変しながら服部家を存続させていった。

須賀町の日蓮宗妙典山戒行寺は、曲松を門にあしらったお寺だが、

戒行寺の長谷川平蔵供養碑

西念寺の信康供養の五輪塔

長谷川平蔵の菩提寺であり、供養碑が設けられている。菩提寺といっても平蔵の父・宣雄の墓はあるが、長谷川平蔵の墓はない。あるのは、池波正太郎の「鬼平犯科帳」が有名になった平成6（1995）年に建てられた供養碑だ。

戒行寺は明治末期、現在の都市計画に当たる市区改正で寺域の一部を接収され、戒行寺内にあった墓は杉並区堀の内の共同墓地に改葬移転している。この時に遺族の立会いがなかったのか、改葬の混乱で平蔵の墓は無縁のものとして廃墓され、共同墓地に葬られたと仄聞する。

「鬼平〜」では、父・宣雄の火付盗賊改長官当時の手柄に触れていないが、宣雄は明和9（1772）年目黒・行人坂大火の火付け犯を捉えた行賞で京都町奉行に栄転している。

行人坂大火の火を放ったのは、行人坂にあった大円寺の坊主・真秀。小坊主の頃から付け火の常習犯で、火事場泥棒や追剥ぎを働いていた。火事の後、真秀は格式高い寺の僧侶に見える出で立ちで焼け野原となった江戸の街を歩いていたところ、探索に当たっていた火盗改同心が真秀の踵がひび割れているのに気が付いた。立派な袈裟の出で立ちとそぐわなかったことから、これを見咎めたことが真秀捕縛の端緒となっている。

## ◆於岩稲荷田宮神社

四谷には、地下鉄四ツ谷3丁目駅を最寄りとする左門町に、四谷怪談でお馴染みのお岩さんゆかりの於岩稲荷田宮神社がある。本社は地下鉄およびJR線の八丁堀駅が最寄り駅となる中央区新川の於岩稲荷田宮神社で、四谷の社はいわゆる飛地境内社であるが、もともとは左門町にあったから、少々ややこしい。

『東京神社名鑑』などによれば、江戸時代は三代家光治世の寛永年間、左門町は直参旗本が勤める御先手組の組屋敷のあったところで、田宮伊右衛門の屋敷もあり、田宮家は屋敷神として稲荷神社を祀っていた。二代田宮伊右衛門の妻女だった於岩はことのほか屋敷稲荷を篤く信仰。寛永13（1636）年に於岩は病で亡くなるが、於岩の信仰によって田宮家が無役の小普請から御先手組に復活するなど家運が盛んになったという話は評判となり、近隣の人々は田宮家の屋敷神を於岩稲荷と呼んで信仰した。

吉宗治世の享保2（1717）年、田宮家は屋敷神の隣に稲荷祠を建立。参拝を求める人が増えたので、屋敷を開放して自由参拝を許可。以来、於岩明神・大巌明神・四谷稲荷・左門町稲荷などと呼ばれて、庶民の参拝を集める。時代が移って明治12（1879）年に火災に遭い、現在の中央区新川2丁目に遷座。左門町の於岩稲荷がかつての跡地に飛地境内神社として再建されたのは戦後の昭和27（1952）年だ。

夫に尽くすけなげな妻女だった於岩が怪談の主人公になったのは、於岩の死後、田宮家では両親が相次いで亡くなるなど不幸が続いた。於岩の菩提寺（法華宗妙行寺。明治40年に巣鴨に移転）の僧侶が於岩の戒名を信女からワンランク上の大姉に直したところ、不幸は止まった。それをどこかで耳にした鶴屋南北が怪談仕立てに話を創ったのが「東海道四谷怪談」というのが巷説になっている。

於岩稲荷神社

於岩稲荷田宮神社の目と鼻の先に於岩稲荷を売り物にする陽運寺がある。同じ路地で100mも離れていないところに二つの於岩稲荷があるから、初めて足を運んだ向きは混乱するが、陽運寺が現在地に建てられたのは昭和の初め。そのころ於岩稲荷は新川に遷座したままであったことから、信者獲得で江戸時代から有名な於岩稲荷にあやかったらしい。

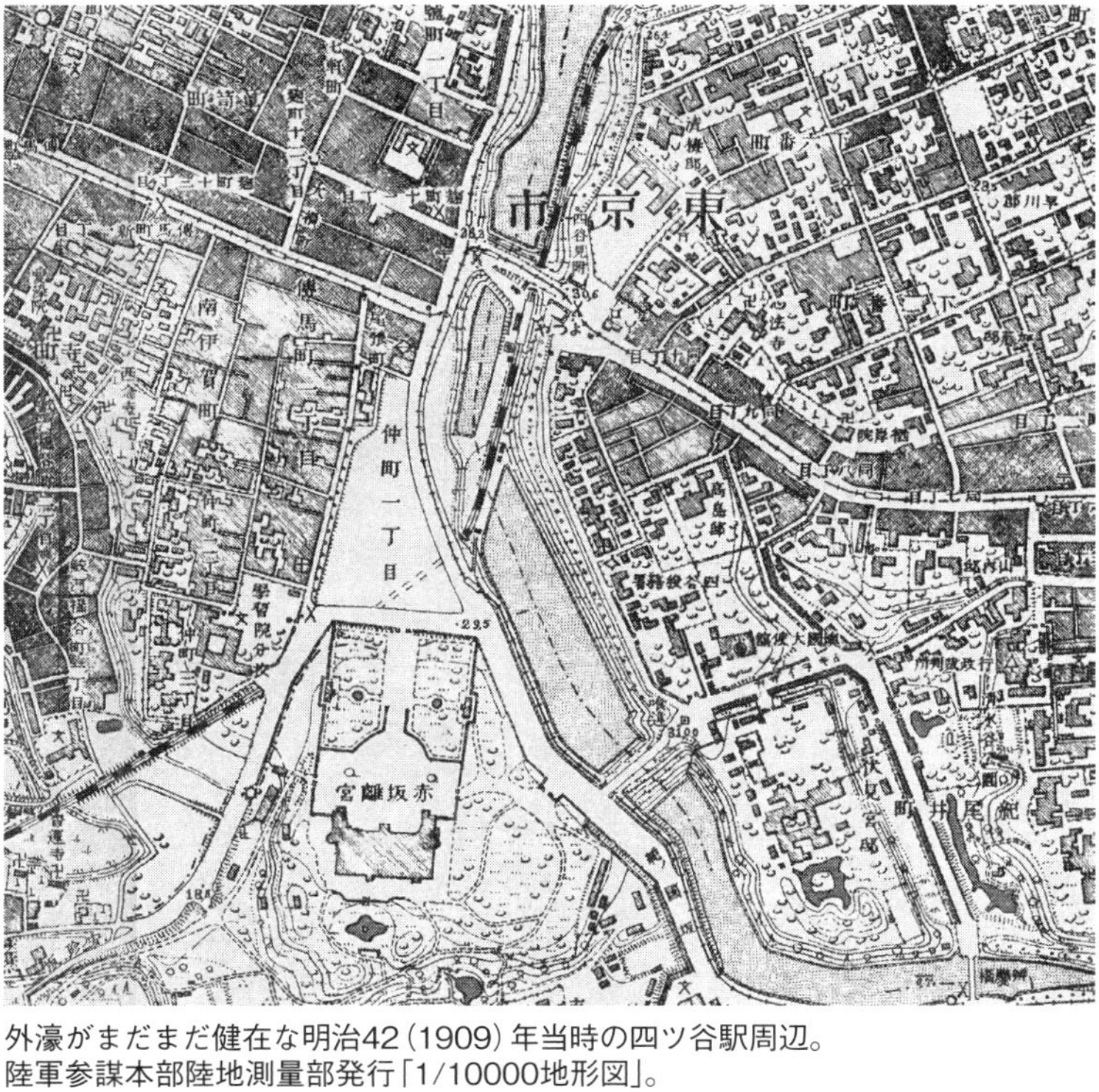


外濠がまだまだ健在な明治42（1909）年当時の四ツ谷駅周辺。
陸軍参謀本部陸地測量部発行「1/10000地形図」。

# 08 信濃町駅

## 青山練兵場駅が信濃町駅に

### ◆青山練兵場線

駅が開業してから15年後の明治42（1909）年の信濃町駅周辺を表した地図では、中央線の南側には広大な帝国陸軍の青山練兵場が広がり、練兵場の東南角には陸軍大学が見える。

練兵場は明治19（1886）年日比谷練兵場（現在の日比谷公園）が移転してきたもので、同時に地名から青山練兵場となった。

陸軍大学は明治23年に和田倉門から移転してきたものだ。

中央線の北側に目を転じれば「輜重兵営」「兵器支廠」などが見える。

信濃町は明治に入ると軍用地になっていたことがわかる。

もう一つ、見落とせないのは駅西側から中央

現在の慶応病院の敷地一帯は陸軍の軍用地だった。
陸軍参謀本部陸地測量部発行「1/10000地形図」。

線の南側に一本の線路が伸びていることだ。この線路が、青山練兵場開設まもなく軍部が新宿から伸ばしてきた「青山練兵場線」である。信濃町駅の南側に青山練兵場停車場も設け、兵員や物資の輸送駅となっていた。

「四ツ谷駅」の項で触れたように、軍部が甲武鉄道の市街線計画を変更させ、信濃町〜四ツ谷間ルートにこだわったことがこの地図から見て取れる。

青山練兵場線が敷設された頃、新宿〜渋谷間にはすでに山手線が走っていたが、代々木駅はまだ影も形もなかった。代々木駅は信濃町駅開業から10年経過した明治37年に中央線の駅として開業し、同時に代々木〜信濃町の中間駅として千駄ヶ谷駅も開業。青山練兵場線は千駄ヶ谷駅から分岐するような形で線路は残されていたこと表しているのが、明治40年代初頭の地図である。

信濃町はかくて明治以降、軍人軍属が数多く住む街となる。司馬遼太郎の『坂の上の雲』で一躍その名が知られることになった秋山真之は、現在の聖教新聞社近辺に居を構えていた。秋山真之は日露戦争で武勲を上げた帝国海軍の軍人であり、大正時代には海軍中将に進級している。

## ◆練兵場移転で慶応病院開設

「信濃町」の地名由来は永井信濃守の屋敷があったことに由来

開設して間もないころの慶応病院

する。永井家の祖は徳川二代将軍秀忠に重用された永井尚政。栄達した永井家は一族から大名二家、旗本二家を輩出。信濃町一帯はさしずめ永井家の屋敷地の如くで、信濃殿町とか信濃原などと俗称されていた。

明治５（１８７２）年旧大和櫛羅藩永井家と旗本永井二家の屋敷地をあわせた外苑東通り東側を四谷東信濃町とした。西側はすでに千駄ヶ谷西信濃町と呼ばれていたが、明治11年の大小区制から15区制への移行時、四谷区に編入されて四谷西信濃町となった。

昭和18（１９４３）年東京府と東京市が合併して東京都になった時、町名の整理も行われ、四谷東信濃町・四谷西信濃町・四谷平長町をあわせて現在の「信濃町」が誕生している。

軍人の街だった信濃町が変わるのは、日露戦争後に青山練兵場の代々木移転が決まってからである。広大な軍用地の払い下げも始まり、慶應義塾を開学し、政論を柱にする時事新報社を主宰して政府に大きな影響力を持つようになっていた福沢諭吉も「輜重兵営」「兵器支廠」跡地の払い下げを受けた一人だ。

現在の慶応病院

福沢諭吉が芝新銭座（現在の港区浜松町）に慶應義塾を開いたのは早い。慶応４（１８６８）年閏４月９日だ。明治と改元されるのは義塾開校から５ヶ月後だ。明治４（１８７１）年大名屋敷跡地の払い下げを受けて港区三田の現在地に移ると、２年後には慶應義塾医学所も開いている。

中津川藩士だった福沢諭吉は語学を買われて万延元（１８６８）年の遣米使節団、文久元（１８６１）

年の遣欧使節団、更に慶応3（1867）年には勘定吟味役小野友五郎の翻訳御用で随行。数次にわたって欧米の文化に接したことから、国家の国力と繁栄の基礎は階級や身分ではなく、国民の知力と自由であると痛感したことが、福沢諭吉を時代の先覚とした。

慶應義塾大学部医学科の開設は大正6（1917）年で、その年の4月には医学科予科の授業を三田で開始。信濃町の陸軍用地の払い下げを受けると、現在の慶応病院建設に動き出している。

## ◆福沢諭吉の散歩健康法

菅義偉首相は健康維持のために官邸内の散歩を朝の日課としているが、散歩を健康法としている人は少なくない。福沢諭吉も明治時代に西洋から伝わった「散歩」をいち早く健康法に取り入れていることをうかがえるのが『福翁自伝』の一節「老余の半生」の行だ。

明治6年には三田に医学所を開くなど、医学の進歩にも目を向けていた福沢諭吉は、体を動かす三つのことを健康のために日々実践。その三つというのは「居合の鍛錬」「米を搗くこと」そして「散歩」だった。晩年になっても続いた散歩は、毎朝の習慣になり、広尾、目黒、芝などを巡る1里半（6キロ）の道のりを、1時間ほどかけて歩いていたとある。かなり早足だったようだ。

この散歩に同伴したのが学生達。彼らは散歩を、普段なかなか交流できない晩年の福沢諭吉と会話を持つ絶好の機会としたらしい。福沢諭吉は彼らのことを「散歩党」と名づけ、お喋りをしながらの散歩を楽しみ、「何かお腹に入れておかないと健康によくない」とパンを学生達に分け与えることも日課だったとも。

「散歩」が西欧の文化や習慣と共に日本に上陸した当初は「逍遙」と表現している。夏目漱石や森鴎外など、海外の文化に造詣が深い東京在住のインテリ層がまず実践したといわれている。永井荷風の『日和下駄』は東京中を歩いた経験を著したものであり、国木田独歩の『武蔵野』は都下の自然散策経験をしたためたものだ。

## ◆頓挫を重ねた博覧会計画

日露戦争の勝利記念で明治39（1906）年青山練兵場の代々木移転を視野に入れて、練兵場での大博覧会開催を計画。しかし、財政難で頓挫した。日露戦争では国家予算4年分にも相当する20億円という戦費を要した。しかも、賠償金は放棄している。日本近代史では、日露戦争は日本の勝利ということになっているが、実際は日露双方の痛み分けというのが本当のところだ。

日露戦争では明治38年5月の日本海海戦でロシアが誇っていたバルチック艦隊相手に奇勝を博した日本だが、戦争で勝敗を決定づける日本の陸軍力は3月1日の満州・奉天会戦が限界点だった。奉天会戦直後、参謀総長山県有朋は総理大臣桂太郎、外務大臣小村寿太郎らに『政戦両略概論』を提出、これ以上の戦争遂行困難の状況にあるとの見解を述べている。即ち、日本軍は容易に補充が効かないほど将兵が枯渇し、物資も欠乏気味であるのに対し、露軍には本国に十万余の兵力が残っている。また戦費も一層莫大なものになると、政治的解決を強調したのである。

早く講和に持ち込みたかった明治政府は、日本海海戦直後、米大統領セオドア・ルーズヴェルトに日露講和の友誼的斡旋を望む旨を申し入れたことから、ポーツマスでの講和会議が実現。

日本の窮状を把握していたロシアは、講和会議を強気に押し通し、賠償金の支払いは拒否。日本に譲歩したのは南満州での鉄道利権の譲渡および樺太の南半分の割譲等々だった。

話を戻すと、大博覧会開催計画が頓挫すると、明治42(1909)年開催予定で憲法発布二十年記念博覧会を計画したがこれも頓挫したことから、明治45年に4月～10月の日程で、代々木練兵場とともに明治天皇即位五十年日本博覧会の会場とすることにした。しかし、これも明治44年に5年間の延期を決定したところ、明治45年7月30日に明治天皇が崩御。博覧会計画は白紙となった。

## ◆神宮外苑の創設

明治天皇崩御の直後、大正元年8月12日には早くも実業家渋沢栄一、東京市長阪谷芳郎ら有力者による神宮創設有志委員会が組織されると「神宮は内苑と外苑からなる」「内苑は代々木御料地、外苑は青山練兵場を最適とする」との覚書が発表され、事業が進みだす。

神宮内苑は大正9(1920)年に竣工し、外苑は日比谷公園を設計するなど、「日本の公園の父」と呼ばれる本多静六ら、往時の著名な造園家、学者等

大正15(1926)年に誕生した明治神宮野球場付近、神宮外苑の空撮写真。
◎昭和戦前期　所蔵:生田 誠

が精魂傾けて大正15年に竣工している。

内苑と外苑を結ぶ連絡道も中央線沿いに配置された。連絡道は「裏参道」と通称され、乗馬道、散歩道、車道がそれぞれ樹木帯で仕切られ、完成当時は日本初の本格的公園道路と注目された。しかし、戦後になって首都高速4号新宿線建設で風致の要だった乗馬道が潰され、今や往時の面影は消え失せている。

神宮外苑造営の主たる目的でもあった聖徳記念絵画館は明治天皇の生涯の事績を描いた歴史的・文化的にも貴重な絵画を展示しており、明治天皇大喪の礼が行われた旧青山練兵場の葬場殿跡地に建設されている(葬場殿趾円壇は絵画館の裏手にある)

建築当初のままのドーム状の荘厳な建物は「直線的意匠と先駆的技術を採用した、わが国初期の美術館建築」と評価され、明治神宮宝物館と共に国の重要文化財に指定されている。

神宮内苑がすべて国費で造営されたのに対し、外苑は民間有志によって結成された明治神宮奉賛会が国民の寄付を募り造成したものだ。完成後、その建物、施設全てを明治神宮に奉献している。

徳川宗家十六代徳川家達が会長を努めた明治神宮奉賛会は奉献当時、明治神宮に対して「外苑将来の希望」という一札を入れている。曰く「外苑は、上野、浅草公園の如きとはその性質を異にするを以て、

秩父宮ラグビー場

聖徳記念絵画館

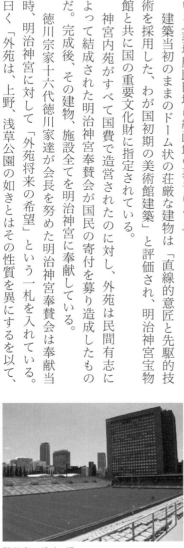

今後、外苑内には明治神宮に関係なき建物の造営を遠慮すべきは勿論、広場を博覧会場等、一時的使用するが如きこともなきよう注意ありたし」云々。

## ◆女子学習院跡地に秩父宮ラグビー場

日本で一番始めに風致地区の指定を受けた神宮外苑の銀杏並木の銀杏は大正12（1923）年春に植栽されている。内苑より移して仮育成していたものを並木道の位置に植栽し、その後銀杏は年月を重ねるごとに樹高を伸ばし、今日見られるような素晴らしい銀杏並木となっていく。

野球場や相撲場、陸上競技場などスポーツ施設が設置されたのは、心身の鍛錬を通じて明治天皇の業績を偲ぶ目的だったという。

地図に見える「競技場」は陸上競技場で、太平洋戦争の戦況厳しくなると多くの学徒を戦場に送ることになった「学徒出陣」の場となった。そうした歴史も戦後、オリンピック開催が決まると「国立競技場」となり、昭和39年10月に開催された東京オリンピックでは華やかな開会式が催され、平和の祭典を謳う場となった。

相撲場も第二球場となり、女子学習院跡地は秩父宮ラグビー場となり、陸軍大学跡地には昭和30年代初頭、戦後初の都営住宅団地となる「青山北町アパート」が建てられた。4階から5階建ての25棟が建てられたが、戦後の住宅難と環境絶佳の一等地とあって入居抽選に当たるのは宝くじ並みと話題になったものだ。

その青山北町アパートも今は2棟の高層マンションに変わった。

# 09 千駄ケ谷駅 駅前を「外苑裏参道」が通る文教の街

## ◆駅開業で渋谷駅が大打撃

千駄ヶ谷駅の開業は明治37（1904）年8月。この年の2月に始まった日露戦争の渦中に都心部に向かう中央線が走り出した。

千駄ヶ谷一帯は江戸時代、見渡す限りの茅野原だった。日々、千駄の茅を刈り取ったことから正保年間（1645～48）に千駄萱村になったとも伝わる。「千駄ヶ谷」と表記されるようになったのは五代綱吉治世の元禄年間以降で、「駄」とは馬1頭が背にする荷物を数える単位で「千駄」とは沢山という意味だ。

駅が開業したころは南側にまだ「内藤田圃」と通称される農地が残っていたが、千駄ヶ谷駅開業で最も影響を受けたのは渋谷駅だった。渋谷駅は品川と赤羽を結ぶ日本鉄道品川線の途中駅として明治18（1885）年に開業しているが、往時の渋谷駅は畑の中の停車場で、開業後数年間は1日の乗降客はわずか十数人。100人単位となるのは明治30年代に入ってからだ。

ようやく利用客が増え始めた渋谷駅だが、千駄ヶ谷駅ができると利用客は半減してしまう。東京市の外縁部を走る品川線より、ストレートに都心部と連絡する中央線に利用客が集中したのだ。

千駄ヶ谷駅開業当初の利用客は1日250人前後だったが、渋谷駅の利用客を吸収して繁華な駅となっていく。

千駄ヶ谷駅が開業したころの日本は産業の発展期にあたっている。10年前の日清戦争前後から日本の近代産業は電気の普及と相まって、糸へん産業を中心に日本資本主義が発展。経済の求心地は都心部であり、ものづくり地帯も形成していたことから、中央線に利用客が集中していったものだ。

## ◆「千駄ヶ谷富士」鳩森八幡と将棋連盟

千駄ヶ谷駅を降りると、頭上を首都高速4号新宿線の高架が走っている。この高速道路脇の銀杏並木の道が「信濃町」の項で触れた内苑と外苑の連絡道だった「裏参道」にあたる。

「裏参道」を渡り、東京体育館を左に見ながら直進していくと5分も歩かないうちに鳩森八幡神社に出る。千駄ヶ谷村当時の頃から千駄ヶ谷の総鎮守だ。起こりは平安時代まで遡り、境内には江戸時代には「千駄ヶ谷富士」と呼ばれた都心で最古の富士塚もあるなど、歴史と由緒を有する神社だ。

鳩森八幡には「将棋堂」がある。道を挟んで日本将棋連盟の会館と隣り合っているのがその由縁だ。昭和61年1月、日本将棋連盟は山形県の駒師の製作による高さ1メートル20センチの欅製大駒を同神社に奉納したことから、日本将棋連盟と鳩森神社が協力してこの大駒を納

将棋堂

鳩森八幡神社

める六角の御堂を建立したのが、将棋堂だ。

屋根の上の飾り金物は将棋盤の足の形である梔子（くちなし）の実の形をしている。梔子は口無しに通じ、助言無用の戒めからきている。将棋堂には棋力向上を願う絵馬も掛けられるようになっている。藤井聡太二冠の出現で、羽生善治以来の注目を集めるようになった将棋界だが、鳩森八幡はプロ棋士の参拝も少なくない。将棋堂には棋力向上を願う絵馬も掛けられるようになっている。さすがにプロ棋士の名は見られなかったが「今年こそ初段になれますように」「角一枚強くなれますように」などといった発展途上組の祈願が目立つ。東京在住が多いが、佐賀県や香川県など地方組も散見される。東京出張のついでに将棋会館の道場で腕を磨き、帰りに鳩森神社に立ち寄って絵馬を奉納したものか。

## ◆千駄ヶ谷の環境浄化運動

鳩森八幡神社も将棋会館も静かな住宅街にある。駅前の東京体育館や津田塾大学千駄ヶ谷キャンパスなどの公共の建物を除くと、線路の南側は僅かなオフィスビルのほかはマンションと住宅で、商店街も見当たらない静かな街である。しかし、昭和30年代から40年代にかけての千駄ヶ谷は温泉マークの看板が氾濫していた都内でも有数の「連れ込み旅館」のメッカであった。千駄ヶ谷駅のホームから逆さクラゲと称された温泉マークの看板が見えたほどだった。

千駄ヶ谷小学校付近にも連れ込み旅館が進出したことから、近隣住民や小学校のＰＴＡを中心に環境浄化運動が起こった。昭和32年、隣接する原宿地区と共に文教地区としての指定を受け、風俗営業法に準拠する同様の施設は姿を消していき、長い時間をかけて千駄ヶ谷の現在がある。

温泉マークは明治18（1885）年陸軍参謀本部が軍用地図を作製した際、温泉を示す記号として登場。「湯煙のぬくもりを良く象徴している」と各地の温泉地で使われるようになり、天然温泉のシンボルとなっていった。しかし、マイカー時代となった昭和40年代に入ると、全国各地に温泉マークの看板をつけた連れ込み旅館やラブホテルが続出。「このままでは健全な温泉地まで色眼鏡で見られてしまう」と昭和51（1976）年に日本温泉協会が温泉マークの使用撤廃を決めたというエピソードが残されている。

## ◆学徒出陣の地だった国立競技場

千駄ヶ谷駅を降り、東京体育館を抜け、外苑西通りから日本青年館や神宮球場を左右に見ながら通学した高校時代の3年間、見慣れた旧国立競技場は姿を消し、今は新国立競技場が、オリンピックの開催を待っている。旧国立競技場の解体で出た膨大な量のコンクリートなどの瓦礫は、コンクリートはセメント、砂利、鉄筋と元の素材に分解されて再生され、再利用されるとのことだ。

旧国立競技場は昭和32（1957）年1月に起工し、アジア大会前の昭和33年3月に竣工。それから6年後の昭和39年には東京オリンピックが開催され、メインスタジアムとなった。競技場の外からも朱色の炎が躍る聖火台が仰ぎ見えた。

その表情から「走る哲人」と称されたアベベが42・195キロを裸

国立競技場の外観（右）と座席（左）

完成した国立競技場

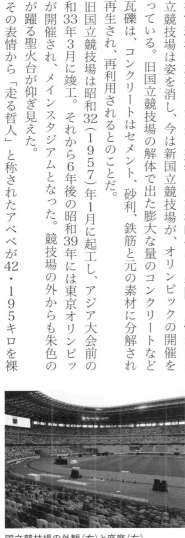

足で走り抜き、国立競技場に戻ってくる姿を見ることもできた。高校生だったあの頃の記憶は今も薄れていない。

「――征く学徒。東京帝国大学以下77校××名。これを送る学徒96校、実に5万名。いま、大東亜決戦にあたり、近く入隊すべき学徒の尽忠の至誠を傾け、武運長久を祈願する出陣学徒壮行の会は…」と昭和18(1943)年10月21日、小雨降る肌寒い朝。神宮外苑陸上競技場で学徒出陣壮行式の実況放送を担当したのはNHKの志村清順。「××名」と出陣学徒の人数を放送しなかったのは、軍事機密だったからだ(『志村正順のラジオ・デイズ』より)

学徒出陣からわずか21年後の昭和39(1964)年の同じ10月、明治神宮外苑陸上競技場が国立競技場となった同じ場所で、第18回東京オリンピックが開催された。三八式歩兵銃を肩に乗せ、黒い制服制帽とゲートル姿で送られた学徒に代わり、陽光きらめく中を世界94ヶ国の若人が華やかな服装で入場行進するなどと、戦前も終戦後も誰一人思いもしなかっただろう。

令和3年は、日本にとって二度目となるオリンピックが開催される年だが、コロナ禍で開催は不透明だ。前回の東京オリンピックは世界が平和を取り戻した祭典だった。今年は人類がウイルスという災厄を克服した祝典となってほしいものだ。

あの頃の世相を振り返れば、東京五輪の年に観光目的の海外旅行が自由化されたのを受けて、日本航空が「JALパック」を売り出したのは昭和40年だ。「日本語でも心配ありません」「お支払いはお帰りになってから月賦でどうぞ」とのキャッチフレーズで売り出したJALパックの大ヒットは海外旅行時代の幕開けを告げると共に、経済成長の波に浮かれて「昭和元禄」と呼ばれる昭和の黄金期の入り口だった。

## ◆内藤唐辛子と新宿御苑

千駄萱村から千駄ヶ谷村になった元禄時代は、武家社会の財布が窮屈になり始めた頃だ。

江戸の街のインフラも整ってきた元禄時代は、年貢率も三公七民まで下がった減税効果で庶民文化が花開いた時期だが、年貢率が下がったことから武家社会の財政事情は悪化した。屋敷地に菜園などを設けて野菜の自給自足体制を整えていくのは当時の流れであった。

その周辺も含んだ新宿御苑一帯が信州高遠藩の大名内藤家の下屋敷だったことはよく知られているが、家康以来の名門である内藤家も時勢には逆らえなかった。

前述した「内藤田圃」も内藤家の敷地内にあったものだが、内藤新宿の下屋敷内の畑で採れていたものに唐辛子もあった。内藤藩では内藤新宿の一角に青物市場を開き、屋敷で栽培していた野菜の余りを販売した。すると唐辛子は蕎麦の薬味として評判となり、口コミで世間に広がっていった。やがて周辺の農家にも種が伝わり、内藤新宿から角筈、柏木、中野あたりまで近郊の農村地帯では唐辛子の栽培が盛んになり、この地域の名産品となった。

赤が色鮮やかな内藤唐辛子

秋の実りの季節には周辺の畑一帯が真っ赤に染まるほど、広く栽培されていた内藤唐辛子だが、江戸の街の都市化と共に畑は減り、より辛みの強い鷹の爪の登場で内藤唐辛子は衰退していく。

明治時代に入ると内藤家の下屋敷は明治政府に上納され、農業試験場、植物御苑を経て現在の新宿御苑となる。昭和24年から一般も利用できる国民公園となり、現在の新宿御苑となった。合わせて新宿地区の開発とともに農地はなくなり、内藤唐辛子も姿を消していった。しかし、近年はNPO法人の手によって細々ながらも内藤唐辛子は復活し、現在は新宿区内において内藤唐辛子普及プロジェクトが進められているそうな。

## ◆カトレア・シンジュク

千駄ヶ谷駅西側のガードを越えたところに千駄ヶ谷門がある新宿御苑は、日本庭園の他洋風庭園もあり、春には1300本の桜が絢爛な花姿を見せる。東京の都心に残された貴重な花と緑の名勝地云々と改めていうまでもないだろう。

新宿御苑の見どころの一つは大温室の洋ランだ。新宿御苑は日本の本格的な洋ラン栽培発祥の地であり、新宿御苑における温室と洋ラン栽培の歴史は御苑が農事試験場だった明治時代にまでさかのぼる。大正から昭和のはじめにかけては、特に洋ランの交

新宿御苑内の広場で輪になって遊ぶ保育所の子どもたち。◎昭和戦前期　所蔵：生田 誠

配に力を入れ、カトレア・シンジュクなど、新宿の名を冠した独自品種を多数誕生させているほどだ。

カトレアは華麗な容姿から洋ランの代名詞に奉られている一花である。南極を除く全ての大陸の熱帯から亜寒帯に自生するランは、被子植物の中では最も遅く地球上に現れた植物で、気候帯毎に出来上がっていた生態系の隙間に進出してきたことから被子植物の中で最も種数の多い科となっている。小学館の「日本大百科全書」によれば世界で７００属２万５千種、日本には70属２３０種があるという。

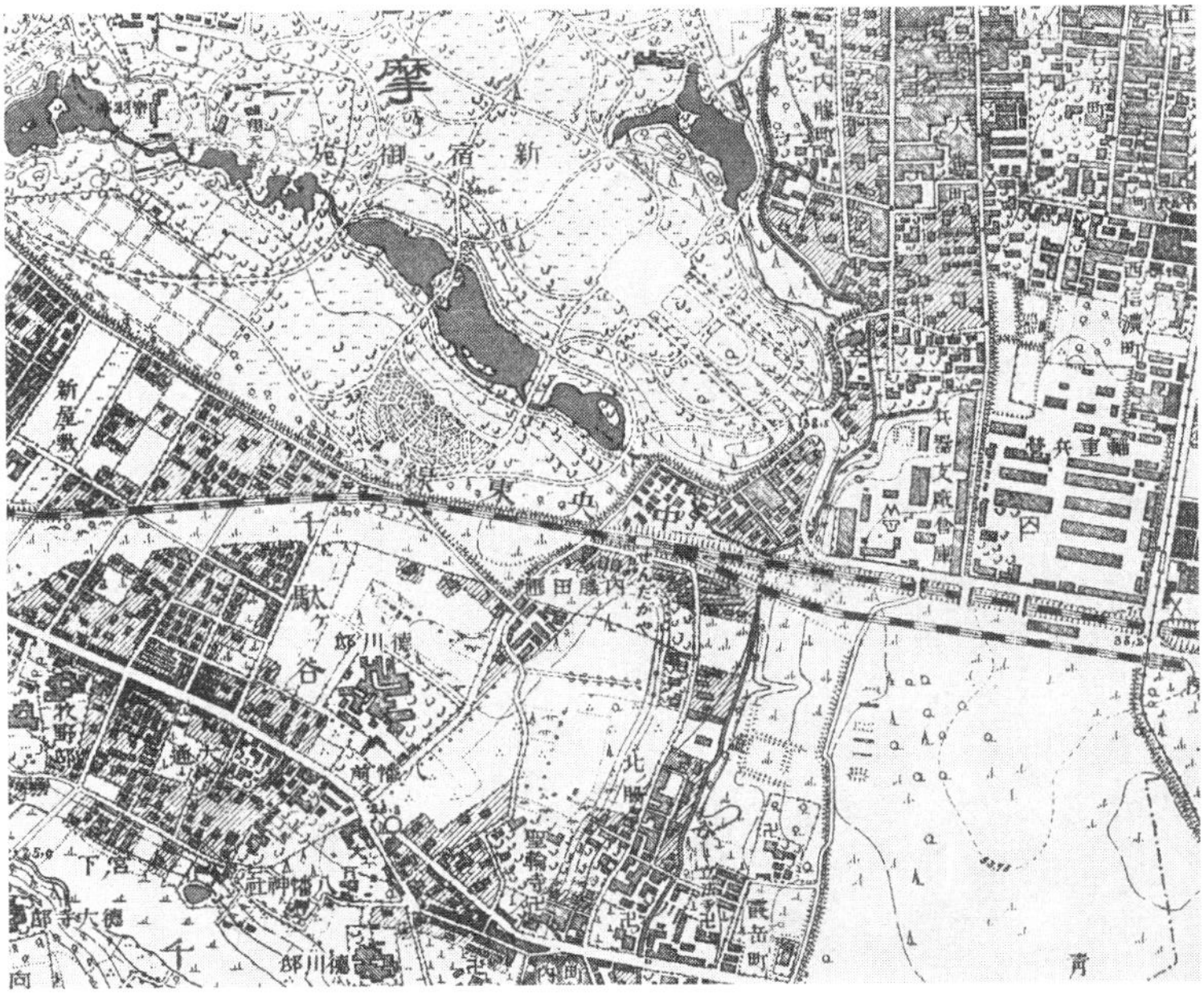

明治42（1909）年当時の千駄ヶ谷付近。
陸軍参謀本部陸地測量部発行「1/10000地形図」。

# 10 代々木駅　昔は茶畑も今や新宿南口と一体化

## ◆ＪＲ東日本の本社所在地は渋谷区代々木

ＪＲ東日本の本社ビルは新宿駅新南改札からサザンテラスに出れば、目の前で屹立している。ＪＲ東日本の総本山は地上28階建て、高さ１５０ｍ。重厚感に満ちた高層ビルは、いかにもＪＲ東日本の本社を思わせるが、その所在地は新宿区ではなく、渋谷区代々木なのである。

明治39（１９０６）年９月に開業した代々木駅は、東京府豊多摩郡千駄ヶ谷村の一部だったところに開設された。「千駄ヶ谷」の名称は２年前の明治37年に開業した千駄ヶ谷駅がすでにあったことから、千駄ヶ谷村と隣接していた代々木村から、駅名をいただくことになった。

千駄ヶ谷村改め千駄ヶ谷町の北端は新宿駅南口すれすれにまで達していたが昭和７（１９３２）年東京市域の拡大で周辺５郡82町村を編入したいわゆる〈大東京〉が誕生した折、千駄ヶ谷町は渋谷町、代々幡町（大正４年に代々木村と幡ヶ谷村の合併で誕生）と合併して渋谷区となった。その後、代々木駅の周辺が発展してきたことから、以前は代々木村のエリアだった代々木駅のある千駄ヶ谷町の一部が代々木となったのが、新宿駅南口に代々木の町が迫っている由縁になっている。

JR東日本の本社ビル

代々木駅は中央線の駅として開設され、山手線の駅が設置されたのはその1ヶ月後、現在は埼京線や湘南新宿ラインが走る当時の貨物線の線路の位置に設けられた。関東大震災翌年の大正13（1924）年に山手線の駅を現在地に移設。ここで中央線と並ぶ駅となったのだ。

新宿駅と代々木駅の駅間は700mと短い。東京屈指の繁華街新宿の後背地として、明治40年代の駅周辺にはもはや農地は見られず、市街地化していた。また、新宿駅構内の旅客列車の留置線や貨物駅の側線が代々木駅のすぐ近くまで伸びていた。

昭和59（1984）年に新宿貨物駅廃止された2年後、国鉄の分割民営化でJR東日本が発足。そうして始まったのが新宿駅南口の再開発だった。再開発でまずお目見えしたのは高島屋だったが、JR東日本の本社が丸の内から新宿南口に移ってきたのも、南口再開発が軌道に乗っていた平成9（1997）年のことだ。

ドコモタワーが顔をのぞかせる代々木駅西口

## ◆維新後はお茶の名産地になった

代々木駅は相変わらず地味とはいえ、今は新宿南口と一体化した街となった代々木だが、その昔はお茶の名産地だった。

〈維新後、代々木の新農作物は、茶であった〉と語っているのは大正15（1926）年に出版された『歴史の跡を尋ねて』（横井春野著・白揚社刊）だ。

同書によれば明治の初め、代々木には幕末期には九段に道場を構えていた神道無念流斎藤弥九郎〈市ヶ谷〉の項、参照）の屋敷があり、宇治から取り寄せた茶の木を植えたのが、代々木に茶畑ができる始まりという。

〈かくして代々木は一時茶の名産地となったが、明治十五六年ごろから蔬菜園芸が始まり、茶畑や山林が片っ端から菜畑にとかに代わるに至った。

けれども東京市のとどまらざる膨張のために明治三十五年ごろから字小谷が屋敷町となり、以前山林であったところも漸次住宅地と化してきた。

明治四十年には字外輪が練兵場となった。続いて明治神宮も造営された。そして代々木は益々発展して、今では立派な郊外住宅地となってしまった。

百姓は土地を売って成金となり、中にはフロックコート姿いかめしく、郡会議員さんになりすましたのもいる（注：当時は豊多摩郡）。

昔は四間梁と称して、間口は自由だが奥行きは必ず四間と限られた百姓の家などは、今では見ようと思っても見られない。維新前迄は良田一反二分（注：一両の半分）でも買い手がなかった。それが今では坪百十何円というような相場になってしまった〉

江戸時代の終わり頃、代々木は至るところ樹林または笹の生い茂っている笹生地で、「お江戸は花が降る、あさましや田舎は笹が降る」という戯れ歌が江戸末期に流行ったが、代々木の里には笹が降ったとも。

そんな田舎の村も鉄道の駅ができ、練兵場ができ、明治神宮が鎮座すると拓けて行ったのが代々木の明治時代ということになる。

## ◆牛込区の神宮誘致運動

記事中にある「字外輪」とは東京府豊多摩郡代々幡村大字代々木字外輪の意で、外輪は「とがわ」とも「そとわ」とも読む。井伊家の千駄ヶ谷屋敷の外側という意らしい。明治神宮の所在地である代々木神園町は、字外輪をルーツとしている。

22万坪に及ぶ広大な神域は、江戸時代初めには肥後藩主加藤清正の別邸だった。しかし、幕府の豊臣恩顧の大名潰しで加藤家は消え、寛永17（1640）年より彦根藩藩主・井伊家の下屋敷となっていたもので、明治7（1874）年に維新政府はこの土地を井伊家から買い上げ、南豊島御料地となっていた。

明治天皇崩御して神宮建設論が澎湃として起きた際、その誘致に熱心だったのが、戸山ヶ原に陸軍幼年学校を抱える牛込区だった。一の鳥居を神楽坂下に設けて戸山ヶ原方面に三の鳥居まで設けて拝殿建立という壮大な計画を立てた。用地は尾張徳川家の下屋敷の広大な一帯で風致は優れている。

「外苑大池には数個の橋梁を架設し」などいう文言もある。戸山ヶ原に明治神宮が誘致されていたら、現在の明治神宮とは景観の異なった「荘厳かつ風雅」な明治神宮が誕生したかも知れない。牛込区の誘

100年以上をかけて育った明治神宮の杜

緑に囲まれた明治神宮

致計画をひっくり返し、現在地の御料地跡にしたのは、元老として君臨していた山県有朋だったとも伝えられている。

明治神宮には、有料施設の「御苑」もある。入場料500円は御苑維持協力金となっているが、時季ともなれば花菖蒲が風流心をそそう御苑には、都心では珍しい自然湧水の「清正井(きよまさのいど)」もある。その名の通り、加藤清正が掘ったとされる。東京都の調査では水温は四季を通じて15度前後と一定。毎分60リットルの水量があり、御苑内の菖蒲池南池等の水源となっている。井戸の水源は明治神宮本殿西側一帯の浅い地下水が二方向の自然の水路に流れて、井戸の上方斜面から湧出するまったく自然の湧水であることが判明している。

## ◆ワシントンハイツ返還で代々木選手村

明治神宮の西側になる現在の代々木公園一帯は、江戸時代には武家地だったが、明治に入るとこの地は主に茶畑や桑畑が広がっていた。ここに青山練兵場が移ってきて、代々木練兵場となったのは明治42(1909)年。以降、大正から昭和戦前にかけて帝国陸軍の軍用地となった。

国破れて山河ありというが、昭和20年の山の手大空襲で焼け野原となった代々木練兵場を占領軍が接収。GHQが兵舎や軍人(将校)家族用の居住宿舎等が1000戸近く設けられる。

アメリカ初代大統領の名前をとってワシントンハイツと名付けられたアメリカの街は、昭和27(1952)年のサンフランシスコ講和条約発効後も、日米二国間の協定で存続。ワシントンハイツは代々木の代名詞ともなっていたが、転機となったのが昭和34年、東京オリンピック開催の決定だった。日本はワシントンハイツをオリンピックの競技場や選手村に使用するため、代替地(調布飛行場付近)

の提供と移転費用の全額負担という条件でワシントンハイツの返還を実現させている。

半世紀前のオリンピックでは、開会式が近づいた頃から代々木選手村付近に若い女性たちが目立ち始めた。夜に入ると選手村正面、原宿、参宮橋の三カ所にあるゲート付近で、食事を終えて外出する選手を狙って彼女たちが片言の英語と身振り手振りで誘いをかけ、即席カップルがあちこちで出現したのである。

今から半世紀以上も前の時代だ。「風紀の乱れは国辱である」と、警視庁では特別対策を講じて開会式5日前からパトロールの強化をスタートさせた。都内各署の警官のうち実に9万7000人を風紀担当とし、怪しげな桃色業者も相次いで摘発。加えて婦人警官30人余を含む138人の保安刑事を昼夜3交代で選手村周辺をパトロールさせ、地元代々木署も別働隊で警備体制を取ったのだ。

しかし、こうした事前の特別対策は空振りに終わる。選手村正面ゲート前のサービスセンターには誰でも出入りできる上、連日、選手にサインを求めて集まる平均100人以上のミーハー女性に、素人らしく装った女性たちが紛れ込み、両者の区別が付かなくなってしまったのである。

当時のオリンピックは今と違って政治色も薄く、結構おおらかなもので、各国選手団長が発行する入門証さえあれば、誰でもフリーパスで選手村に出入り出来たのである。

代々木公園の芝生広場

## ◆五輪契機に働く女性もＢＧからＯＬに

オリンピックが開催され、東海道新幹線が走り出し、高速道路も登場した昭和30年代末期から40年代は、女性の社会進出も顕著になった時期になっている。

「40年間、お待たせしました」のキャッチコピーで昭和36年に発売されたアンネナプキンは女性の社会進出をサポートしたが、働く女性の呼び方が変更されたのもオリンピックの年だった。

その頃、女性会社員の一般的呼称は、和製英語のビジネスガールから取った「ＢＧ」だった。この呼称に異論を唱えたのがＮＨＫ。ビジネスガールではオリンピックでやってくる多くの海外の人々に売春婦に取られかねないと、放送禁止用語にしたのである。

ＮＨＫの影響力は強く、マスコミもそれに乗った。週刊誌「女性自身」は広く代案を募集。オフィスレディを意味する「ＯＬ」がダントツの1位となり、以降、今も使われているＯＬに定着した。

## ◆偏差値時代を先取りした代々木ゼミナール

代々木駅西口には代々木ゼミナールを始め、予備校、専門学校が多いが、こうした街のカラーを作ったのは、代々木ゼミナールだ。偏差値信仰の洗礼を受けた団塊の世代には、代々木ゼミナールに通った人も多かろう。

代々木ゼミナールが代々木駅西口に校舎を建設し、開学したのは昭和32（１９５７）年。その後、学習塾や進学塾はオリンピック前後から増えはじめ、「受験戦争」なる言葉が生まれた昭和40年代半ばになると急増していく。浪人生、現役含め、大学合格の予備校が黄金期に入っていたのは昭和40年代半ばだった。代々木ゼミナールと愛知の河合塾が予備校業界の二大勢力だった。入学式の生徒が8千人とか1万人とかニュースになったものだ。

「偏差値信仰」が浮かび上がったのは文部省が昭和51年に行ったアンケート調査だった。中学校の多くが予備校や学習塾など受験業者がつくる模擬テスト結果から算出される偏差値を、高校合否の予想資料にしていることが判明。都内の公立中学校ではその8割が正規の授業中に業者テストを受けさせ、利用していたことも新聞が報じたのだ。

受験戦争は各学校の補習授業を過熱させ、補習授業の弊害が叫ばれた結果、学校から補習授業が消え、代わりに学習塾が雨後のタケノコの如く誕生。塾講師に転身する教師が続出した。校内でＰＴＡから謝礼を貰っていたのが、塾で月謝を貰うようになったのである。こうして乱塾時代が到来し、偏差値は受験生にとって信仰の対象となった。

代々木ゼミナール

# 11 新宿駅

## 新たな西口再開発計画も始動

### ◆新宿新都心と「淀橋」の由緒

新宿新都心――摩天楼が林立し、今や東京有数の国際的オフィス街を形成している西新宿は半世紀前の昭和40年代初頭まで広大な淀橋浄水場が広がっていた。

近代水道の幕開けとなる淀橋浄水場が完成したのは明治31（1898）年のことだ。今は新宿中央公園の西側に鎮座している熊野神社は、新宿の総鎮守の名にふさわしく広大な社地を有していたが、浄水場はその大部分を接収し、江戸時代初期に完成した玉川上水の水を利用して建設したものだ。

大東京の水道インフラを一手に引き受けてきた淀橋浄水場も昭和40（1965）年に多摩川を利用した東村山浄水場が完成して、お役ご免。その跡地の再開発計画として新宿副都心計画がスタート。昭和46年の京王プラザホテルを皮切りに新宿センタービル、住友ビル、三井ビルなど、次々と

現在の新宿駅西口一帯に広がっていた淀橋浄水場の濾過池。
◎大正期　所蔵：生田 誠

超高層ビルの建築が進み、今や新宿新都心の冠名を戴くことになった。

新宿西口でお馴染みのヨドバシカメラは本店だ。所在地は新宿区北新宿だが、創業者が「ヨドバシカメラ」を商号としたのは、往時は西新宿から北新宿の一帯は「淀橋」が地名だったことから付けたものだ。浄水場が「淀橋」の名がつけられたのも同じ理由だ。

「淀橋」の地名は今や消えてしまったが、実は伝承をまとった由緒あるもので、青梅街道成子坂下で神田川に架かる橋を、徳川三代将軍家光が「淀橋」と命名したことが地名の起こりとなっている。

往時「淀橋」は村人から涙橋、姿見ず橋などと呼ばれていた。室町時代の応永年間（1394〜1428）この地に住み、財をなした鈴木九郎なる男は吝嗇のあまり、金銀を地中に隠した。その際、手伝わせた使用人の口から漏れることを恐れ、橋の下で切り殺し、あるいは川に蹴り込んだ。九郎と一緒に橋を渡って出かけた使用人が1人も戻ってこないことから、誰ともなくその橋をそう呼ぶようになったという。

時代が流れて、江戸時代。鷹狩りに来た家光はその事を耳にすると「不吉な話である。景色が淀川に似ているから、以降、この橋を淀橋とする」と命じたというのが、淀橋の伝承になっている。

## ◆淀橋浄水場引き込み線とジャスピンコニカ

昭和5（1930）年当時の西新宿一帯を表わした地図には今や知る人も少なくなった淀橋浄水場の引き込み線が記されている。

玉川上水を引き込んでの浄水場建設だったが、玉川上水の濾過に用いられたのは多摩川の砂利だった。そこで大量な砂利の搬入ルートとして敷設されたのが、明治28（1895）年に開業していた大久

日本麻雀聯
東京パン賣店

**【新宿大通り（昭和戦前期）】**

三越・伊勢丹の二大百貨店が開業し、山の手一の賑わいを見せ始めていた頃の新宿駅東口付近の風景である。新宿通りは奥の新宿三丁目までは甲州街道で、そこから先は青梅街道になる。東京市電は四谷方面から新宿通りを走って、この新宿駅前までやってきていた。◎所蔵：生田 誠

保駅から分岐する引き込み線だった。

浄水場建設に欠かせないインフラとなった引き込み線も、昭和初期の中央線の複々線化に伴い、大久保駅が高架化されることになってまもなく廃止の運びとなった。

地図で見て取れるように引き込み線は淀橋浄水場の濾過池エリアを横断し、浄水場の西端まで伸びていた。

引き込み線の先に「六櫻社」の文字が見える。地図に記されている「十二社」「熊野神社」との位置関係から、六櫻社は現在の新宿中央公園にあった。

六櫻社は新宿副都心計画で移転することになったが、コニカ（現在はコニカミノルタ）創業時の社名「小西屋六兵衛店」だった当時の工場名だ。

「小西屋六兵衛店」は明治６（１８７３）年東京・麹町で創業。写真関係商品、石版印刷材料の販売でスタート後、写真機の製造に乗り出し、当時は淀橋だった西新宿に工場「六櫻社」を設けたのは、淀橋浄水場が稼働し始めてまもなくの明治35（１９０２）年だった。

「小西屋六兵衛店」は戦前に「小西六」～「小西六写真工業」と改称。そして迎えた戦後、カメラの大衆化がはじまっていた昭和52（１９７７）年小西六写真工業は、世界中のカメラメーカーが「幻のカメラ」として開発に血眼になっていた自動焦点――オートフォーカス35ミリカメラの開発に成功。愛称「ジャスピンコニカ」を発売して、カメラ業界を仰天させた。しかも、売り出し価格は４万４８００円。

西新宿の高層ビル街の向こうに富士山

そのころのサラリーマンの初任給程度で買える破格的価格であったことに、国内はもとより世界中のカメラメーカーがひっくり返るほどの衝撃を与えたのである。

シャッターに力を加えるとレンズが自動的に動き始め、止まったところでシャッターを押せば被写体の焦点がピッタリ合った写真が撮れる――プロのカメラマンにも革命的だったジャスピンコニカの反響は凄まじく、月産1万台だった生産計画はすぐさま4万台から5万台の増産に入ったほどだった。

小西六写真工業はジャスピンコニカ発売の2年前には「難しい露出の計算なしに誰でも簡単に撮れる」をコンセプトに開発した世界初の連動ストロボ内蔵35ミリカメラ「ピッカリコニカ」を売り出している。露出と焦点――カメラの自動化は1億総カメラマン時代の幕開けであった。

小西六写真工業はジャスピンコニカ発売から10年後の昭和62(1987)年、社名をコニカと改称し、ブランドをコニカに統一している。

## ◆ラッシュアワーのはしりだった専売局煙草工場

淀橋浄水場が広がっているばかりだった明治から大正時代の新宿西口に変化をもたらしたのは、大蔵省専売局の煙草工場だった。江戸時代は美濃高須藩松平家の別邸で「角筈屋敷」と呼ばれていた跡地を大蔵省が買収。明治43(1910)年に赤煉瓦づくりの工場が稼働すると、閑散としていた新宿西口も大勢の男女工員の朝夕の通勤で活気を帯びていく。

専売局煙草工場跡地の小田急ハルク

新宿で紀伊國屋書店を創業し、戦前から戦後にかけていわゆる「新宿文化」をつくっていった一人である田辺茂一は、その著『わが町・新宿』で、少年時代の思い出として専売局の風景を綴っている。〈夕刻時には、白いエプロンの女工さんが三々五々、束髪、桃割れ、銀杏返しで門を出てきて、この停車場に集まった。ラッシュアワーの走りのような風景だった…〉

現在、専売局煙草工場だった跡地にあるのが、小田急ハルクだ。

煙草工場は昭和11（1936）年に東品川に移転。戦後になって東京建物は跡地を取得すると、新宿西口駅前ビルを建てる。昭和37（1962）年にそのビルを小田急が百貨店別館として賃借。小田急は昭和42年、東京建物から西口駅前ビルを取得すると、小田急百貨店別館を「小田急ハルク」として新装開店したというのが、小田急ハルクの経緯となっている。

## ◆新たなる新宿西口再開発プロジェクトが始動

株式会社小田急百貨店は昭和36年に設立され、翌年には新宿西口駅ビルに小田急電鉄として初の百貨店となる新宿店を開店している。後を追うように京王百貨店が開業するのは小田急百貨店開業から2年後の昭和39年、東京オリンピックが開かれた年の4月だ。

新宿追分をターミナル駅として大正4（1915）年から走り始めた京王電車は昭和20年5月の東京大空襲で甚大な被害を受け、7月に起点を現在の西口へ移転。敗戦後の混乱期を経て京王電鉄は京王線新宿駅の駅ビルとして昭和39年に京王ビルを竣工。そのキーテナントとして京王百貨店を開業している。地階の食品フロアを先行オープンし、11月に全館開店となった。

駅前に飲食店などがある程度だった新宿西口にオープンした京王百貨店は、西口駅ビル内にオープンした小田急百貨店より開業の反響は大きかった。大卒初任給が2万円程度だった時代に、初日の売上高は7千万円、来店客数は40万人を超え、当時の百貨店入店客数の新記録云々と当時の新聞は報じている。

京王百貨店名物の駅弁大会は昭和41年の「元祖有名駅弁と全国うまいもの大会」から始まっている。30種類に及んだ各地の駅弁人気は凄く、9日間で4600万円を売り上げた。

京王百貨店開業翌年の昭和40年、淀橋浄水場跡地の再開発計画として新宿副都心計画がスタート。西口は現在に至っているが、新宿西口は新たな再開発時代を迎えている。

小田急電鉄と東京メトロは令和2年9月、新宿駅西口に超高層ビル建設を発表した。地下5階、地上48階建て、高さは260mという摩天楼だ。完成予定は令和11年。地上10階までは商業施設、14階より上にオフィスが入る予定という。開発予定地で営業している小田急百貨店も令和4年度までに小田急ハルクを除いて一時閉店することとなる。

この超高層ビル建設は、エリアを一体化して再開発する「西新宿一丁目プロジェクト」の一環で、明治安田生命新宿ビルの建て替えも同プロジェクトに組み込まれている。

新宿駅西口再開発のそもそもは、関東大震災後に遡る。震災復興都市計画で新宿西口再開発が取り上げられている。昭和9年には専売局煙草工場と淀橋浄水場を移転させ、その跡地に広場とビル街を建設する計画となった。しかし、昭和16年12月8日、太平洋戦争に突入したことから西口広場の造成は完了していたものの、戦前の再開発事業は頓挫。西口再開発は戦後に持ち越され、淀橋浄水場跡地に京王プラザホテルがオープンしたのを皮切りに、高層ビル群が林立して実現。現在の新宿新都心に至っている。

## ◆新宿駅三代目となる新宿ステーションビル改称ルミネエスト

新宿駅で印象に残るのは23時55分発の長野行鈍行夜行列車だった。中学3年ごろから高尾山、陣馬山、景信山など奥多摩の山歩きを始めたことから高校に入って山岳部に入部。部の山行でよく使ったのが新宿発23時55分の各駅停車だった。高校2年ごろまでは真面目に部活動をやっていたが、3年に近くなると煙草と酒を覚えた。

3年になる前の春休み、一人で大菩薩嶺を目指したはいいが夜行の各駅停車の中で一丁前にカップ酒とショートピース。この鈍行列車、奥秩父や八ヶ岳、北アルプスを目指す山男に大人気で、ラッシュアワー並みの混雑するのが常で、デッキや通路に新聞紙を敷いての座り眠りが当たり前。未明に塩山に付き、薄暗い中を歩き始めたが、酒と煙草のせいか、どうにも足が嫌がる。かくて1時間も歩かないうちにUターン。こそこそと新宿行に乗ってから、部活動とも遠のき、軟弱に走ったのが高校3年であった。

思い出深いこの夜行鈍行は、昭和の時代まで残っていたと記憶する。

新宿駅は明治18（1885）年、山手線の前身となる日本鉄道品川線（品川〜赤羽間）の途中駅として開業した内藤新宿駅がルーツとなる。初代駅舎は現在の「ルミネエスト」のあたりにあった。当時は人通りもまばらで駅舎も木造、駅前には茶屋があるだけだった。発

新宿ステーションビルの方が分かりやすいかも

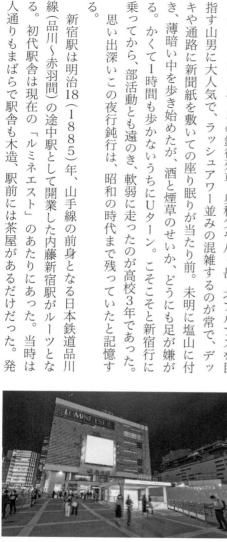

着する列車も2両編成、改札口は1ヶ所、駅の乗降客は1日50人程度の貨物主体駅だった。以降今日まで新宿駅の顔は変わり続けている。

内藤新宿駅改め新宿駅となった後は南口に近いところに二代目新宿駅を移転し、明治39年には青梅街道口にも電車専用駅が設けられた。大正12年の震災後、二つの駅を統合することになり、改めて駅開業地の東口に戻って駅舎ビルの建設が進められ、大正14（1925）年に三代目の新宿駅が開業している。

三代目新宿駅は昭和20年の東京大空襲で市街地とともに甚大な被害を受けたが、戦前の規模のままに推移。経済復興が見えてきた昭和30年代に入ると駅の改良とホームの増設を開始。駅舎とホームは長い地下道で結ばれていたが、昭和39年に東口駅ビルとなる新宿ステーションビルを建設。ステーションビルは「マイシティ」と呼称され、団塊の世代には馴染んだ呼び名だった。その後、国鉄分割民営化を経て、平成18年にJR東日本が「ルミネエスト」と改称し、現在に至っている。

ルミネエストから伸びる地下街「サブナード」はマイシティ時代にできたものだ。

サブナードは西口再開発が引き金になった。新宿のメインは戦前から一貫して東口側だった。地価公示で銀座を抜いて日本一になったこともある東口が、西口再開発に手をこまねいていては地盤沈下する。しかし、繁華街としての街が出来上がっているため、新しいビルを建設する土地がない。そこで考えられたのが地下の開発だった。東口一帯の企業や商店が出資して「新宿地下駐車場会社」を設立して地下街建設に乗り出し、昭和48年に地下街サブナードが誕生している。

開業したばかりは新宿大ガード下から区役所取通りまでだったが「西口は超高層ビルのオフィス街。東口は地下のショッピング、レジャー街」を合言葉にサブナードは成長。現在に至っている。

## ◆不況知らず新宿東口の昭和初期

現在の新宿の繁華を築き上げたのは東口だ。

田山花袋は、欧州大戦(第一次世界大戦)終息後の大正9年に刊行された『東京の近郊』で、大正時代に入った新宿駅は西武池袋線の前身となる武蔵野鉄道も走り出した池袋駅と並んで東京西郊の交通の要衝となり、都心の賑わいは二極化している云々と評している。

大正12(1923)年に発生した関東大震災は、東京の人の流れを大きく変える。

江戸時代からの埋立地が多く地盤の弱い銀座や浅草などの下町エリアは全滅し、都心部の人口が激減したのに対して、地盤が固く、震災の影響も軽微だった武蔵野台地に位置する東京西郊に人口流入が始まったのだ。

大正4(1915)年には京王電車がすでに新宿追分から走り始めており、昭和のはじめには小田急線も開業。ことに中央線は西郊から都心に乗換えなしに行ける唯一の鉄道であったことから、沿線人口も急増。昭和初期には新宿は都内有数の大ターミナルに発展していた。

新宿駅利用者も急増。大正14年、東口に鉄筋コンクリート造2階建ての三代目駅舎が完成したころから、駅前の市街地化も加速。昭和に入ると、新宿駅東側の発展は留まるところを知らず、昭和2年には一日あたりの乗降客数が日本一となった。

新宿東口には江戸時代は宿場街だった新宿通りを軸に一大繁華街が形成され、郊外から列車や電車に乗って通勤する人々が消費活動を支えた。震災後にはほてい屋、伊勢丹も神田から進出。昭和4年、三越はほてい屋を買収して大きくなった伊勢丹の斜向かいに新宿店を出店。二大百貨店が相対して鎬を削る新宿は昭和恐慌による不景気を感じさせないほどの賑わいを見せる。

三越（現在は「ビックロ」）の裏手にはダンスホールやバーも集まる小洒落たカフェ街が形成され、文化人だけでなく、サラリーマン、学生も集ってきた大人の社交場であった。そのころのルポ記事がある。

〈新宿の夜。今更ながら土地の発展と夥しい人出に驚嘆する。夜店の賑わい、軒を並べた飲食店、明治製菓がこざっぱりした店構えで繁昌している。旧武蔵野館横には銀座毛利の売店、純然たる大阪式、或いは大阪好みといってもいいカフェーミハト。不二家は武蔵野館帰りのモガ・モボを集める。中村屋がカレーライス一円で「どんなものだ」といった感あり。高野フルーツパーラーが一休みには好適、東京パンが軽い食事を取ろうという客に喜ばれている。ランチは五十銭。ハムライスとボイルした鮭一切れ、パン、コーヒー付き〉云々。

時事新報が昭和5年に刊行した『東京名物食べある記』の一節だ。今も盛業の高野フルーツパーラーや中村屋も登場していて、昭和初期の新宿の賑わいを伝えている。

## ◆闇市時代の尻尾が残る思い出横丁

新宿の戦後は闇市から始まった。

終戦を告げる玉音放送から5日後の昭和20年8月20日、戦前から角筈を本拠に新宿を縄張りにしていた博徒関東尾津組が「光は新宿より」をキャッチフレーズに新宿東口に闇市「新宿マーケット」を開いた。尾津組より半年ほど遅れて新宿駅西口線路沿いに同じく「安田マー

昭和の匂いが充満する思い出横丁

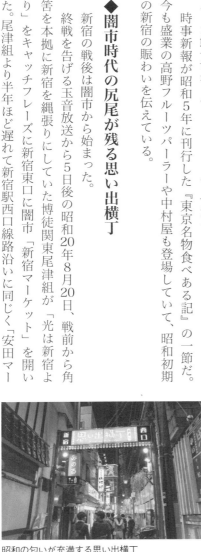

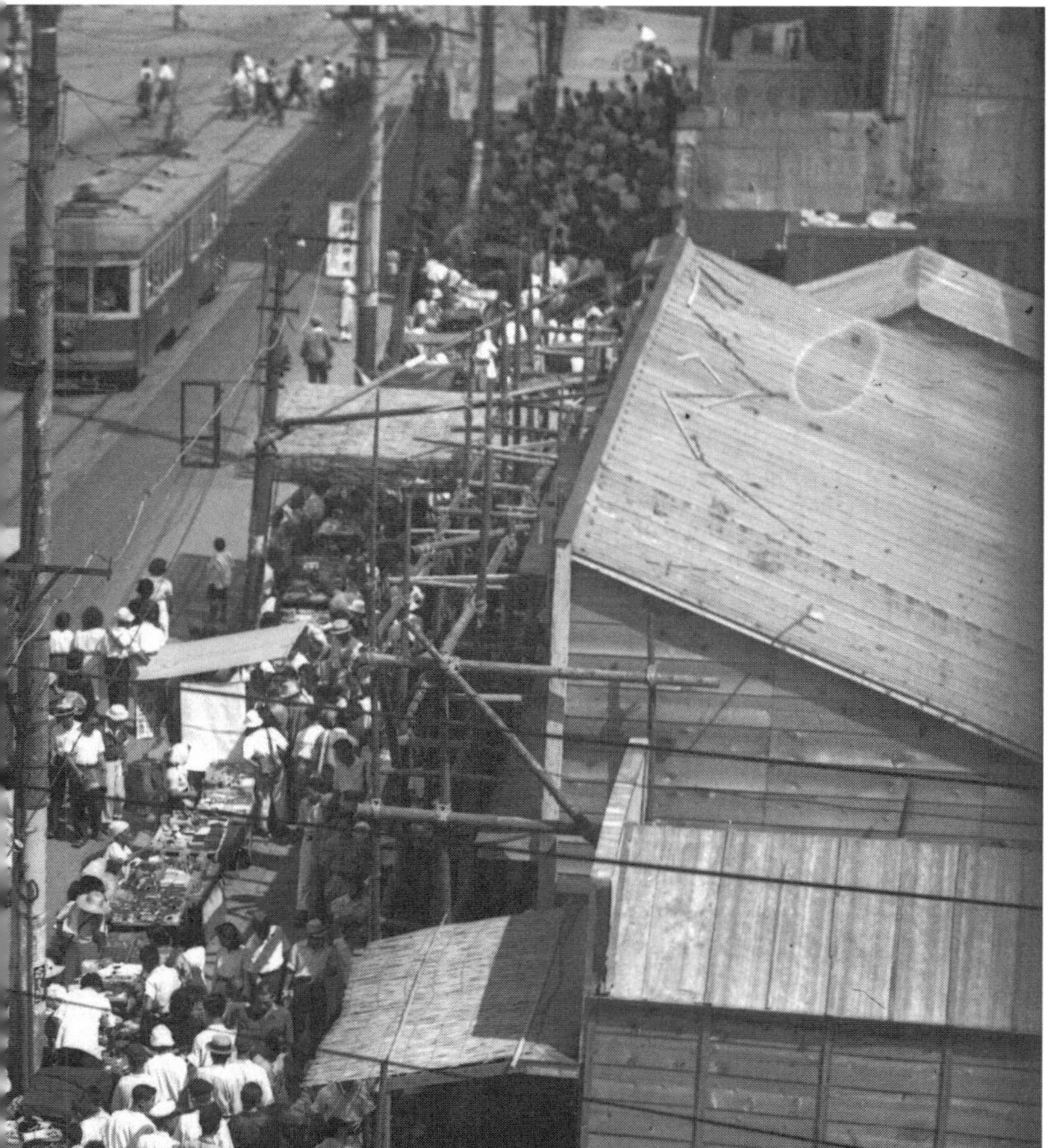

**【新宿3丁目付近(昭和21年)】**
太平洋戦争の敗戦から1年が経過した頃の新宿三丁目付近の光景である。新宿通りには歩道に露店が建ち並んで大勢の買い物客で賑わい、車道では都電の横をジープが走り抜けていた。奥に見えるのは焼け残った伊勢丹百貨店で、その手前には都電新宿車庫所の引き込み線がある。新宿三丁目交差点の向こうには、不二家の店舗がのぞいている。◎撮影：朝日新聞社

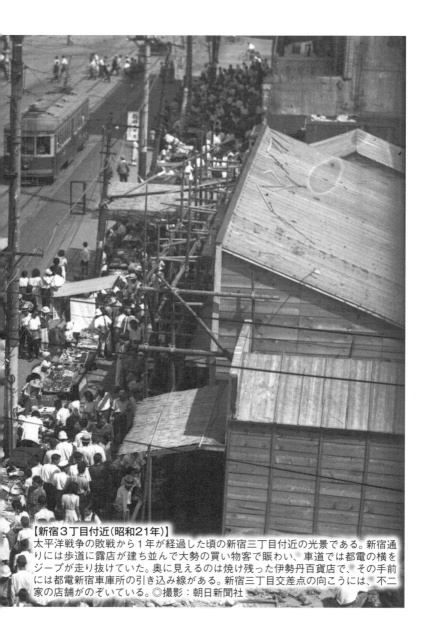

ケット」を開いたのが、関東尾津組と同様の博徒組織安田組だ。安田組は「民衆市場」をキャッチフレーズに、東口の尾津組と張り合った。この安田マーケットはやがてションベン横丁と呼ばれるようになる。公衆便所などなかったことから線路沿いでの立ちション姿は日常の光景だったことからだ。ことに酒が主役となる夜ともなれば、客同士の連れション姿が昭和40年代になっても見られたものだ。

昭和30年代半ばになると地下鉄丸の内線の新宿以西の延長計画や、再開発によるターミナルビル建設等で、甲州街道から青梅街道まで連なっていた300軒ほどの店舗も、不法占拠を攻められて立ち退くことになった。現在の新宿西口会館から青梅街道までの店舗が残って、ションベン横丁の汚名を改称したのが現在の「思い出横丁」だ。

安田マーケットの売りはモツ焼きだった。進駐軍がゴミとして棄てる牛や豚のモツなどを仕入れ、民衆市場の店の多くはモツ焼き屋を始めるようになった。今でも思い出横丁に焼鳥屋やモツ焼き屋が多いのは、往時の名残ともいえる。

## ◆寂しかった歌舞伎町の転機はコマ劇と太陽族

西武新宿線が高田馬場から、歌舞伎町の目と鼻の先になる現在地の西武新宿駅に延伸したのは昭和27（1952）年。西武新宿駅開業といっても、新宿駅東口での乗り入れを目指していたことから当初は仮駅だった。

1950年代終わり頃から、新宿東口駅舎を取り壊して駅ビルを建

南側からみた西武新宿駅付近

設する計画が立てられた。西武もこの計画に出資。西武新宿線は新設駅ビルに乗り入れる予定になった。

昭和39年、新宿駅東口に「新宿ステーションビル」が完成した。ビル2階は西武線乗り入れを考慮した構造となっていて、ビルには旅客用の入口が開けられ、改札ラッチも搬入され、高架線の基礎もいくつか作られていた。しかし、輸送量が急増して編成も長くなっていた西武新宿線のターミナルとするには狭すぎたことから、乗り入れ計画は中止となった。

そのころには歌舞伎町が新宿の代名詞となり、東洋一とも謳われた大繁華街の玄関口というよりお勝手口となったことから、新宿駅東口乗り入れに固執することはなくなったのだ。昭和52（１９７７）年現在の西武新宿駅ビルが完成し、新宿プリンスホテルと西武新宿ぺぺが営業を開始した。

西武新宿駅開業時の歌舞伎町は寂しいものだったが、転機は昭和31（１９５６）年の新宿コマ劇場のオープンだった。集客力抜群の「演歌の殿堂」となったコマ劇場は、歌舞伎町の求心力となった。昭和31年は石原慎太郎が『太陽の季節』で芥川賞を受賞した年でもあった。若い世代に太陽族を生むほど社会に影響を与えた。そうした世代が足を運んだのが新宿であり、歌舞伎町だった。往時、殷賑を極めた深夜喫茶はそうした世代の青春空間となった。

日本一の繁華街、歌舞伎町

演歌世代から青春世代まで呼び寄せるようになった歌舞伎町には各種飲食店、映画館、ボウリング場、サウナ、バッティングセンターに加えラブホテルやトルコ風呂といった風俗産業も目立ち始めるようになっていった。昭和50年代は新宿の繁華の核は新宿通りから歌舞伎町に以降。やがて1日の流動人口50万人を数える大繁華街となっていくのである。

## ◆新宿の戦後史を彩った花園神社とゴールデン街

新宿東口の戦後には新宿の総鎮守花園神社も欠かせない。創建は江戸開府前の天正年間（1573〜91）。古くから新宿東口の総鎮守として歴史を刻んできたが、花園神社での唐十郎による紅テント興業は戦後昭和生まれの世代には衝撃的だった。当時の宮司と唐十郎が知り合いで、その縁で境内の使用を了解したと仄聞するが、花園神社は江戸時代、境内に芝居小屋を設けて歌舞音曲や見世物を興行したともいうから、芸能には理解のあるＤＮＡを受け継いでいたのかもしれない。

時は昭和元禄と列島が浮かれた昭和42年。ミニの女王・ツイッギーが来日し、3週間にわたってのファッションショーで、胴長短足の大和撫子にも爆発的なミニスカートブームを起こした年である。グループサウンズの女性ファンに続出した「失神」が流行語になる一方で、全学連は「止めてくれるな、おっかさん」とゲバ棒を振り回す青春を選択。高度経済成長の波は硬軟両派の二極化現象を生んだ。

こうした時代に紅テントで演劇の世界に殴り込みをかけた唐十郎はまもなく状況劇場を設立、寺山修司の「天井桟敷」とともにマスコミの寵児となった。

新宿の総鎮守花園神社

混沌とした世相の中でデビューしたのが、藤圭子だ。♪赤く咲くのはけしの花〜どう咲きゃいいのさこの私♪と物憂い声で歌う「圭子の夢は夜ひらく」は爆発的ヒットとなった。花園神社の境内の一画に「芸能浅間神社」があるが、そこには「圭子の夢は夜ひらく」の歌碑が建っている。

花園神社の裏手にあたるゴールデン街は、終戦後の言葉で言えば酒と女がメニューだった銘酒屋が軒を連ねた青線地帯だった。戦後、取締当局は江戸時代からの遊郭だった吉原地区を朱色のペンで赤く囲い、当局が認めた風俗地帯となった。これに対して当局が認めていないモグリの風俗地帯を青線で囲ったことから、赤線青線の呼び名がついた。ゴールデン街は戦後の闇市地帯が徐々に銘酒屋の形を取った青線地帯となっていったものだ。

ゴールデン街が変わり始めたのは昭和40年代後半から50年代にかけてだ。唐十郎が花園神社境内で紅テント公演してから新宿はアングラ文化やサブカルチャーの発信地となり、ベトナム反戦を叫ぶ新左翼や文化人などを始めに有象無象が新宿に屯するようになった。安い金で呑ませてくれるゴールデン街は彼らの恰好の溜まり場となっていった。時が流れて、コロナ流行前は日本独特の横丁文化が珍しいのか、外国人観光客たちも集まるようになっていたものだ。

## ◆今や新宿駅の顔は南口

明治22（1889）年8月、甲武鉄道八王子駅が開業し、現在のJR中央線の原型が完成すると、明治30年代には新宿駅は乗降客や貨物の取扱量が増加。鉄道国有法が成立した明治39（1906）年に甲州街道に面する位置に駅舎が移転すると、当時は荷馬車が行き来していた甲州街道沿いに商店が軒を連ね始め、新宿の繁華は東口からさらに広がりを見せ始めた。しかし、新宿駅が東口に移ると元の木

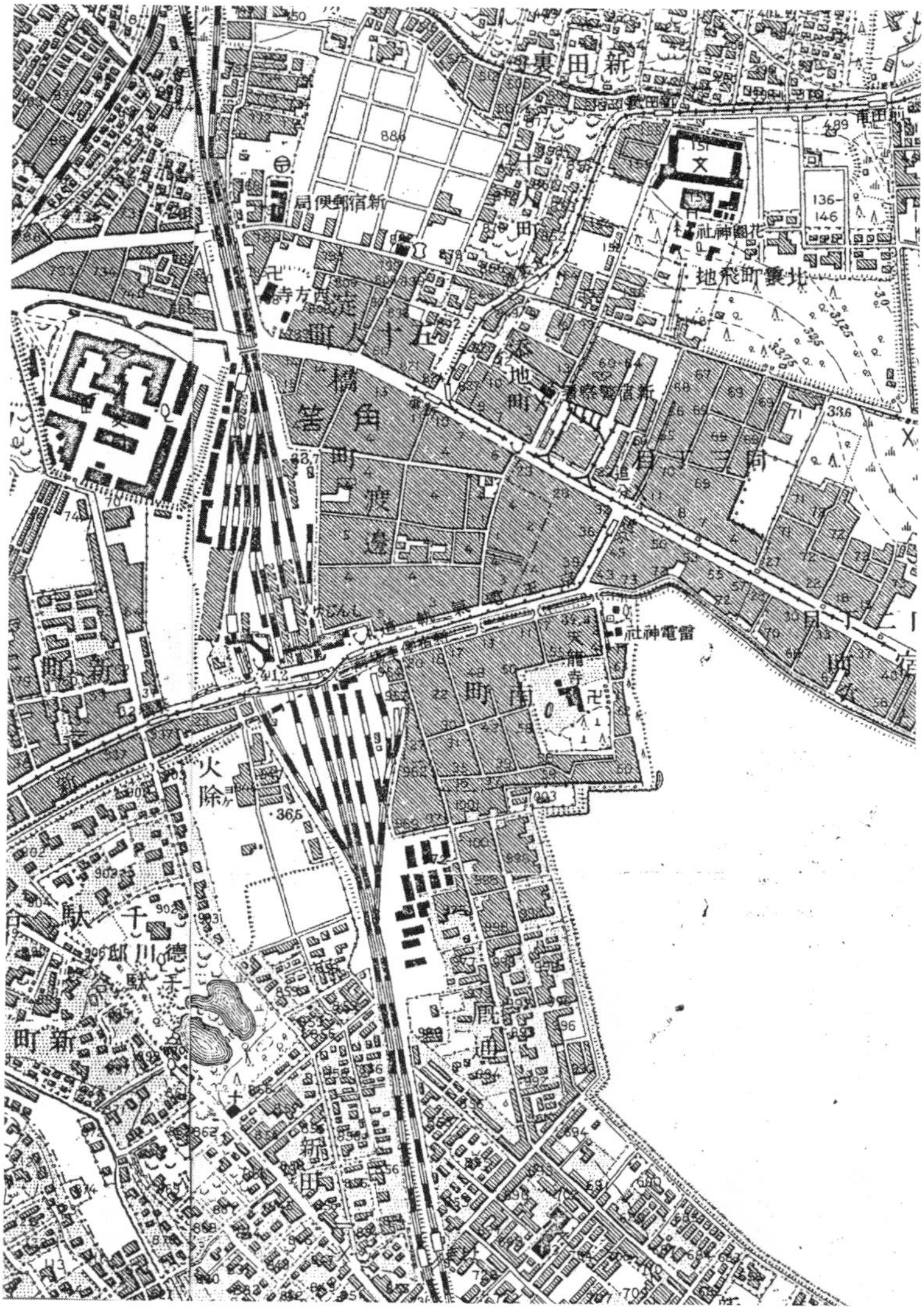


京王電気軌道のターミナルは新宿三丁目だった昭和5(1930)年当時。
陸軍参謀本部陸地測量部発行「1/10000地形図」。

阿弥。新宿貨物駅があることから、再開発もままならず、時を過ごすことになった。

新宿駅は貨物駅ヤードが広く、戦前の旅客ホームはわずか4本で山手線と中央線の全列車をさばいていた。広大なヤードを持っていた新宿貨物駅が昭和59年に廃止されると、南口の再開発がスタートする。

南口再開発一番手となったのが、平成8(1996)年に開業した高島屋新宿店だ。開業当初の店子だったベスト電器などが撤退後、東急ハンズや紀伊國屋書店が入り、今では「タカシマヤタイムズスクエア」を形成。平成28年には南口駅舎改造を兼ねた複合商業ビル「JR新宿ミライナタワー」が竣工する。32階建て、高さ170mの超高層だ。新宿西口に分散していたバスターミナルを集約した「新宿バスタ」もビル内に開設された。

JR東日本はバスタ新宿オープンに伴い、甲州街道改札口と反対側に新南改札口を開設した。改札を出ると広場空間となっており、ここは早くも人気スポットになっている。新南改札の広場空間からは山手線や埼京線、湘南新宿ラインなどが眼下に一望でき、鉄道マニアばかりでなく親子連れがベンチでお弁当を広げ、ママ友同士でお喋りしているのである。そして新宿バスタへの直通エスカレーターのある広場空間の左手が高島屋なのだ。勿論、高島屋が新南改札口に直結させたことはいうまでもない。

テレビが新宿駅に関連する話題を取り上げる時、以前は新宿西口を映したものだが、近年は新宿南口がとって代わったのも、新宿駅の移り変わりを映し出している。

新宿駅南口の甲州街道とバスタ

# 12 大久保駅 早期開業を決めた淀橋浄水場建設

## ◆淀橋浄水場引き込み線敷設のために

大久保駅は職安通り側に南口、大久保通り側に北口と二つの改札を持つが、駅の顔はヒジョーに地味である。南口は密集地の中に日本電子専門学校の校舎が専科別に建っている。中層階の校舎が幾棟も建っており、さしずめ日本電子専門学校の大久保キャンパスといった感じだ。

北口は中央線のガード下に設けられており、昼なお薄暗いというのが正直な感想だ。

そんな駅の佇まいとは裏腹に、中央線でも古参に入る大久保駅の開業は甲武鉄道時代の明治28(1885)年。新宿駅のごく近くでの早い時期での大久保駅開設は、淀橋浄水場に関係する。

明治31年に竣工する淀橋浄水場の初期工事は大久保駅開業2年前の明治26年に始まっている。やがて着工する濾過池で必要なのが、水の濾過に用いる砂利だった。濾過用砂利の搬入搬出には新宿駅から引き込み線を伸ばすのが最短距離だが、鉄道敷設には地形的に無理があったことから、大久保駅開設の運びとなった。

淀橋浄水場への引き込み線は、大久保駅下り線ホームから新宿西口方向へスイッチバックする方式が採用された。中央線が複々線化されていた昭和初期の地図には、引き込み線が大久保駅から新宿方面に向かった先で分岐しているのが見て取れる。

大久保は明治時代から大正にかけてつつじの名所として東都に名を馳せていたが、大久保駅は貨物取り扱い駅として開業されたことからも、つつじ鑑賞の行楽客の便を図ったというより淀橋浄水場建設工事が主な理由となっての早期開設だったと思われる。

## ◆大久保つつじの起こり

大久保駅北口の大久保通りを新大久保方面に向かう途中、大久保通り左側の「つつじの里児童遊園」が、大久保がつつじの名所だった伝える縁(よすが)でもある。

つつじが鑑賞の対象となったのは、五代将軍綱吉時代の元禄年間に染井の植木職が、つつじを始めとする数々の庭木を植えた栽培所を一般にも公開したところ、つつじが大評判になったことに始まる。紅色艶やかに群生するつつじは見物客で賑わい、染井の界隈は桜と並ぶつつじの名所にもなった。

染井のツツジブームにあやかろうと、つつじの栽培を大々的に始めたのが、大久保に組屋敷があった鉄砲百人隊の下級武士たちだった。

大久保通りは杉並区の高円寺から中野を経由して新宿区飯田橋に至る都道だが、古くからある道筋だ。江戸時代に入って、農村だった大久保村に鉄砲百人隊の組屋敷が、大久保通りに沿って短冊形に地割されていったのが、現在は1丁目ら4丁目まである百人町の起こりだ。

鉄砲組は与力と同心百人で一つの組を作っていたことから「百人隊」の呼び名がついたのだが、太平の時代になっては手柄を上げて出世する機会もなく、下級武士の生活向上は望めなくなっていた。一方、年貢率が下がって余裕が出てきた農民が消費経済に加わることによって町人階級が経済力を持ち始めた元禄以降、武士たちの生活は困窮していく。そこで染井のつつじ人気にあやかろうと、生活の足しに副業でつつじの栽培を始めたのが「大久保つつじ」の起源となっている。つまり「大久保つ

**【大久保駅(明治後期～大正初期)】**
新宿方面行きの電車が近づいてきた大久保駅のホーム風景である。中央線は明治37(1904)年に飯田町～中野間が電化され、明治39(1906)年には大久保駅を含む区間が複線化されていた。この大久保駅付近は江戸時代に鉄砲組百人隊が内職で植えたツツジの名所で、この時期も緑が多く残っていた。◎所蔵：生田 誠

つじ」は品種名ではなく、大久保で育てられたつつじの意味だ。

「大久保つつじ」の名所としての発展は、幕末の天保年間（1830〜43）に全盛期を迎える。ことに同心飯島某の庭のつつじは有名で、高さ丈余（3m以上）のものもあれば一尺程度のものも数千本が群生していたとも。

〈花形微少といえども、叢り開きて枝葉を蔽す。さらに満庭紅を灌ぐが如く、夕陽に映じて錦繍の林をなす。此辺の壮観なるべし〉云々と『江戸名所図会』には、大久保のつつじを鑑賞する艶やかなお女中の一行が満開のつつじの庭を眺めて感嘆、お供の侍や坊主が緋毛氈を敷いた休み台をしつらえている姿が描かれている。

## ◆大正時代には「つつじ電車」も運行

大久保のつつじは、明治維新後は土地の接収などで荒廃。明治16（1883）年、地元有志によって「元つつじ園」が開園して大久保つつじは復活。山手線に新大久保駅が開業した大正時代には花見列車が出るほどだったというから、大久保つつじの人気の高さがうかがえる。

大久保通りが僅かな距離で結んでいる大久保駅と新大久保駅の間——山手線と中央線に挟まれた大久保通り一帯、現在の百人町のエリアに大久保のつつじ園が広がっていた。元つつじ園以降、南町つつじ園、日の出園、萬華園、筑紫園、中村園、吉野園など7園を数えるほどになり、大久保つつじは最盛期を迎える。日の出、手牡丹、紅黄蓮華、黒船、八重霧島、吾妻絞などの奇種珍種も競うように栽培されている。

明治32（1899）年には明治天皇もつつじ観賞に訪れ、「まがねしく　道のひらけてつつじ見に行く人おほし大久保の里」と歌を詠まれている。新大久保駅そばの皆中稲荷神社境内入り口には、その歌碑がある。

皆中稲荷神社の創建は天文3（1533）年と古い。由緒によると、江戸時代に入って9月のある夜、稲荷大明神が鉄砲組与力の夢枕に立ち射撃を伝授。的に中（あた）るようになった。その霊験が評判となり、皆中稲荷（みなあたるいなり）と呼ばれるようになったという。「あたる」が「当たる」と表記するのが一般的になると「かいちゅう」と呼称するようになったらしいが、「中る」には、的の中心にあたる意味がある。

近年は「当たる」ものにご利益があるということで「くじの神様」としてコンサートのチケットや宝くじの的中を絵馬に願掛けする参拝者が少なくないそうである。

皆中神社参拝、願い事は何でしょう

## ◆田山花袋が見た大正の大久保

田山花袋は大正9（1920）年刊『東京の近郊・一日二日の旅』の一節「郊外の古駅」で大久保を取り上げている。

「私はこの都会と野との接触点を選んで歩いて見たことがあった。私は私の家を出て、新町の通を歩いて、それから淀橋に出て、引きかえして、汽車で大久保に行った。大久保はすっかり俗化していた。昔歩いた戸山の原あたりも以前のような野趣を持っていなかった。私の知っている林はもうすっかり切り倒されていた」

大正3（1914）年山手線に新大久保駅が開業している。帝都有数の繁華街となっていた新宿の後背地であることに加えて僅かな距離で二つの電車駅をもつことになった百人町に市街化の波が押し寄せる。明治末期の地図では、つつじ園は大久保通り沿いに萬華園、日の出園の2園を残すのみとなっている。

「俗化した大久保のつつじ園ほど私の心を嫌がらせるものはない。つつじという花はただでさえ俗化して風致がないところへ、つつじの人形や、ましてや木戸銭を取られるに至っては自然の花がさぞ嘆くことであろう」（『鞍上と机上：続馬米九里』米本悦三郎著・馬上大学社大正3年刊）と、大正に入った頃にはつつじ園の商売っ気も敬遠されたようで、大久保も急速に俗化――市街地化していった。

## ◆山の手と下町が同居

大久保村が大久保町となったのは大正元（1926）年。大久保村は明治22（1889）年の町村制施行で東大久保村、西大久保村、大久保百人町が合併したものだが、大久保町となったときに大久保百人町は百人町として単立している。

現在、大久保町として残るのは明治通りの西側に広がり、北端は諏訪通り、南端は職安通りと南北に細長い町だ。以前は東大久保、西大久保まで大久保町だった。明治通りの南側、現在の新宿6〜7丁目、歌舞伎町2丁目や戸山町もその町域だった。実に広い面積を持っていたのが大久保町だった。

大久保町から西大久保や東大久保が独立したのは昭和7年、東京市が15区制から35区に拡大、いわゆる「大東京」が誕生した年である。

広い町域を誇った大久保の都市化が進んでいくのは大正期からだ。

日清戦争後、近代資本主義の発達とともに東京市はいよいよ拡大発展。繁華街新宿に隣接する地域の田畑も日露戦争を境に徐々に市街地化されていくが、大久保に大きな影響を与えたのは大正3（1914）年の山手線新大久保駅の開業と、新宿から万世橋に通じる市電の開通だった。大久保町全町の田畑は宅地化が頻繁になり、蔬菜類が主流だった農地も年ごとに減少していく。

関東大震災（大正12年）で市街地化に拍車がかかり、昭和に入ると大久保町には華族や実業家、陸軍科学研究所（現在の百人町4丁目）、戸山ヶ原に陸軍幼年学校など地区軍施設も集中していたことから軍人軍属など住む一方、下級官吏や庶民の文化住宅も点在。「山の手と下町が同居している」などとも称された。

昭和14（1939）年には中央線と小滝橋通りが交差する北側に淀橋青果市場が開設された。関東大震災以降、人口が急増した東京市の周辺区部や郡部の青果物供給拠点として、既設の民設13市場を統合したものだ。この青果市場は現在も「中央卸売市場淀橋市場」として現役である。所在地は北新宿だが、開設当時は淀橋区役所に隣接していた。

そんな大久保も戦後は、歌舞伎町の隆盛とともに街は変わっていくことになった。

## ◆大久保通りはアジア租界に

大久保の街も戦災で、新宿とともに一帯は焼失。復興後は飲食店や居酒屋、連れ込み旅館、アパート、住宅が混然と密集する猥雑な街になっていく。繁華街新宿と隣合わせだけに、水商売関連の住人が多かった。

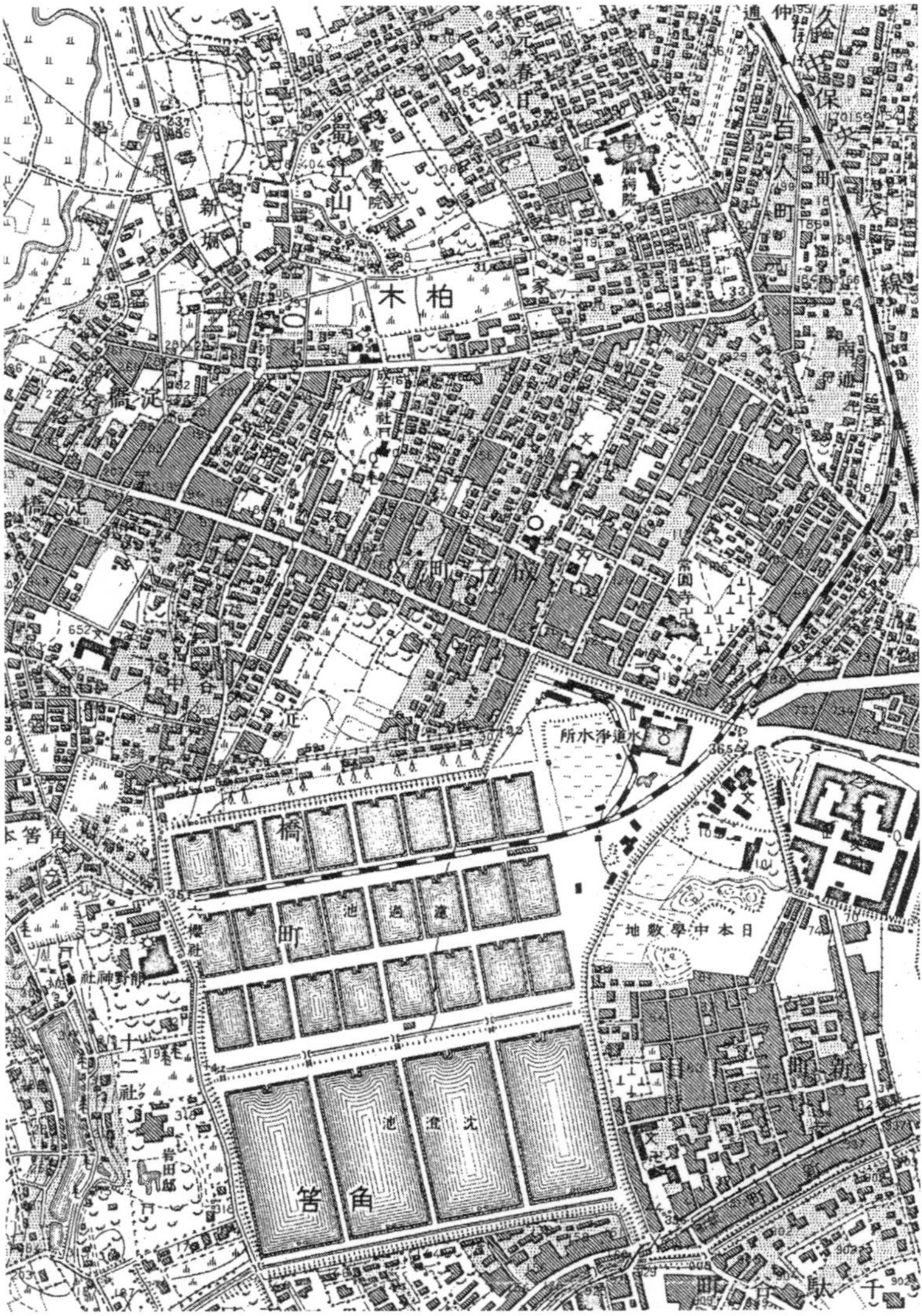


大久保の南側から淀橋浄水場に向かう引き込み線が設けられていた。
陸軍参謀本部陸地測量部発行「1/10000地形図」。

日本人の街だった大久保駅～新大久保駅周辺が変わり始めたのは昭和の終わり頃から平成のはじめ頃、歌舞伎町のネオン街が元気いっぱいだったころだ。

「世界の国からコンニチワ」と歌舞伎町に外国人女性が押し寄せた。新宿と至近の大久保～新大久保周辺は彼女たちの住まいにとって格好のエリアだったのだ。

最初はコロンビアなど南米系、ついで中国系が住み始め、韓国系がそれに取って代わると、韓国系を主体としたアジア系の外国人の消費需要に応える食材店、料理店、雑貨屋、化粧品店が軒を並べるようになった。

大久保通り一帯は今や、新大久保駅から明治通り近くまで、すっかりコリアンタウンである。韓国のみならず、中国、タイ、ミャンマー、インド等のアジア諸国に近年はイスラム系の国々も目立つ。

商店街の案内表示にもハングル語や中国語などが氾濫。夜ともなれば、大久保通りはアジア租界を思わせるオレンジ色の街頭が灯り、道行く人の話し声も、日本語が聞こえてくるのは少数派だ。

韓国ドラマに嵌っている四十路間際のデザイナーがいる。バツイチ・子なしの勲章を持つ彼女に聞いたことがある。おぬしは何故に韓流に夢中なのか、と。

「ニッポンの男が夢を見させてくれないからよ」

黙るしかなかった次第である。

コスメからグルメまで何でもあり韓国タウン

# 13 東中野駅 昭和初期から開かずの踏切で泣かされた

## ◆甲武電車を引き継いで国電運転の始まり

東中野駅東口は、駅前にあるべき繁華を西口にすっかり持っていかれた具合だが、その昔の東中野駅は、この東口しかなかった。

明治39（1906）年6月14日、甲武鉄道が柏木駅として開業したのが東中野駅の起こりで、中央線東中野駅となったのは大正6（1917）年だ。

東中野東口の新宿寄りには中央線と東中野本通りが交差するガードがあるが、柏木駅時代の東中野駅はガードの西側に位置し、今より神田川に近かった。駅周辺はあたり一面畑で、神田上水の水音が聞こえてくる村の駅から、中央線は立川駅まで25キロの一直線区間となる。

中央線名物ともいえるこの直線ルートはいろいろ語られる。曰く「陸蒸気が吐き出す煙で農作物が汚れ、売り物にならなくなる」「蒸気機関車の騒音で牛や鶏が騒ぎ出し、牛は乳を出さなくなるし、鶏は卵を産まなくなる」「陸蒸気が出す火の粉で家が燃えてしまう」等々、激しい反対運動が噴き上がったことから甲武鉄道は甲州街道筋を諦め、青梅街道など代替案を模索するが、こちらも同様の憂き目にあう云々。

鉄道敷設は国策でもあった。業を煮やしたのが、後に鉄道大臣となる鉄道局の青年技師仙石貢だ。計画がなかなか前に進まない苛立ちから「集落の少ないコースを一直線で結べば速度も出せるし、石炭も少なくてすむ」と、半ばヤケ気味に計画地図上に定規で真っ直ぐな赤い線を引っ張った。それが東中野〜立川間だったとも。

諸説面白おかしく語られるが、本当のところはほとんどが田畑だったところに建設した方が、コスト面から誰が考えても遥かに合理的だったからではないか。

かくて蒸気列車で出発進行となった甲武鉄道は、市中では路面電車も走り出していたことから明治37（1904）年8月から飯田町〜中野間で電車運転も始める。これが路面電車以外の一般的な鉄道における最初の電車で、同年12月には御茶ノ水まで延長された。

明治39年3月31日、鉄道院は鉄道国有法公布で先鞭を切って買収した甲武鉄道の電車運転をそのまま引継いだので、実態は甲武電車ではあったが鉄道国有法が施行された10月1日が国電運転の始まりになるとのことだ。

## ◆東口のシンボルだった日本閣

甲武鉄道は明治37年に電車運転を始めたころは単車の単独運行で1日11本走らせていたが、東中野駅が国電

日本閣は大正9（1920）年に東中野に誕生した結婚式場。◎昭和戦前期　所蔵：生田 誠

の駅となったころもさして本数は変わりなかったろう。

東中野駅の1日の利用客は開業翌年の明治40（1906）年でわずかに246人。乗降客数が千人の大台に乗ったのは大正2（1913）年。このころまで東中野駅周辺は明治末期から農地が宅地化され始めたが、まだ田畑が広がる農村風景がひろがっていた。

駅の利用客が急速に増えていくのは関東大震災前年の大正11（1922）年ごろからだ。昭和4（1929）年には1万5千人を突破。大正11年と比べると7年ほどでほぼ倍増している。

お隣の中野駅への人口流入が東中野にも波及してきたことから〈昭和三年五月を以て更に駅舎全部の改築を為すと共に、位置を踏切の西方南側に移せり〉と『中野町誌』にある。このとき、西口も開業の運びとなった。

この頃には東中野東口で長く街のシンボルとなる日本閣もできていた。

結婚式場で知られる日本閣は、当時は清流だった神田川を借景に大正9（1920）年に創業した「割烹料亭寿々木屋」を前身とし、昭和10年に日本閣と改称。専門結婚式場も備えた。戦後の昭和31（1956）年日本館と洋室別館を大増築、地味な街だった東中野東口に華を添えている。

現在の東口には高さ100mの高層マンション2棟（ユニゾンタワー東中野とパークタワー東中野）が屹立。駅入口とユニゾンタワーとがデッキでつながっている。平成10年代から始まった日本閣一帯再開発で誕生した高層マンションで、日本閣自体もリニューアルされている。

## ◆開かずの踏切は昭和初期から

関東大震災後、中央線沿線への人口流入が加速するに連れ、運行本数が増加し、踏切横断に大きな影響が出はじめた。震災後に中央線は複々線化されていたから、通過する電車の本数もハンパではない。

東中野駅東口には出てすぐのところに桐ケ谷踏切があった。昭和9年7月23日午前7時から8時の調査では、1時間に80本の通過電車があり、踏切が開いていたのはそのうち12分間だった。開かずの踏切に地元は地下道・跨線橋（横断橋）の設置の請願書を2回に渡って東京鉄道局長あてに提出。その結果、昭和10（1935）年に跨線橋（横断橋）ができ、徒歩の人の不便は解消された。しかし、自動車や自転車については改善されなかったことから、昭和12年に地下道建設の動きが出た。立ち退き問題や用地取得が進まないうちに戦時体制に突入し、地下道建設は中止。ガード下をくぐる掘り下げ道路が完成したのは昭和37（1962）年。桐ケ谷踏切はこの時まで、開かずの踏切のままにあった。

駅の西側切り通し区間にも高根踏切という無人の小踏切があって、人身事故も少なくなかった。こちらも桐ケ谷踏切と同じ頃歩道橋に代わり、中央線の複々線区間の踏切はゼロになった。

## ◆東中野と凮月堂

東中野駅東口は西口の賑やかさとは無縁の静かな駅前である。東口は線路を挟んで1番出口と2番出口の二つがあるが、改札を出て1番出口の階段を降りて外に出ると、目に入ってくるのは正面にある凮月堂だ。店内がゆったりしていることもあり、東中野に友人が住んでいた10年ほど前はよく使わせてもらったものだ。

東中野駅には西口にも凮月堂があるが、東口の凮月堂は昭和44年のオープン。正しくは東京凮月堂としての直営店第1号なのだ。東京凮月堂は平成14(2002)年近くに東中野洋菓子研究所も設けているから、東中野はケーキで有名な凮月堂の商品開発の本拠地とも言えるのである。

凮月堂は日本の洋菓子史に欠かせない存在で、明治8(1875)年に日本でチョコレートを初めて売り出したのが、東京凮月堂の源流である両国若松町の米津凮月堂。当時の洋菓子界のリーディングカンパニーであり、チョコレートは「貯古齢糖」「猪口令糖」「千代古齢糖」「知古辣」などと表記された時代である。

文明開化まもない当時は「牛乳を飲むと角が生える」とか「貯古齢糖には牛の血が入っている」などと言われたもので、チョコレートが高級菓子として馴染んでいくのは大正7年、森永製菓がカカオ豆から一貫生産してからである。

日本人で最初にチョコを口にしたのは誰か? 諸説あるが、最も信頼のおける記録では明治6(1873)年、欧米の視察に派遣された岩倉使節団の一行がフランスのリヨンでチョコレート工場を見学した時と言われる。その時の主なメンバーは特命全権大使岩倉具視を始めに、木戸孝允、大久保利通、伊藤博文、津田梅子(いまの津田塾大学の創設者)といった面々となっている。

## ◆戦前は軍人の街だった

東中野駅周辺は東中野1丁目から5丁目まであるが、中央線と山手通りで4分割されている。山手通りの東側は駅南側が1丁目、北側は4丁目と5丁目。山手通りの西側に中央線の南側が2丁目、北側が3丁目。1丁目から5丁目まで住宅を中心とした市街地だが、戦前の1丁目、2丁目は軍人が多く住んでいた街だった。そのことを教えてくれるのが、西口駅前を通る山手通りを新宿方面に10分ほど行ったところにある中野氷川神社だ。

　中野氷川神社の創建は長元3（1030）年と、千年の歴史を持つ古社。旧中野村時代から中野の総鎮守といわれ、一の鳥居から三の鳥居までである長い参道が風格を漂わせている。社殿に向かう三の鳥居先の石段途中左手に立つ「忠孝」と大書された大きな石碑には「帝国在郷軍人会中野町分会第七班」と刻まれている。この忠孝碑は昭和天皇即位の「御大典記念碑」であるのだが、その傍らに日露戦争で用いられた機雷がモニュメント代わりに据えられている。

　帝国海軍が遼東半島の旅順港に敷設した浮標機雷で、昭和3（1928）年横須賀鎮守府より在郷軍人会中野町分会第七班長に対し、備付記念品として下付された廃兵器をモニュメントに転用したのだろう。

　東中野が山手通りで東西に分断されたのは戦後のことだ。

　山手通りは昭和10年ごろから改正道路として工事が始まったが、太平洋戦争で中断。戦前に完成していたのは早稲田通りと交差するあたりまでで、以南に延伸し東中野を通るのは戦争が終わってからのことになる。

　同時に東中野駅も賑やかさを増していくのは西口となり、東口は勢いを吸い込まれるように静かな駅前となっていった。

中野氷川神社

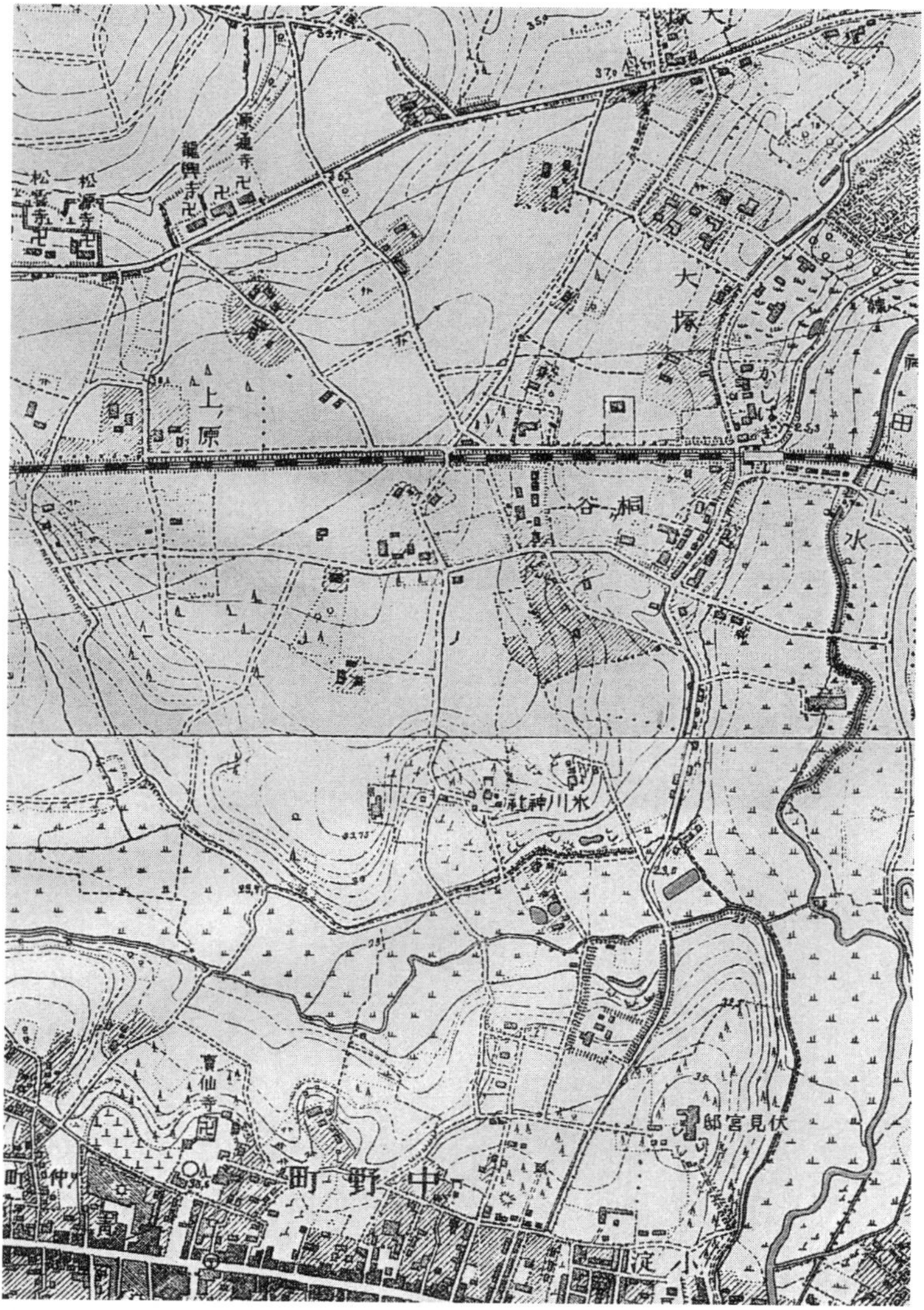


東中野駅が「柏木駅」として開業して３年後の明治42（1909）年の地図。
陸軍参謀本部陸地測量部発行「1/10000地形図」。

## ◆東中野駅西口

切り通し区間の土手の桜は東中野名所である西口は平成9（1997）年に都営大江戸線東中野駅が開業。平成24年には駅ビルが完成し、同27年には駅前広場ができるなど、西口の繁華は加速している。昭和の時代が終わっても西口は整備されておらず、狭隘なままだった。駅前の狭い空間に学生やサラリーマン相手の不動産屋の案内が立て看よろしく並んでいた昭和40年代を知る向きは、浦島太郎の気分だろう。

すっかり様変わりした西口駅前にはサミットとライフの大型スーパー2店が鎬を削っており、目の前を走る山手通りも地下鉄東西線落合駅まで並木道が整備されるなど、東口の置き去り感は著しいものがある。

西口駅前の商店街の老舗は東中野銀座商店会。駅より北西に600mほど続く商店会だ。ギンザ通りと呼ばれている商店街ストリートは、江戸時代末期から青梅街道と早稲田通りを結ぶ道となっており、沿道には戦前から多くのお店が集まって賑わっていたという。

「東中野銀座商店会」として組織されたのは昭和25年頃。以前は昔ながらのお店がほとんどだったが、近年はドラッグストアやチェーンの飲食店などが出店するケースが増えてきている。

駅前ロータリーも出来た西口

# 14 中野駅

## 南口にツインタワー、西口駅舎も新設

### ◆中野サンプラザ解体

中野サンプラザ。駅北口のランドマークであり、シンボルでもあるサンプラザが新北口再開発でやがて姿を消すことになる

中野サンプラザを解体し、跡地を再開発する事業が令和3年には具体化する。中野区は数年前から中野サンプラザを建て替える方針を示していたが令和2年2月、中野サンプラザの解体跡地に建設する複合施設の事業スケジュールや民間事業者の選定方法を発表した。中野区が想定する新施設は、7千人収容できるイベントホール、商業施設、オフィス、ホテル等々。もちろん、空間を活かすのが再開発の一つの目的であるから新しくなる中野サンプラザもタワー化する。

区は「中野サンプラザの名前は残す」つもりらしいが「独特の形を失ったサンプラザなど、サンプラザじゃない」という地元の声もある。

中野サンプラザは昭和37（1962）年の都市計画で誕生している。現在の区役所・サンプラザ周辺の再開発で、昭和43年に区役所が竣工し、同48年にサンプラザが開業した。労働省（当時）所管の特殊法人

中野通り沿いに建つ中野サンプラザ

だった雇用促進事業団によって、雇用保険法に基づく「勤労青少年センター」として建設されたのが、中野サンプラザの起こりだ。以来、半世紀近く、若者文化のサブカルチャー発信地だったサンプラザもまもなく解体されることになる。

平成13（2001）年の警察大学校及び警視庁警察学校の移転に始まる中野駅北口周辺の開発はダイナミックだ。駅前広場を兼ねる広い空間を持ったペディストリアンデッキが中野通りを横断して広がる。エスカレーターまたはエレベーターで下りれば、目の前が中野区役所だ。

北口で目立つ建物は中野サンプラザビルしかなかったものが、今は数棟の高層ビルが建ち、中野らしくない洗練されたオフィス街に変貌している。水処理メーカー大手の栗田工業やチューリッヒ生命、キリンビールなど有名企業ばかり。開発地には明治大学（国際日本学部他）、帝京平成大学（薬学部他）、早稲田大学（国際コミュニティプラザ）など、有名大学も進出している。

再開発エリアは、今では新北口と呼ぶようになったが、今度は中野サンプラザの建て替え再開発となった。

中野駅北側の一帯に広大な用地を占めていた陸軍の電信第一連隊。◎所蔵：生田 誠

## ◆陸軍施設で賑わい始める

中野駅は明治22（1889）年、甲武鉄道開通時に開設された中央線最古参駅の一つだ。改札口は青梅街道側の南口だけの田舎の駅で、現在の桃園通りが駅前通りにあたった。

武蔵野台地に位置する中野は、江戸中期から青梅街道沿いの農産物の集荷地の役割も担う江戸近郊の農村だった。江戸後期には地の利を生かして製粉・味噌・醤油などの食品加工業が発展。なかでも蕎麦の生産は有名であり、江戸町内で消費される蕎麦のほとんどは「中野蕎麦」と呼ばれて名産だったという。

駅が開設されたものの青梅街道から離れていたこともあって、駅周辺はまったく人家はなく、桑畑や麦畑がひろがっていた全くの純農村地帯だった。

北口が開発されたのは日清戦争後2年経った明治30（1887）年北側の広い土地に、戦時に物資補給用の鉄道敷設をする陸軍鉄道大隊が転営してきたときだ。この時に北口が設けられ、引き込み線も敷設された。陸軍鉄道大隊は、軍事的な研究・活動ばかりでなく、民間の鉄道敷設にも活躍。西武村山線（現・西武新宿線）高田馬場～東村山間の工事を担ったことが知られている

その後、電信隊や気球隊も設置され交通兵営旅団司令部が置かれた。やがて鉄道隊、気球隊が千葉へ移転し、大正11（1922）年に電信第一連隊と改称している。

利用客はほとんど陸軍関係だった中野駅だが、軍人軍属やその家族の消費活動に応えるように駅前に商店が軒を連ねるようになって、北口に繁華なエリアが形成されていく。

## ◆震災後はサラリーマンの街になった

中央線が中野まで電化され、複線化されていた大正時代に入ると駅の周辺も次第に商業地や住宅地としての市街化が進み、電車の利用客も増えたため、大正10（1921）年7月に新宿車庫を移転拡張して中野電車庫（後の中野電車区）が開設されている。

大正12年の関東大震災後、東京の街は災害対策のため区画整理が開始され、郊外に向けて大規模な人口移動が開始された。中央線沿線は急速に人口を増やしていく。

中央線沿線は甲武鉄道時代から都心へ一本という利便性で農地に住宅が点在する宅地化が始まっていたが、ことに新宿に近い中野駅周辺はサラリーマン階層に人気だった。

震災後にその傾向は顕著となり、中野はサラリーマンの街となった。昭和7（1932）年、東京市は日露戦争後の人口増に対応するため周辺5郡82町村を東京市に組み入れ、市域を拡大。東京市はそれまでの15区から一挙に35区と拡大し、中野町と野方町が合体して中野区も誕生。昭和9年には中野駅は急行電車の始発駅となり、中野の立地条件は一層アップし、人口流入に拍車がかかった。

サラリーマンが増えれば、駅前に商店街、飲み屋街ができる。北口のサンモール中野は、サラリーマンや主婦などで賑わった横丁が原型だ。横丁が発展するに連れて、夜ともなれば電飾も灯るようになり、サラリーマンや労働者相手の呑み屋も出来た。カフェもあったのだから、昼も夜も賑わったことが想像できる。

## ◆赤い屋根の文化住宅が畑に建ち並ぶ

関東大震災後、中野など近郊農村の宅地化の進行に拍車をかけたのが、昭和4年に始まった世界大恐慌による大不況だった。飯田橋の職業安定所がインテリ層を専門に取り扱うようになり、小津安二郎の映画「大学は出たけれど」(昭和4年)が評判となる。青野季吉は「サラリーマン恐怖時代」と呼んだ。中野では選挙で「当選したら就職を斡旋してあげるから1票ください」云々と叫ぶ候補者も出たと区史にある。

恐慌不況は昭和5年に入ると農業恐慌を併発。農産物価格は大暴落して、全国の農家が窮乏に喘いだ。東北農村での娘売り、役場の吏員、小学校教員の給料不払い問題等が続出したのもこの時期だ。その結果、小作をする農民も少なくなり、中野区では畑小作料は従来25円くらいであったのが昭和9年頃には20円から15円に暴落。地区によっては震災前の半値、10円前後にまで値下がりしている。

そんな時代の切り売り農地に、雨後の筍のごとく建ち始めたのが赤い屋根のこぢんまりとした文化住宅だった。サラリーマンに「文化」という言葉が流行したのは大正末期だが、文化カミソリ、文化鍋等々なんでも文化をつけた。

昭和9年頃、背広の既製服は15円位。吊るしのスーツを着て革鞄下げ、中折ソフト帽(夏はカンカン帽)というのが当時のサラリーマンの最大公約数だった。

農地価格の暴落で、地主によってはタダで貸す者も出てきた。土地が高く売れるまでのつなぎとして、雑草の生い茂るのにまかせておくより小作人に無償で貸しておいたほうが得と考えたのである。地主はいつでも土地を取り上げることが出来た。

農地の宅地化は土地成金を続出させたが、初めて手にした大金で身を持ち崩す者、詐欺に遭って土地を失う者等々が続出したこと、中野区史が伝えている。

## ◆大学による格付けも始まった大正時代

中外商業新報（後の日本経済新聞）の記者で、経済部長、編集局長、社長を歴任。テレビの時事放談で顔も売った小汀利得が昭和6（1931）年に著した『街頭経済学』（千倉書房刊）によると、企業が毎年定期的に大学卒業者を採用するようになったのは大正前半期の欧州大戦景気のころからだという。そのころ、三越の初任給は30円でこれに臨時手当6割がついて48円。さすがは財閥と羨ましがられた。

明治時代の大卒は数も少なく純然たるエリートだったが、大正～昭和にはすでに大学による格付けが始まっていた。明治時代の初任給相場は帝大工学部が60円、法学部40円、一橋が30円、慶応25円、早稲田他の私立大が20円くらいだった。

大正末期から昭和にかけては三菱の例で帝大、一橋、慶応、早稲田の初任給が75円、その他私立大と高専が65円相場だった。給料が高いのは三井信託の慶応、一橋、帝大卒90円、早大80円。安い方では東邦電力の大学65円、高商50円。

技術系は事務系より5円から10円高く、鐘紡などは帝大工学部100円、高専64～76円に対して事務系は大学73円、高商60円と差をつけた。

昭和初期は15～20円で一戸建てが借りられ、駅前にこだわらなければ、中野でも庭付き門付きが借りられた。一戸建てを構え、女中の一人も雇えれば、今で言う一流サラリーマンの仲間入りだった。

その他大勢の中学校出身サラリーマンの月給は20～25円くらいだったから生活は厳しい。与謝野晶子は大正7年8月、朝日新聞に「中流階級の名を以て呼ばれる貧民階級」とサラリーマンを評している。

## ◆地域住民参加して駅移設の掘り下げ工事

震災後、中央線沿線人口が急増した結果、昭和3年に新宿〜中野間の複々線化が行われた。その際に、現在の中野通り西側にあった中野駅も100mほど東に移動して現在地となり、昭和4年にはそれまでの1面2線のホームから2面4線の駅となって、利用客増に対応する。

駅の移転には地域住民も参加して、北口及び南口で大掛かりな駅前の掘り下げ工事も進められた。その結果、新しい駅は高架線上にあるような景観となったから、如何に大掛かりな造成工事だったかがわかる。

駅周辺の市街地化が急速に進むと、中央線の南北を縦断する中野通りの交通量も増加の一途をたどった。中野通りは中央線の北側から早稲田通りまでの道路だったが大正期に整備され、中央線の南側にも延伸されて幹線軸となった。自動車が交通機関になるに連れて踏切での渋滞は激しくなる一方だったから、そこで駅の移設と並行して中野通りのアンダーパス化が行われて踏切もなくなり、今日の中野駅前の都市づくりの基盤が形成された。

しかし、駅北側の広大な軍用地があることから、新しいまちづくりには平成の時代まで待たねばならなかった。

## ◆江戸時代から続いた公用地の歴史

明治時代からの北口軍用地は、江戸時代は将軍家の鷹場であり、五代綱吉の治世に鷹場は広大な犬屋敷に変わった。中野区役所前にある数匹の犬のモニュメントが、界隈一帯が犬屋敷であった歴史を伝えている。地元のライオンズクラブが設置した。

「犬公方」綱吉の「生類哀れみの令」によって元禄年間に四谷・大久保・中野の3ヶ所に「お犬囲」通称犬屋敷が設けられた。最大規模だったのが中野の犬屋敷で、その面積は最盛期で30万坪、8万頭のお犬様が飼われていたとも。

中央線を跨いで広がっていたという中野の犬屋敷には「一の囲」から「五の囲」まであった。それぞれの「囲」には犬小屋、餌場、日除け場、子犬養育場などが完備されて、至れり尽くせり。他にも、お犬様専門の医者や役人なども配備されていた。「一の囲」から「四の囲」は中央線の北側に、「五の囲」は南側に置かれた。区役所のある中野4丁目一帯の旧町名「囲町」は、この「お犬囲」があったことに由来している。

区役所前に設置された犬屋敷モニュメント

犬屋敷は15年ほど続いたが、宝永6（1709）年綱吉が死去すると「生類憐れみの令」とともに廃止され、鷹場に戻っている。

明治この方軍用地だったこのエリアが、陸軍憲兵学校や諜報活動に携わった陸軍中野学校、警察大学校等々に変遷していくのは昭和戦前から戦後にかけてのことだ。

敗戦後、占領軍に一時接収されたが、上級幹部警察官の育成を図る警察大学校が移転してきたのは昭和24（1949）年。それまでは杉並の天沼に所在していた。警察大学校のルーツは明治18（1885）年に設立された警官練習所。その後、数度の改編を経て昭和23年に警察大学校となり、平成13（2001）年府中市に移転する。

都心の一等地にありながら江戸時代から300年近く公用地だった広大なエリアがようやく開放され、中野駅北口大開発が始まることになった。

## ◆中野サンモールとブロードウエイ

昭和初期には中央線の北側も南側も農地はすっかり消えて賑やかな市街地となっていた中野の戦後は闇市から始まる。終戦直後の中野駅の南北には100軒以上の闇市が立っていたが、北口周辺にあった商店群が昭和23（1948）年東京都美観商店街制度により「中野北口美観商店街」となった。これが現在の「中野サンモール商店街」の前身だ。昭和33年にアーケードがかかったが、この頃は現在のように早稲田通りには通じておらず、途中で行き止まりだった。

中野サンモールとつながり、早稲田通りにまで伸びる中野ブロードウエイが開業したのは昭和41（1966）年。当時の日本では珍しいショッピングセンターと住居を兼ね備えた複合施設の走りだった。

中野サンモールも改装を手がけ、大理石舗装された歩道、大型シャンデリアをモチーフとする照明を用いた大型商業施設を完成させて集客力を大きく伸ばす。

昭和50年、北口美観商店街はアーケード改装の際に商店街の愛

中野サンモールからブロードウエイへ

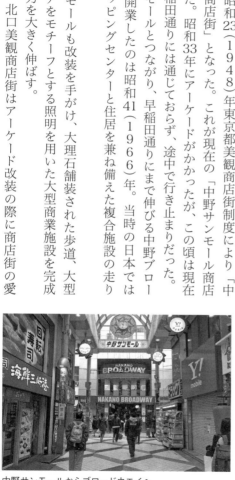

称を公募し「サンモール」とカタカナになった。現在のアーケードは平成10（1998）年に改装されたもの。太陽をモチーフとした統一看板、ガラスアーチ型の船底をイメージした天井は波型デザインを採用している。

集客に貢献した一つが、昭和55年にブロードウエイに入店した漫画専門古書店の「まんだらけ」だろう。わずか2坪だったが、全国からマニアが集まる店となり、後に続くようにサブカルチャー関連の品物を扱う店が増加。現在も幅広い分野の趣味嗜好を満たす個性的な店舗が多く、外国人にも人気となっている。

## ◆新西口駅舎と桃園通り

中野区は人口流入が急激すぎて計画的な耕地整理、区画整理が行われないままに来た。それが中野の味となっていたが、平成から始まった駅周辺大規模再開発プロジェクトは中野サンプラザの解体・建て替えが終着駅ではない。新西口駅舎の建設、さらには南口にツインタワービル計画と、駅周辺大開発は目白押しになっている。

中野駅に新たに西口も作ろうという新西口駅舎プロジェクトは中野区とJR東日本との事業で、駅西側のホーム上空に橋上駅舎を兼ねた新駅ビルを建設。新北口改札及び南側には西口改札を開業し、合わせて駅ビル内に南北自由通路を設けると同時に新北口改札と西口改札前には広場空間を設けるというものだ。

すでに実施設計作業は終了しており、事業年度のゴールは令和10年を予定。新駅ビルの高さは5階建て。もちろん商業施設も設けるのは言うまでもない。

**【鍋屋横丁(中野区本町４丁目)(昭和24年)】**
国電ストの影響を受けて、青梅街道を走る都電杉並線の電車は満員で、ドアや窓につかまって乗る乗客の姿がある。歩道にはまだ大勢の人々が電車を待っていた。ここは青梅街道と交わる鍋屋横丁の入り口で、「鍋横中央商店街」の大きな看板が見える。その由来は妙法寺に向かう横丁の目印となる、「鍋屋」という茶店があったことによる。◎撮影：朝日新聞社

新西口駅舎誕生の暁に蘇るのが、かつての駅前通りだった桃園通りだ。

桃園町は、住居表示法で今では中野3丁目だが、「桃園」は中野では由緒ある地名だった。八代将軍吉宗は犬屋敷が鷹場に戻ってから11回、中野で鷹狩りを楽しんでいる。ことに「五の囲」の跡地を気に入り、桃の木を植えさせた。吉宗は隅田川や飛鳥山にも桜を植樹させて桜の名所としたが、中野の桃の林はやがて「桃の園」と呼ばれるほどに成長。延享年間（1744〜48）にはその景観、明媚なものとなり、幕府は江戸後期には一般にも開放。中野は桃の花見の名所となった。しかし江戸末期には桃の木も枯れ、明治以降は住宅地に変わった。

桃園を蘇らせたのが、中野駅の開業だった。中野駅は当初、現在地より100mほど西側にあったことから、桃園町は半ば陸軍御用達の商業地となり、桃園通りの商店街を形成するようになる。

しかし、中野駅移設後は北口と南口が駅前通りとなり、戦前は軍施設、戦後は警察施設からの需要もあって繁盛した桃園通りの賑やかさは衰退していった。

中野駅南口丸井横のレンガ坂を上がった先にある桃園商店街が、かつての駅前通りだ。新西口駅舎計画では、改札の目の前に位置することになる。

西口駅舎の建設工事はもう始まっている

## ◆中野マルイの南口にツインタワービル2棟

南口で進められるのが、土地区画整理事業を兼ねた市街地再開発事業。駅前広場のある南口は駅に繋がる東西の道路がなく、高低差のある土地。また、南口駅前広場は歩行者、自動車双方にとっての空間が少なく、通過車両が多いことから、歩行者の導線が交錯するなどの問題もある。そこで、建物を建てるだけではない開発が模索されたわけである。

事業のキモは高さ120m20階建のオフィス棟と、高さ150m37階建の住宅棟の建設。計画地の上空を活かすことで駅前広場の拡張整備、駅周辺の回遊性を高める交通動線の整備などを、駅南口一帯を総合的に変えようというものだ。

南口の顔は丸井だ。家具の割賦販売をルーツに持ち、戦後は月賦百貨店として「5000円で5000円のお買い物!」の宣伝文句の下、家具や家電といった耐久消費財の割賦販売に注力。まだ日本が貧乏だった時代、庶民の強い味方となった。

高度成長期を経て、生活にゆとりが出来始めた昭和40年代後半に若者向けのアパレル・ファッション中心の小売業態に転換、今に至っている。

中野は丸井創業の地であり、北口に本社ビル、南口にグループ各社、マルイグループユニオン等々がある。

中野マルイは中野通りを挟んで、ツインタワービルが2棟たつ計画地と相対している。マルイも動きを見せそうである。

# 15 高円寺駅　吉田拓郎や今陽子が歌った高円寺

## ◆フォークとロックの街に

高円寺は1960年代後半から70年代にかけてフォークやロックといった音楽が盛んな街となった。その時代に吉田拓郎やピンキーとキラーズの今陽子が〈高円寺〉を歌っている。

♪君は何処に住んでいたのですか　高円寺じゃないよね♪と歌ったのは、吉田拓郎。そのころ高円寺に住んでいた吉田拓郎は、自身が作詞作曲した『高円寺』を昭和47（1972）年にリリースした。朱い電車の中央線でよく顔を合わせる、名前も知らぬ女の子への想いを歌詞に綴ったものだ。

♪私は今でも東高円寺　あのアパートで暮らしています♪——昭和50年にはピンキーとキラーズの今陽子が『東高円寺』（吉田健美作詞・杉本真人作曲）を歌に乗せた。同棲生活が破局して、彼が出ていった後も「もし、戻ってきたら」と、新しくアパートを変える踏ん切りがつかない女心を歌った。

♪気楽に飲める店は多いし、気の合う仲間も沢山いる♪から、安らぎにひたっているとも。

そんな時代から半世紀が経った高円寺は、至るところにある商店街を

北口の純情商店街

一歩入るとアパートやワンルームマンションも目立つ住宅街になる。高円寺は今も学生を始めに若い世代の居住が多く、飲食店や居酒屋、食材店のほか、ライブハウスや音楽スタジオ、小劇場も点在。70年代の血脈が受け継がれている。

## ◆高円寺の軍用地と気象神社

――中野を出ると直ぐに右窓に電信隊や交通兵団の営舎が見える。之より八王子まで汽車は武蔵野の平野を走るので、単調な眺めではあるが空晴れた日には富嶽の秀容が車窓の眼を楽しめる。立川までの線路は他線に類なき長い直線で気持ちが良い――。

昭和2年刊『汽車の窓から』の一節だが、高円寺駅の開業は大正11(1922)年7月15日。中野駅開業より遥かに遅く、阿佐ヶ谷駅や西荻窪駅と同じ日の開業となっている。大正期に入ると中央線沿線に流入してくる人口が年ごとに増加。そのための3駅同時開業だった。

高円寺は中野と同じような出自を持つ。江戸時代は幕府の天領で鷹場。高円寺村は中野村同様に明治に入ってもあたり一面、畑と雑木林が広がっており、高円寺にも軍用地となったエリアがある。高円寺駅の北西、現在は高円寺北4丁目の馬橋公園一帯だ。

明治22(1889)年に陸軍用地となり、昭和元(1926)年には「陸

気象神社

杉並区立馬橋公園

軍通信学校」が開校している。この学校が神奈川県相模原市に移転すると「陸軍気象部」が置かれた。この施設は戦後も「気象庁気象研究所」として残っていたが、昭和55(1980)年に茨城県つくば市に移転した後、跡地に整備されたのが杉並区立馬橋公園だ。

陸軍気象部の構内には、気象神社があった。戦後、撤去されるはずが占領軍宗教調査局の調査漏れで残ったため、当局に申請して払い受けて昭和23(1948)年氷川神社例大祭の際に遷座した。高円寺駅の南東方向に鎮座する氷川神社の社殿左手の小さな神社が、陸軍気象部ゆかりの日本で唯一の気象神社である。

現在は氷川神社の境内末社となっている気象神社には、気象予報士を目指す人や、旅行・運動会・結婚式などイベントの快晴祈願の参拝が少なくない。気象神社の例祭は、気象記念日の6月1日となっている。

## ◆高円寺商店街文化

高円寺は一足早く市街化していたお隣の中野の影響を受けていたことと、高円寺駅ができる前に青梅街道に路面電車が走り出していたこともあって農地の宅地化が顕著になった。

そして大正12年の関東大震災を境に中央線沿線への人口流入は加速。

青梅街道を走る都電14系統

100店近いお店から構成されている南口のパル商店街

農地が消え、住宅が建っていくと昭和初頭には高円寺駅周辺一帯は見事なまでに市街化されて、農道がそのまま商店街や住宅街の横丁や路地に転じていった。

そうした傾向は路面電車が走り出した青梅街道筋も同じだった。

西武軌道の手で、青梅街道に沿った軌道線として開業した西武軌道線は大正10（1921）年夏に淀橋～荻窪間を開業し、その直後に武蔵水電（現在の西武鉄道）に吸収合併された。大正11年に淀橋～角筈間を開業。大正15年に角筈～新宿駅前が開業し、後の都電杉並線となる路線ルートになった。角筈停留所はJRの大ガードあたりで、新宿停留所は現在の西武新宿前だった。

西武軌道線は、高円寺エリアでは現在の丸ノ内線東高円寺駅、新高円寺駅付近にそれぞれ「高円寺二丁目」「馬橋一丁目」の停留所が設けられていた。

「商店街文化」と呼んでもいいほど、高円寺に多くの商店街があるのは、青梅街道に路面電車が走っていたことと無縁ではない。

高円寺駅北口を出ると目に飛び込んでくるオレンジ色のアーチが高円寺銀座商店会だ。というより「純情商店街」の愛称の方が通りはいいだろう。戦前から北口で栄え、平成元年にねじめ正一が生まれ育った高円寺銀座商店会を舞台に著した直木賞受賞作『純情商店街』で一躍広く知

8月下旬の阿波おどり

地下鉄東高円寺駅前ルック商店街

られるようになったことから「純情商店街」の愛称がついた。

純情商店街はストリート型ではなく、駅前の一区画。高円寺庚申通り商店街など路地裏まで商店がならぶエリアを形成。平成も終わり、時代は令和というのに昭和の風情を残すお店を数多く残す商店街だ。

駅北口から早稲田通りに伸びる高円寺あづま通り商店街は、高円寺の路地裏的存在ながら昭和27年にはじまった由緒を持つ。北口から阿佐ヶ谷方面馬橋公園に伸びていく高円寺中通商栄会と高円寺北中通り商栄会、駅から少し離れた早稲田通り沿いにも大場通り商店街がある。

青梅街道方面に目を向ければ、高円寺駅高架下にも高円寺駅西商店会があり、駅南口に行けば大きなアーケードのかかった高円寺パル商店街がある。高円寺阿波おどり発祥の地で、本場の徳島市阿波おどりに次ぐ大会規模を誇る。

令和2年はコロナ禍で中止となったが、東京周辺では最大規模の阿波踊りイベントで、毎年100万人規模の観客を集める。商店街の青年部がまちおこしとして始めたものとしては、稀有な成功例だ。

パル商店街は駅前から青梅街道方面に伸びており、阿波おどり用品専門店があるのがいかにもである。パル商店街からは古着店やレコード店の多いエトアール通り商店会も派生している。

南口正面からまっすぐ伸びる道路沿い、それと一本入った裏通りが高円寺南商店会。古着店が多く集まっており、ファッション業界の人が撮影で訪れることもしばしばと仄聞する。地下鉄丸ノ内線の新高円寺、東高円寺にも800mも続くルック商店街など賑やかな商店街は形成されている。東高円

街中が阿波おどりで盛り上がる

寺は今陽子が歌った舞台でもある。

駅の南北で渾然一体となった商店街で埋め尽くされている高円寺はさしずめ商店街文化都市といった感覚だ。関東大震災後から戦後にかけて、計画的な耕地整理もなかったことから、横丁や路地裏などが残されたままの過密都市になったことが、今では高円寺の魅力になっている。

## ◆地名の起こり「宿鳳山高円寺」と寺町

高円寺駅の南東の住宅街にひっそりと佇んでいるのが宿鳳山高円寺。高円寺の地名の起こりとなった曹洞宗の寺院だ。弘治元(1555)年創建の古刹で、江戸時代に三代家光が鷹狩の際に休息所とした際、家光は寺の応接に感心。当時、高円寺一帯は小沢村だったが、家光は「今後は寺の名を取って高円寺村とせい」と言ったことから、高円寺が地名になった云々。

当寺の石造り鳥居には昇龍と降龍の見事な彫刻があり、同じように双龍の彫刻がある、阿佐ヶ谷の馬橋稲荷神社、品川の品川神社と共に東京三鳥居と云われている。

宿鳳山高円寺に南側には「高円寺の寺町」がある。明治末期から大正期にかけて都心部の区画整理や陸軍士官学校の用地拡大などで移転してきた寺院が7寺。曹洞宗のお寺が多いのが特徴。

江戸時代の建造物も残されており、高円寺の街の賑やかさとは一線を画した空間になっている。

宿鳳山高円寺

# 16 阿佐ケ谷駅

## 中央線沿線の風物詩となった七夕とジャズ

### ◆杉並4駅のうち3駅は平日の快速は各駅停車の「?」

青梅街道に西武軌道線の路面電車が走り始めた翌年の大正11(1922)年阿佐ヶ谷駅は高円寺駅、西荻窪駅と同時に開業。ともに地元の陳情によって開設されたものだが、杉並区は先行開業していた荻窪駅と合わせて区内に大動脈中央線の4駅をもつことになり、「住宅都市杉並」へと発展する基盤が整った。

杉並4駅のうち、高円寺、阿佐ヶ谷、西荻窪は、土曜・休日は快速通過なのに平日は停車する。利用客からみれば、杉並4駅の快速停車は荻窪だけでいいだろうと思うのだが、地元が猛反発するらしい。快速電車が走り始めた際、国鉄は中野〜三鷹間の停車駅は荻窪と吉祥寺だけを考えていたが、各駅停車だけの駅になることは我慢ならなかったのか地元は猛反発。結局、国鉄が折れた。国鉄は昭和44年4月、三鷹まで複々線化された際も高円寺、阿佐ヶ谷、西荻窪の快速通過案を提案したが、今度は「快速既得権」もあったことから、地元は再度の提案にも「ノー!」。以降、中央線快速電車中野〜三鷹間はいびつな運行のままで来ている。

### ◆阿佐ヶ谷は杉並の中心

阿佐ヶ谷区域は線路を境に阿佐谷北・阿佐谷南の2区域に区分されたが、江戸時代の阿佐ヶ谷村の範囲とほぼ一致する。阿佐ヶ谷の地名は古く、南北朝の頃にはすでに一帯は「あさがや」と呼ばれている。その後、江戸時代を経て明治に入った阿佐ヶ谷村は杉並村に統合されて「東京府豊多摩郡杉並村字阿佐ヶ谷」となる。

駅北口から中杉通りを少し行ったところにある真言宗豊山派の世尊院は、創建は15世紀初頭とも伝わり、本尊は不動明王とする古刹だが、明治22（1889）年の町村制施行後から大正時代まで杉並村の村役場が置かれていた。杉並村はその後、大正13（1924）年に杉並町となり、青梅街道沿いに町役場を構えた。

そのころ、西武軌道線の路面電車は走っており、役場は「阿佐ヶ谷停留所」と「田端停留所」の中間あたりで、戦後復興で整備される中杉通りの東側にあたる。

昭和7（1932）年東京市の市域拡大で15区制から35区制になったいわゆる大東京誕生の年に杉並町、和田堀町、井荻町、高井戸町が合体して杉並区が発足。阿佐ヶ谷も字から町となった。

区役所や市役所などは住民の利用の公平さを慮って区域の中心部に設けるものだが、阿佐ヶ谷は杉並区の中心部にあたることから、杉並町役場は杉並区となってもそのまま杉並区役所に移行している。停留所がなかった路面電車も「杉並区役所前停留所」を新設。後の地下鉄丸ノ内線「南阿佐ヶ谷駅」の設置位置は、杉並区役所停留所前にあたっている。

世尊院

## ◆阿佐ヶ谷文士村

駅開業当初は、まだまだ農村だった阿佐ヶ谷を大きく変えたのが、高円寺と同様に大正12年の関東大震災だ。以降、阿佐ヶ谷にも人口増の波が押し寄せ、駅から青梅街道に至る農道沿いに商店が1軒また1軒と増え始めていく。

関東大震災は東京市内を壊滅させて、住まいを求めて中央線沿線に多くの人が流れ込むようになった。その流れに乗り、文士達も都心に比べ家賃も安い阿佐ヶ谷〜荻窪界隈に住むようになったのが、文学史の一コマを綴る阿佐ヶ谷文士村の起こりだ。

昭和57（1982）年に『荻窪風土記』を著した井伏鱒二は昭和2（1927）年荻窪に移住してくる。『荻窪風土記』には荻窪駅の北側、井荻町（現在の杉並区清水1丁目）に転居してきた時、足で探した土地を借り、借金をして住まいを建てたことなどが書かれている。明治31（1898）年生まれの井伏鱒二はそのころ30歳前後。佐藤春夫に師事していたが、なかなか芽が出ずに苦しんでいた時期だ。『山椒魚』を発表して文壇の注目を集めるのは荻窪転居後の昭和4年。『ジョン萬次郎漂流記』で第6回直木賞を受賞するのは昭和13年だ。

井伏鱒二が荻窪に移住した頃阿佐ヶ谷周辺にも三好達治、外村繁らが住むようになり、文士たちの交流も生まれた。やがて阿佐ヶ谷駅前にあった中華料理店「ピノチオ」に集まるようになり、将棋を楽しむ

阿佐ヶ谷の飲食店街

会が誕生。文士の社交場となったことから「阿佐ヶ谷会」と呼ばれるようになり、阿佐ヶ谷〜荻窪に住まう文士の総称として阿佐ヶ谷文士村と称されるようになった。阿佐ヶ谷文士村にはそのほか川端康成、横光利一、臼井吉見、火野葦平ら十指では足りないほど多くの作家、詩人、評論家がいる。

戦時中は中断した阿佐ヶ谷会は戦後まもなく復活。戦前とは趣を変えながらも阿佐ヶ谷会は昭和40年代後半まで存続した。

## ◆駅南北に賑やかな商店街

阿佐ヶ谷は駅北口も南口も、終戦直後の闇市時代を経ているが、阿佐ヶ谷駅は北口と南口の両サイドに高架沿いの路地に飲食店を主体とした商店街を形成している。北口で駅から西へ伸びているのがスターロード商店街で、南口で東へ伸びているのが一番街。いずれも阿佐ヶ谷の呑兵衛街で、居酒屋や小料理屋、焼鳥屋にお好み焼き屋、もつ鍋屋から、カラオケスナックやバー等々、呑処のオールスターといった具合だ。

スターロード商店街も一番街も呑兵衛街であるだけに、昼間はさながらシャッター通り。夜の帳が下り始め、店々に電飾看板が立ち、ネオンが灯る頃になると人通りも急増し活気づく。

一方、昼間も元気なのが南口の阿佐ヶ谷パールセンター。駅南口から青梅街道まで700mほど続くが、戦前から新興住宅地の商店街として各種商店が100軒以上蝟集する区内有数の

北口ガード沿いに荻窪方面に延びるスターロード

賑やかな商店街だった。

大正期の急激な人口増で、計画的な耕地整理、区画整理のないままに、農道が商店街や住宅地の小道になっていた阿佐ヶ谷は、太平洋戦争末期に防空避難対策として強制立ち退きが行われ、駅前広場と一部の道路用の空き地が確保された。

阿佐ヶ谷は幸いに戦災には遭わず、終戦直後の闇市時代を経て昭和20年代後半にはかつての商店街の賑わいが復活。地元有志の運動で更地となっていた疎開地を利用して商店街としての道路が整備された。これが駅の南側に延びる現在の「中杉通り」に当たる。同時期にパールセンターの前身となる「阿佐ヶ谷南本通商店会」が発足している。

中杉通りの整備にあわせて「商店街を歩行者専用道に」と声が高まり、昭和29（１９５４）年に商店街が歩行者専用道路に指定された。区史によるとこれが歩行者天国都内第1号という。

## ◆斬新だった阿佐ヶ谷住宅

戦前、阿佐ヶ谷駅から北へ延びる道筋は松山通りと呼ばれる細い道だった。江戸時代は「子の権現」という神社への参詣道であり、戦前には商店街もあった。戦後、阿佐ヶ谷駅周辺に生まれた建物の疎開跡地などを利用し、松山通りの東側に駅の南北を結ぶ形で開削された道が「中杉通り」となって、ケヤキ並木の阿佐ヶ谷南北軸が完成した。

昭和33（１９５８）年には、中杉通り北側、路面電車の走る青梅街道の南側、成田東に分譲型集合住宅「阿佐ヶ谷住宅」が誕生した。造成したのは「日本住宅公団」（現在のＵＲ都市機構）で、全３５０戸。3〜4階建ての集合住宅（１１８戸）の周辺を2階建てのテラスハウス（２３２戸）が取り囲むという、昭和30年代では斬新な発想の洒落た集合住宅で、住宅内の中央広場では、住民たちによる運動会などのイベントも開催された。

周辺住民羨望の的だった阿佐ヶ谷住宅も、分譲から半世紀が経過すると老朽化し、平成28（2016）年マンションに建て替えられている。

新しいまちづくりが進んでいく中、東京五輪から2年後の昭和41（1966）年中央線の高架複々線化が完了。線路で分断されていた阿佐ヶ谷も南北が一体化。現在の街の姿になっていく。

## ◆七夕まつりとジャズストリート

阿佐ヶ谷の戦後復興を後押ししたのが「阿佐ヶ谷七夕まつり」だ。

商店街によるまちおこしと集客数アップを図ってスタートしたのが、仙台や平塚の七夕まつりを意識した「阿佐谷七夕まつり」だった。お隣の高円寺の商店街に刺激を与えた阿佐ヶ谷七夕まつりは昭和29（1954）年に始まった。戦後十年、朝鮮戦争の特需景気を挟んで日本復興の兆しが見え始め、暮らしにようやく落ち着きが見られ始めたころだ。

阿佐ヶ谷パールセンターの商店街名は昭和35年、愛称公募によって「阿佐ヶ谷南本通商店会」から改称されたものだ。そのころには現在の中杉通り沿いの商店も数を増やし、新興住宅地の駅前商店街として

七夕まつりの飾りつけ

南口の名物商店街パールセンター

阿佐ヶ谷パールセンターの原形が形成されていった。

令和2年はコロナ騒動で開催中止となったが、阿佐ヶ谷七夕まつりは毎年8月7日を中日として、5日間開催される。期間中は阿佐ヶ谷駅を始め町全体が七夕をモチーフにした装飾で彩られる。七夕まつり発祥の商店街阿佐ヶ谷パールセンターのアーケード入口に巨大なくす玉飾りが設置され、アーケード内には吹き流しや提灯に加え、各商店の手作りである人気キャラクターや世相を反映した巨大な張りぼて等々、阿佐ヶ谷名物というより、中央沿線の風物詩だ。

阿佐ヶ谷では平成7(1995)年から「阿佐谷ジャズストリート」がはじまり、10月の期間中は阿佐ヶ谷駅を中心に街中がジャズの演奏会場となる。

ジャズと阿佐ヶ谷の歴史は1960年代に遡る。昭和41(1966)年ジャズ喫茶「吐夢」昭和45年にジャズスナック「鈍我楽」が開店し、その後もジャズ関連店が相次いで誕生した血脈がある。令和2年はコロナ禍で規模を縮小して開催されたが、世界的ジャズピアニスト山下洋輔も来演。パブリック会場での演奏風景はユーチューブで無料生配信された。

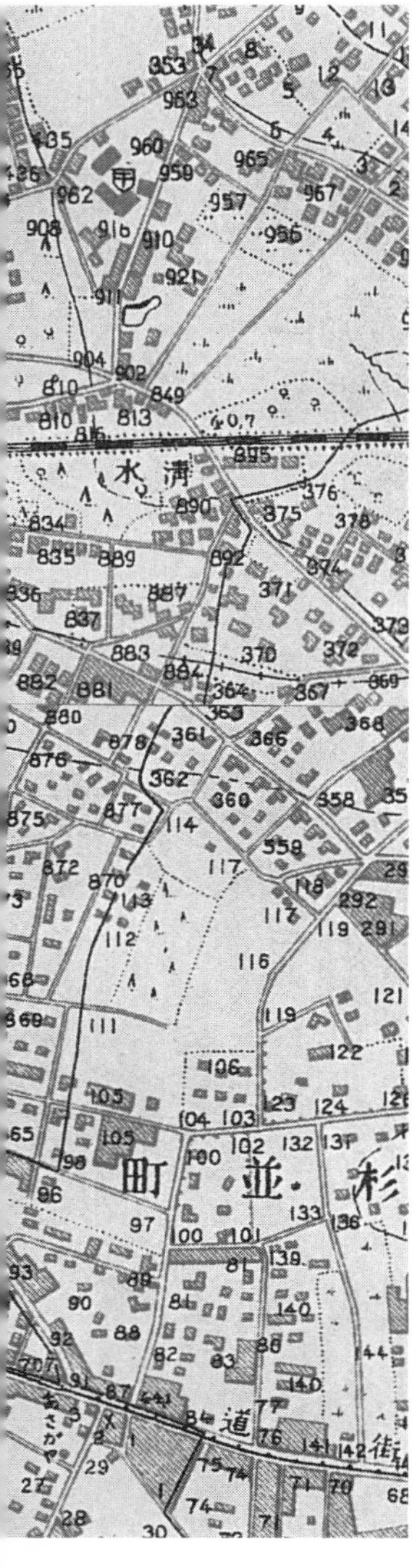

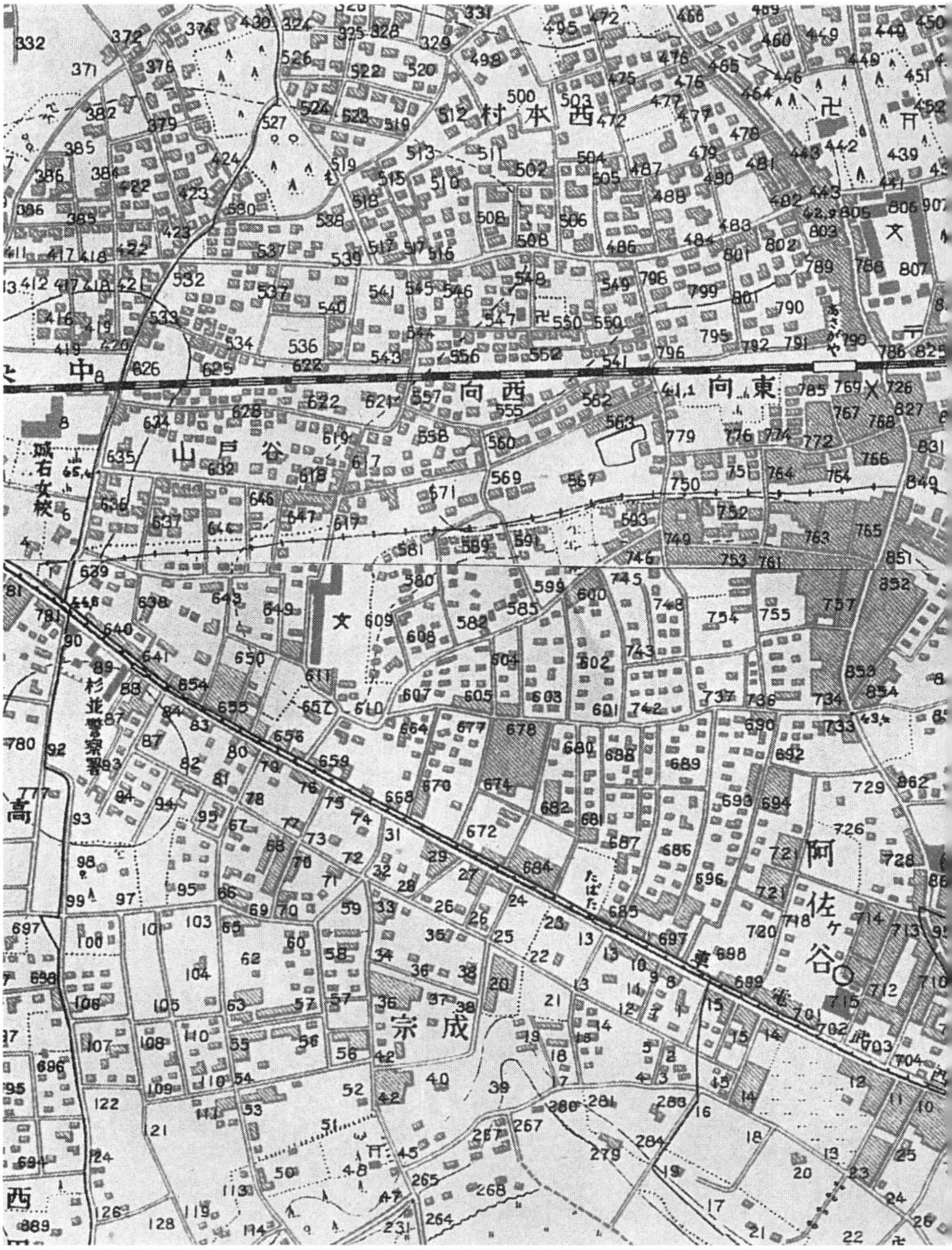


青梅街道に「西武電車」の記載がある昭和４（1929）年当時の地図。
陸軍参謀本部陸地測量部発行「1/10000地形図」。

# 17 荻窪駅　別荘地から始まった荻窪の戦前戦後

## ◆新興マーケットと春木屋

中央線沿線に暮らして50年の知友がいる。愛知県の田舎から出てきて東京で大学生活を始めたのは昭和30年代半ば。

「トイレも洗面所も共同だったけど四畳半で３千円くらいだったと思う。都電も走っていたし、駅前には小さな店がひしめき合うマーケットがあった。そこで必要なものはなんでも揃った」

なれない東京で生活するには便利だと思ったのが荻窪で東京生活のスタートを切った動機だった。やがて、中央線に目に鮮やかなオレンジカラーの電車が走り始めた。

卒業後、就職した先が内幸町だったことから、その後も荻窪生活は続いた。

「北口のマーケットで飲み友達もできたし、春木屋のラーメンにもずいぶんお世話になった」

その後、結婚して武蔵境に住まいが移り、今は西荻に建て

戦前の「荻窪駅前大通り」の風景。現在の北口側の青梅街道か。
◎大正期〜昭和戦前期　所蔵：生田 誠

た二世帯住宅で孫に振り回されるグランパ生活。

「今は荻窪駅もすっかり変わって、どこの街にもありそうな駅前風景になってしまったけど、俺の東京双六は荻窪で始まって、西荻で上がりだ」と笑う。荻窪時代の飲み友達とは今も交遊が続いているという。

話に出てきた「マーケット」は終戦後の闇市からスタートした「新興マーケット」のことだ。駅北側から青梅街道の間に昭和21（1946）年5月、バラック建て1店舗3坪、区画150店で「新興マーケット」は産声を上げた。その後三十有余年、繁華な駅前商業地として荻窪の消費生活を支える。やがて時の流れで駅前再開発の波が押し寄せ、ショッピングセンター「タウンセブン商店街」として生まれ変わったのは昭和56年9月のことだ。

「荻窪中華そば春木屋」は今も健在だ。創業は昭和24年、屋台から始まった。今では青梅街道沿いに建ち並ぶ「荻窪ラーメン」の代名詞的存在だ。新しいラーメン屋が出来ようが、豚骨が流行ろうが、魚介が流行ろうが、そんな時代の流れには一切目もくれず、醤油ベースの昔ながらの変わらぬ味をひたすらに守り続けているのが、東京ラーメンと呼ばれる前の東京の中華そばに馴染んだ世代にはうれしい。

## ◆お寺の境内を走る中央線

かつてのマーケットがショッピングセンターになったタウンセブン

光明院

荻窪駅は明治24（1894）年に開業している。甲武鉄道は明治22（1899）年に新宿～立川間で開業したが、途中駅は中野駅と境駅（現・武蔵境駅）しかなく、沿線の要望で開設されたのが荻窪駅だった。

地名や駅名となった「荻窪」は、荻窪駅西側で中央線と環八が交差しているところに立地する光明院に由来しているというのが通説の一つになっている。

慈雲山荻寺光明院は杉並区でも屈指の古刹で、創建は奈良時代以前の和銅元（708）年と伝わる。行者がこの地を通りかかると、背負っていた尊像が突然重くなり運べなくなったため、周囲に生えていた荻を刈り取って草堂を建てて安置したことが起こりと伝えられている。やがて「荻堂」「荻寺」と呼ばれて信仰を集め、ここから「荻窪」の地名が生まれたという。

往古の昔からこの地にある光明院だが、甲武鉄道のルート上にあったことから、嘉永3（1850）年再建の本堂は、甲武鉄道建設時に東北側へ移転。線路は境内を横切ることになった。このシチュエーションは今も変わらず、線路の南側にある墓地には地下道で通じている。

## ◆正岡子規が詠んだ荻窪

荻窪駅開業当初は貨物扱いも行う大きな駅だったが、改札は南口だけで、北口ができるのは関東大震災後の昭和2年だ。

荻窪駅開業の翌年、俳人正岡子規は荻窪駅の様子について〈汽車道の ひとすじ長し 冬木立〉と詠み、子規に兄事した同じ松山出身の内藤鳴雪は〈荻窪や 野は枯れ果てて 牛の声〉の歌を残している。

明治36（1903）年に出された『日本海陸漫遊の栞』には「荻窪停車場は下荻窪にあり。一小村落にして記すべきほどのことなく」と語られ、明治40年刊の『中央線案内』は「荻窪駅は井荻村の荻窪にあり。付近は農家のみにして寂寞たり」と、拓けぬままの荻窪を伝えている。

変化していくのは明治末期だ。明治43年刊の『中央東及西線川越線青梅線鉄道名所』は「荻窪は東京市に近く且つ市街と異なり烟塵至らず大気の清爽は健康に適せりとて、都人士の別荘を設けるものあり。他日有望の地ならんか」と語っている。明治末期の2～3年間で荻窪にも少しばかりの変化が出始めたことになるから、『中央東及西線～』の著者はなかなかの慧眼の持ち主だった。

甲武鉄道が南口しか開設しなかったのは、北側は当たり一面農村地帯だったが、荻窪の南側には緑の農地に清流豊かな善福寺川が流れ、明媚な風致を醸し出していた。明治も末の頃になると、貴顕紳士が荻窪を別荘地と見るようになっていた。

## ◆牧舎型駅舎で北口開設

荻窪駅が賑やかになるのは、大正12年の関東大震災後だ。

「君死にたまうことなかれ」の歌で知られる与謝野晶子は夫の鉄幹とともに震災翌年の大正13年には南荻窪に移り住み、晩年を過ごしている。旧居があった南荻窪4丁目に整備された与謝野公園は、旧居の庭をイメージして整備されており、入口には門柱が立てられ、玄関があった場所に続く通路が設けられている。

与謝野晶子の「君死にたまうことなかれ」の歌は日露戦争中の明治37年に雑誌『明星』に発表されたが、『明星』も与謝野晶子も何ら処

荻窪駅の北口駅前

分を受けていない。当時のことだから、厭戦反戦の歌だったら、お咎めを受けないわけはない。国家主義者だった文士大町桂月が個人的に罵倒したくらいだ。

歌の真意は「弟よ、お前は士族ではなくて堺の町の商人の子じゃないか。それなのに戦争で死んだら親が泣く」と、当時の常識を詠んだものだ。反戦の歌とされたのはどうも戦後のことらしい。ちなみに軍人として日露戦争に出征した弟は旅順戦線より無事に生還。昭和19年、63歳の天寿を全うしている。

大正期には東京近郊の閑静な住宅地として見られるようになっていた荻窪には、与謝野晶子・鉄幹以降、文士や詩人など著名人が多く移住してきたことは〈阿佐ヶ谷〉の項で触れた。

昭和2（1927）年井伏鱒二が荻窪に移住した年に、北口駅舎が開設している。当時の国鉄としては珍しい牧舎型の屋根を持ったモダンな駅舎にしたのは、移住してくる文化人、著名人を多分に意識したものだろう。

牧舎型駅舎は、戦後の昭和39年（1964）に地下鉄丸ノ内線が荻窪駅までの開通に伴い、荻窪駅が地下化されるまで残されていた。

## ◆荻窪風土記が伝える都市化する荻窪

荻窪一帯は室町時代にはすでにある程度の田畑、農家があった。江戸時代には新田開発も行われた。しかし、水利は芳しくないことから蔬菜の畑が広がり、大消費地江戸の野菜の供給地としての農村地帯だった。畑を宅地にするのはたやすい。昭和2年には井荻村に西武新宿線が走り、荻窪は北側から拓けていった。

そのころの荻窪駅北側は天沼、本天沼地区を除いて井荻村に属していた。『荻窪風土記』には「豊多摩郡井荻村」の副題がついているように、井伏鱒二が実際に住まいを構えたのは「東京府豊多摩郡井荻村字下井草1810」。現在でいえば「杉並区清水」の一画だ。

『荻窪風土記』には、大正末期から昭和にかけて急速に市街化していく様子も描かれている。昭和2年、井伏鱒二が荻窪に移り住んだ頃は「裏の千川用水の土手に、夏の夜は虫蛍が光っていた。春はガマ蛙が土手に群がっていた」が2~3年経つうちに蛍もガマ蛙も見られなくなり、路傍に佇んでいた石地蔵も姿を消したと、都市化が急速だったことを伝えている。

## ◆東荻町の太田黒元雄と近衛文麿

荻窪駅南側は昭和30年代から市街地化が加速していく。善福寺川流域は水利が良く、古くから稲作が行われていた。その田圃がまず潰され、団地や住宅となっていった。一例をあげれば、昭和33年(1958)には日本住宅公団(現・UR都市機構)が荻窪3丁目に荻窪団地を完成させている。全21棟875戸の大団地だった荻窪団地も、建物の老朽化で十年ほど前に「シャレール荻窪」に建て替えられた。

住居表示法施行前は東荻町だった荻窪3丁目には、太田黒元雄が昭和8(1933)年に邸を構えている。大正から昭和にかけて活躍した大田黒元雄は、日本最初のクラシック音楽評論家で、西洋の音楽や文化を次々と日本に紹介。大きな足跡を残している。

欧米の建築様式だが日本瓦の屋根という和洋折衷の建物は、大田黒没後は杉並区へ寄贈された。昭和56(1981)年に邸宅は周囲の土地とともに整備され、「杉並区立大田黒公園」として開園している。

園内には休憩室及び茶室や、昭和8年建造のレンガ造洋館のアトリエを改装した記念館が設けられている。

東荻町には、昭和12年に第一次近衛内閣を組閣した近衛文麿が別邸「荻外荘」を構えた。「荻外荘」は戦後、豊島区内に移築されたが、残されていた邸宅の一部をかつての敷地を公園と整備した荻外荘公園(荻窪2丁目)に移設されている。

近衛文麿は戦後、戦犯指定されると服毒自殺で世を去ったが、第一次から第三次までの近衛内閣での事象を見ると、国家総動員法の公布、大政翼賛会の成立、支那事変の和平交渉失敗、日独伊三国同盟の締結、南進政策等々、太平洋戦争に直結する事象は殆ど、近衛内閣で起きている。

近衛は若いとき、社会主義者河上肇の教えを受け、英米批判論を展開している。皮肉な見方をすれば、世の中知らずのお公家さんの社会主義かぶれを、軍部や官僚に利用されたとも言えなくはない。

## ◆ドル箱だった都電杉並線

荻窪は中央線の快速、総武線の各駅停車、相互乗り入れの地下鉄東西線、そして地下鉄丸ノ内線と、都心部に直結する鉄道が4本も集中。この交通利便性がサラリーマンに人気のある由縁だが、丸ノ内線の開通で姿を消したのが青梅街道をコトコトと走っていた都電杉並線だ。「都電も走っていたから」荻窪で東京生活が始めたという中央沿線族も多かっただろう。

杉並線の前身となる西武軌道線は開業間もなく経営母体も変わって新宿軌道線と名称も変わった。

当時の青梅街道は道幅が狭かったため単線で、上りと下りのすれ違いは停留所で行っていた。その後、青梅街道が拡幅されると複線になり、戦時中の昭和17(1942)年に陸上交通事業調整法で東京市電気局（後の交通局）が新宿軌道線の運営管理を行い、市電路線に編入された。

終戦後、新宿軌道線の所有者は現在の西武鉄道に渡り、昭和26（1951）年に東京都交通局に譲渡。大正10年に青梅街道を走り始めた路面電車は「都電14系統杉並線」となった。

杉並線の「荻窪駅前」は荻窪駅南口より離れたところにあり、停留所名は「荻窪」だった。昭和31年、空襲で壊された天沼陸橋の復旧工事が完了したため天沼陸橋を越えて荻窪駅北口にルートを変更。国電荻窪駅と至近に停留所ができた。

西武軌道線時代から利用客多かったが杉並線は戦後、沿線の人口が急増すると乗降客はうなぎ登り。昭和25年は2万人だった利用客もピーク時の昭和32年には1日の運行回数420回と獅子奮迅、乗降客数は5万8千人を数えるほど、都電のドル箱路線だった。

昭和37年、地下鉄丸ノ内線が荻窪まで開通すると利用客は減少。地元にとっては貴重な下駄履き電車だった杉並線も、押し寄せてくる車の洪水に押し流されるように昭和38年には都電最初の廃止線となって、杉並の日常風景だった杉並線は姿を消した。

青梅街道と荻窪駅北口の間に展開していたマーケット街には、赤提灯も密集。勤め帰りの男たちには楽しい一角だったが、北口再開発の声が出てくるのは、青梅街道から杉並線が消えてから間もなくのことだった。

# 18 西荻窪駅

## 区画整理事業で整った住宅地

### ◆こけし屋が名物の西荻南口と新田開発

西荻窪駅南口前の「こけし屋」。戦後間もない頃の創業から70年余り。南口名物というより中央線沿線を代表するフランス料理店と洋菓子の名店だ。もともとは甘味店としてオープンしたが、やがて中央線沿線に住む作家や画家らが集うようになり、フランス料理も提供するようになった。本館1階はケーキコーナー、2階は喫茶室、3階はフランス料理レストランで、別館では気取りのない洋食レストランになっている。

こけし屋のある西荻南中央通りの商店街は五日市街道まで続くが、道筋は中央線に対して垂直ではない。北東から南西方向への斜めになっている。西荻南中央通りの西側になるアーケード商店街の仲通り街も同様だ。こうした道筋は、西荻窪南側一帯の特徴で、その昔、五日市街道を基準に地割された名残だ。

西荻窪の南側は江戸時代初期まで広い野っ原で、茅の採取地として千町野と呼ばれていた。

明暦3（1657）年の冬、後に振袖火事と通称される江戸大火が発生した。江戸・本郷の本妙寺でお施餓鬼の焚き

昭和の横丁文化が息づいている南口の仲通り

上げの火がついた振袖は折からの強風に煽られ、四方八方に飛び散る火の粉があちこちの茅葺屋根に落ちた。燃えやすい屋根であったことが、江戸市中を炎がなめつくす大火となった。以降、幕府は江戸の街での茅葺屋根を禁止。茅場だった千町野はただの野っ原に戻った。

幕府は家を焼け出された火災難民対策で新田開発に乗り出す。土地を与え、荒れ地を開墾させて田畑も増えるという一石二鳥の策で、振袖火事の翌年から始まる万治年間（1658～60）以降に新田開発が急増。労働力が移住して茅の原っぱであった荻窪南でも大宮前新田が開発され、五日市街道沿いに間口20間（36ｍ）奥行250間（450ｍ）の短冊型の土地が一戸分として与えられた。新田開発で誕生した新しい村が現在の西荻南、宮前、松庵のエリアとなっている。「松庵」の町名は、この地を開発した医師の荻野松庵の名前に由来している。

新田開発はその後、五日市街道沿いに吉祥寺など周辺に広がっていき、新田開発地に村が生まれ、やがて甲武鉄道が走り、中央線となって町となっていった。

## ◆全国最大規模だった井荻村土地区画整理事業

西荻窪駅前は、高円寺、阿佐ヶ谷、荻窪の駅前とは雰囲気が違う。終戦後の闇市から発展したような商業集積地は見当たらず、駅前から住宅街へと静かな商店街伸びているのが他の三駅とは違ったところになっている。これは街の成り立ちによるもので、入り組んだ農道が商業地や住宅地の小道や路地になるといったことが、西荻窪では北口でも南口でほとんど見られなかったことによる。

駅南側は江戸時代の新田開発で短冊状に地割されていたことで後の乱開発を防いだが、南口が設けられたのは昭和4（1929）年。駅開業時の大正11（1922）年に開設された北口から7年遅れているのは、西荻窪駅が今も語り継がれる全国最大規模の区画整理事業を展開した井荻村の請願駅であったことによる。

駅北口に出ると北銀座通り商店街が伸びているが、この商店街は井荻村が駅の誘致に備えて整備した道でもある。

明治22（1889）年大日本帝国憲法発布に伴う自治制度の改革で町村制が施行され、上荻窪村、下荻窪村、上井草村、下井草村の4村が合併。広い村域で誕生したのが東京府東多摩郡井荻村だった。

時が流れて大正末期。中央線沿線は荻窪あたりまで市街化され始めた時期である。そのころでも井荻村は昔ながらの田んぼの畦道、曲がりくねった里道ばかりの農村地帯。このままでは井荻村は取り残される、農地が無秩序に宅地化されてしまう。将来の発展には道路整備が欠かせないと、当時の井荻村村長内田秀五郎が全村挙げての耕地整理、区画整理を訴えた。

善福寺近くの代々続く豪農で、篤農家として人望を集めていた内田秀五郎は明治40（1907）年全国最年少となる29歳で村長に就任以降、井荻信用購買組合（後の西武信用金庫）を設立し、村に電気を引いて電灯の明かりをもたらすなど、村の発展に種々手を尽くしてきた。

耕地整理にはしかし、道路用地のための耕地の減歩が伴う。耕地が減ることは収入の減少であり、工事費の負担金問題も出てくる。村人の間で利害打算が衝突、紛糾する村を内田秀五郎はまとめ上げた。

村や町の発展に鉄道は欠かせない。井荻村では土地区画整理に先駆けて耕地整理が行われ、鉄道省に駅誘致の請願運動を展開。4キロ近い荻窪〜吉祥寺間の中間あたりに西荻窪駅誘致に成功。西荻窪駅は大正11（1922）年7月15日の開業当初、北口しかなかった所以でもある。

駅開業から3年後の大正14（1925）年井荻村土地区画整理組合が設立され、8工区に及ぶ井荻村土地区画整理事業がスタート。全国でも最大規模といわれる井荻村の区画整理事業は大正末期から昭和10年まで十年がかりで行われ、中央線と西武新宿線の間に広大な面積を展開していた井荻村の都市基盤が整ったというのが、西荻窪駅北側一帯のミニヒストリーだ。

昭和7（1932）年の大東京市誕生で東京市は35区制になる。村から町となっていた井荻町は35区制で誕生した杉並区の一部となって消滅したが、善福寺公園には内田秀五郎を顕彰する銅像が建てられた。善福寺公園東隣の源頼朝ゆかりの井草八幡神社には「井荻町土地区画整理碑」が設置されている。

## ◆善福寺公園と東京女子大学

西荻駅前からバスも出ている善福寺公園の善福寺池は、古来より武蔵野台地からの湧水池として知られていた。池を水源とする善福寺川は、農村だった江戸時代には貴重な水源であり、流域には水田も広がっていた。

善福寺の名の由来は、池の畔にあった寺の名前に由来しているが、江戸時代に廃寺となっている。近辺にある「善福寺」は、もともとは「福寿庵」という名の寺であり、後世に地名をとって改称したものらしい。

昭和5（1930）年に都市計画法による風致地区に指定されて善福

善福寺公園

東京女子大学

寺風致地区が誕生。武蔵野の面影が今も残されることになった。

大正13（1924）年善福寺公園の南側に移転してきたのが東京女子大学だ。東京女子大学は大正7年、新渡戸稲造を初代学長として淀橋町角筈（現在の新宿）で開校している。大正10年、建築家のアントニン・レーモンドへ、井荻村に新キャンパスの総合計画と建物の設計を依頼、寄宿舎などの建設が始められた。関東大震災後の大正13年に移転となった。

レーモンドは帝国ホテルを設計したフランク・ロイド・ライトのもとで学び、帝国ホテル建設の際に来日。その後日本に留まり、モダニズム建築の作品を多く残して日本の建築界に大きな影響を与えている。

東京女子大の正面の本館を含む計7棟の建造物は日本におけるモダン・ムーブメントの建築物として国の登録有形文化財に登録され、現在も通常使用されている。

西荻窪駅北口から伸びる女子大通りはバス通りでもある商店街となっている。

## ◆中島飛行機荻窪工場

杉並区では平成23（2011）年、桃井3丁目に桃井原っぱ公園が開園した。面積は4ヘクタールで、杉並区立の公園としては2番目に広い。防災公園として整備されており、平常時は公園として利用されるが、災害時には近隣の警察や消防などと連携して避難拠点として活用される。そのため、公園には防災用の設備が常備されているほか、災害救助用のヘリコプターの離着陸場としても利用されることになっている。

防災も兼ねたこの公園は中島飛行機東京荻窪工場の跡地に開園している。

群馬県太田町（現・太田市）を拠点としていた中島飛行機は、大正14（1925）年に軍部の要請で荻窪に東京工場を開設した。関東大震災で物流が途絶したことから、軍部は戦闘機工場が東京から離れたところにあることを問題視しての中島飛行機東京進出第一号となる東京荻窪工場の開設となった。

この工場では、昭和5年に国産第1号450馬力の「寿」、昭和11年には零式艦上戦闘機（零戦）に搭載された「栄」、昭和16年に「誉」といった戦闘機のエンジンを設計・製造していた。

中島飛行機は太平洋戦争でアメリカ軍の空襲によって被害を受け、会社は戦後GHQにより12社に解体された。その一つの「富士産業」は現在のスバルだが、宇宙・航空機産業にも進出している。荻窪工場は「富士重工業」「富士精密工業」「プリンス自動車工業」などを経て、昭和41（1966）年から「日産自動車荻窪工場」となった。

日産自動車荻窪工場は平成10（1988）年に群馬県富岡市へ移転。日産自動車は平成11年10月に日産リバイバルプランを発表して資産売却を進める方針を示し、荻窪工場跡も売却の対象とされた。平成12年から跡地の利用計画の検討が行われ、平成13年に公園とする都市計画が決定。日産自動車が跡地の売却にあたって公共性の高い利用を望んだため、杉並区は防災公園と市街地を一体的に整備することとなったのが、桃井原っぱ公園開園までの経緯となっている。

桃井町もかつては井荻村だった。杉並区内には高円寺、阿佐ヶ谷、荻窪のように急激な人口増に対応できないまま計画的な耕地整理や区画整理が行われないまま商業地、住宅地になったところが少なくないが、西荻窪は杉並では昭和戦前期の土地区画整理事業で整った住宅地の好例となっている。

# 19 吉祥寺駅　中央線の高架複々線化と再開発で発展

◆映画街跡地にパルコ進出

吉祥寺パルコ。ＪＲ吉祥寺駅北口の駅ビル「アトレ」と並行した平和通りが公園通りに出た角地に建つパルコの一画は、かつて吉祥寺スカラ座、吉祥寺松竹など数館が建ち並んでいた映画街でもあった。しかし、映画産業も衰退していった昭和50年代初頭、地権者らにより共同ビルへの建て替えが進められた。共同ビルは昭和55（１９８０）年に完成、テナントとして開店したのが吉祥寺パルコだ。

東急百貨店は、吉祥寺初の商業ビルとして昭和34（１９５９）年に開業した「吉祥寺名店会館」が昭和46年に閉店・解体後の跡地に、昭和49年にオープンしたものだ。

駅ビル「アトレ」は昭和44年4月に中央線・総武線の荻窪〜三鷹間の高架複々線化が完了すると、その年の12月に高架下を利用してオープンした「吉祥寺ロンロン」が前身だ。開業当時には１７８店舗が入り、初日は25万人が訪れたという数字を残す「吉祥寺ロンロン」は平成22年にリニューアルして「アトレ吉祥寺」となった。

踏切をなくし、街を一体化させる鉄道の高架化は

駅前からの平和通り沿いの吉祥寺パルコ

駅前に大きな変化をもたらすものだが、吉祥寺の場合は時の武蔵野市長がＪＲの高架複々線化に合わせて大胆な駅周辺再開発計画をたてたことで、それまでの「住宅地吉祥寺」は劇的に変貌していくことになった。

## ◆吉祥寺駅周辺再開発事業で公園通りも広がった

高度経済成長期になると、吉祥寺周辺では大規模な公団住宅が誕生するなど、住宅地化が加速し、吉祥寺駅周辺は商業地としての役割が高まっていった。そうした時期に国鉄から公表されたのが吉祥寺を含む荻窪～三鷹間の高架複々線化計画だった。

昭和30年代には駅周辺に吉祥寺名店会館、緑屋、丸井などが開業していたが、北口の繁華街は高円寺駅北口に似たような街で、駅前のマーケット街と駅東側の飲食店街、そして駅前通りと仲通りが賑わっていたぐらいで、商圏も小さかった。

当時の武蔵野市長は「回遊性の高いまちづくり」を構想。昭和37（１９６２）年に発表された「吉祥寺駅周辺再開発計画」は地域住民を中心に多くの議論を巻き起こしながら昭和39年の都市計画決定後、事業は昭和62（１９８７）年まで続く大規模なものとなった。

大型百貨店出店も計画されるようになり、昭和46年に伊勢丹、昭和49年に近鉄百貨店と東急百貨店が開店。その後も、昭和53年に「丸井」が南口に移転、昭和55年にパルコが開店するなど、大型の商業施設も多数立地する街となった。

東京女子体育短期大学が昭和36年に国立へ移転した後の跡地にオープンした伊勢丹はその後、撤退。

現在はコピス吉祥寺になっている。近鉄百貨店の撤退後は、三越となって、現在はヨドバシカメラだ。

新陳代謝を繰り返しながら集客力のある大型商業施設が駅から少し離れた場所に開店したことで、駅前の商店街とも回遊性のある商業地として発展。「ショッピングの街 吉祥寺」となった。

街の回遊に欠かせない「公園通り」も事業の一環で昭和40年代から拡幅事業が行われた。吉祥寺駅前通りの東側に並行して吉祥寺大通りも開通して、自動車やバスはそちらを通るようになった。歩行者が安全・快適にショッピングを楽しめる通りとなった。

## ◆駅用地はお寺が提供

中央線吉祥寺駅の開業は明治32（1899）年。三鷹駅の開業は昭和5年であるから、吉祥寺駅開業前は荻窪駅の次は境停車場（武蔵境駅）だった。駅間距離も長いことから新駅設置も必要となってくる。井の頭公園が恩賜公園として開園したのは大正時代だが、井の頭の勝地は江戸時代からの行楽地であったから、多分に観光客の利便性を図ったのも吉祥寺駅開業理由だろう。

吉祥寺通りを北に5分ほど行ったところに、四軒寺と通称される寺町がある（吉祥寺本町1丁目）。月窓寺、蓮華寺、光専寺、安養寺の四つのお寺があることから四軒寺と総称される。明暦の振袖火事で駿河台から吉祥寺に移転してきたおり、広大な寺地を拝領していたことから、駅用地はこれらお寺が提供した。

鉄道開通後、井の頭の勝景のおかげで明治時代後半から大正期には

月窓寺

帝都近郊の別荘地として注目されるようになる。また、行楽客に向けた料理屋や旅館なども増えてくる。

吉祥寺周辺に人口流入が目立つようになるのは関東大震災以降だが、昭和9（1934）年には帝都電鉄（現在の京王電鉄井の頭線）も吉祥寺駅を開業している。

大正期には、中央線などの郊外へ向かう鉄道沿線は、便利かつ健康的な生活が送れる住宅地として住民の流入が始まったが、関東大震災後の復興期にその動きは加速した。

吉祥寺は西荻窪と同様、江戸時代に五日市街道に沿って長い短冊状に地割されていたから、農地を住宅地に転用するには格好だった。

吉祥寺の農地が最も盛んに分譲されたのは大正末期から昭和一桁のころで、坪単価1円から2円で、百坪、二百坪単位で大々的に売り出された。吉祥寺で戦前からの住宅地は敷地が広い所以だ。

成蹊大学も大正13（1924）年に池袋から五日市街道沿いの現在地に移転した。大正14年には「成蹊高等学校」（旧制・7年制）が開設され、小学校からの一貫教育体制が確立された。

成蹊学園本館は移転当時に建てられたもの。正門からけやき並木越しに見える本館は、歴史を重ね風格を感じさせる建物となっている。

## ◆寺はない「吉祥寺」の成り立ち

吉祥寺はその昔、門前町が丸ごと移転してきて成り立った街だ。

文京区本駒込3丁目に二宮尊徳や榎本武揚の墓所で知られる諏訪山吉祥寺がある。曹洞宗の古刹だ。江戸期には駿河台に広大な寺地を拝領し、後の駒澤大学となる学寮「旃檀林」なる僧侶の学問所を開き、幕府の「昌平黌」と並んで漢学の一大研究地となった。

しかし、明暦3年の振袖火事で被災し、吉祥寺は本駒込の現在地に移転させられる。その際、吉祥寺の門前町は幕府から他所での新田開発を命じられる。土地を与え、荒れ地を開墾させて増収を図る財政政策だ。

門前町というと、神社仏閣の周囲に出来た集落と思いがちだが、実態は門内町だったのが江戸時代の門前町だ。今とは違って広大な寺領を有していた寺院側は参詣客のため「境内に水茶屋はどうか」と近所の百姓屋に声をかける。水茶屋はそうした参詣客に湯茶、酒肴のほか団子、餅、干菓子などの軽食を提供。その後、同じような商いが次第に数を増やしていく。そうなると、寺院側は寺社奉行へ町屋設置を願い出て公許を得て江戸八百八町の仲間入りをするというのが、門前町が成立するまでのあらましだ。

吉祥寺の門前町は幕府から何ヶ所か移転先を示され、選んだのが武蔵野の吉祥寺だった。勿論、当寺の吉祥寺周辺は名もない原っぱで、荒れ地が広がっていた。

万治2(1659)年から移住が始まり、新田は五日市街道と直角に地割され、移住者たちには短冊状の土地が分け与えられた。彼らは街道沿いに住居を建てて、その裏を畑や雑木林とした。

吉祥寺門前町の入植者たちはかの地への郷愁から新天地を「吉祥寺村」と名付けたという。寺はなくとも、寺のつく地名、町名になった由縁だ。

五日市街道は武蔵野市の北部を斜めに横断している。中央線は東西に一直線に走っている。吉祥寺のみならず、西荻窪も三鷹でも五日市街道に沿って地割されたところの道は皆、中央線と斜めに交差することになった。往時の鉄道局の役人が「えい、面倒だ」とばかりに、雑木林や田畑ばかりだった武蔵野の平野を一直線に通す路線図を引いた姿が目に浮かぶのである。

## ◆軍需産業と戦中期

軍靴の響き高くなった昭和10年代。東洋最大の航空機メーカーと称された中島飛行機が荻窪工場とは別に武蔵野市北部にも進出。軍需産業で賑わい始めたのが吉祥寺にとっては大きかった。

三鷹～吉祥寺が軍需産業地帯となり、工場従業員の社宅など住宅地として、また商業地として格好の後背地となり、駅前が賑やかになっていったのが、戦前の吉祥寺であった。

昭和19（1944）年全国の都市で鉄道など重要施設への延焼を防ぐために建物疎開が行われ、吉祥寺の駅前建物も取り壊された。このあたりは空襲の被害はなく、終戦後にはこの空地は闇市が立つようになった。この闇市跡の路地沿いに小さな店がひしめく光景が、ハーモニカの吹き口に似ていることから、昭和37年頃に評論家亀井勝一郎が「ハーモニカ横丁」と命名、その名が広まったともいわれる。

駅周辺は再開発や街並み整備で姿を変えていったが、「ハモニカ横丁」とも表記されるハーモニカ横丁は、現在も戦後すぐの頃の面影を垣間見ることができる。

狭い通路が魅力にもなっているハモニカ横丁

井の頭公園のプール

## ◆昭和末期までプールもあった井の頭公園

――荻窪を経て吉祥寺に行くと左窓に井の頭恩賜記念公園の森が見える。公園は此の駅から三丁余、神田上水の水源池があり、其の中島に弁天祠がある。此のあたり一帯に花樹多く、春は花、秋は紅葉、夏は躑躅、冬は早梅の薫りがなつかしい(昭和2年刊「汽車の窓から」)

井之頭池一帯は、江戸期は神田上水の水源であり、幕府の御用林となっていたが、明治維新後に東京府が買収。明治22(1889)年からは「帝室御料林」として宮内省(現・宮内庁)の所有となった。東京市は明治末期、市街地の発達に伴い、郊外に大公園の建設を計画。水源として歴史的に関わりが深く、水がきれいで緑豊かな井之頭池一帯を候補地とした。大正2(1913)年、井之頭池一帯の御料地が東京市へ下賜された後、東京市は井之頭池周辺を公園として整備し、大正6年に井之頭恩賜公園を開園した。日本で最初の郊外型公園で、皇室の御料地の下賜を受けた公園

豊かな水に恵まれた井の頭恩賜公園には、ボート場とともに水泳場もあった。
◎大正期～昭和戦前期　所蔵：生田 誠

としても日本初であった。

大正10年には井之頭池の東端付近の水域に天然の水泳場も開設された。昭和8年には、水泳場に代わって新たに長さ25m、幅15mのプールが新設された。水は地下水が使われたため、非常に冷たかったという。このプールは昭和58（1983）年に廃止。跡地は日本庭園になっている。

昭和9年、井之頭池の中之島に動物園が設けられた。開園当初、獣類14種、鳥類77種、魚類約20種が飼育されていた。当初の動物園があった場所は、現在は「井の頭自然文化園水生物園」となっている。

敗戦後の混乱が少し落ち着いた昭和24（1949）年日本にやってきた象の「はな子」は、上野動物園で飼育されたのち、移動動物園で東京近郊を廻った。昭和29年に井の頭自然文化園に移された。「はな子」は日本で飼育された最も長寿の象となり、平成28年69歳で亡くなるまで、井の頭自然文化園で飼育された。

カップルや家族連れで賑わうボート場は昭和4（1929）年に設けられており、戦前からの歴史がある。桜の名所になったのは戦後だ。戦前の井之頭恩賜公園は、明治初期に東京府が植えた杉の水源涵養林で鬱蒼としていたというが、戦時中に戦死者の棺用に多くの杉が伐採され、戦後になって桜が多く植えられるようになったという。

## ◆湧水涸れて井之頭池今昔

井之頭池は古くは「狛江の池」と呼ばれ、また湧水が七ヶ所あったことから「七井の池」とも呼ばれた。三代将軍徳川家光が寛永6（1629）年このあたりに鷹狩りに訪れたおり、この池畔で湧き出す泉を見て、近くのコブシの木に「井之頭」と小刀で刻んで命名したと伝わる。家光の御殿（休憩所）が置かれたのは現在の自然文化園あたりで、その所在地は御殿山町になっている。

井之頭池の東端には「ここが神田川の源流です。神田川は善福寺川、妙正寺と合流して隅田川に注いでいます」云々の立札がある。

池畔の「井之頭弁財天」は、天慶年間（938～46）に源経基が弁財天女像を安置したのが始まりで、建久8（1197）年に源頼朝が宮社を建立したといわれる。江戸期に井之頭池は神田上水の水源となったことから、井之頭弁財天は「水源の守り神」として、さらに「芸能の神」として、江戸の町人や、役者など芸能関係者から篤く信仰されるようになり、多くの人が訪れる行楽地となった。弁財天周辺に残る石灯籠や水盤に「日本橋」「両国」など、寄進した講中の町名が刻まれている。

井の頭池も昭和30年代までは池の底が透きとおって見えるほどだった。しかし、戦後の高度成長期、地下水位の低下が止まらず、平成に入ってからは武蔵野台地に堆積した関東ローム層からの湧水はほとんど消滅。現在は深層地下水及び浅層地下水の人工補給により池の水量が維持されている。

井の頭弁財天

平成16（2004）年秋、大雨が続いて地下水位が上昇、多量の湧水により池の底が透きとおって見えたことから広く市民の関心を集め、水質浄化に向けた気運が高まった。井の頭池でお馴染みの朝顔型噴水も井の頭公園来園者の目を楽しませるのが、本来の目的ではない。噴水はエアレーション効果を兼ねた曝気ポンプだ。池の水を直線的に噴出するのではなく、放射線状に落とすことにより滞空時間を長くして水に多くの空気を取り込んでの水質浄化が大きな目的という。

井の頭公園の池では1年おきに、池の水を抜く「かいぼり」が行われているが、水質浄化によってブラックバスが根絶するなど外来種が大幅に減り、水鳥の餌になるエビ類や小型魚などの在来種が増加。その結果、水鳥の種類も数も増えているとのことだ。

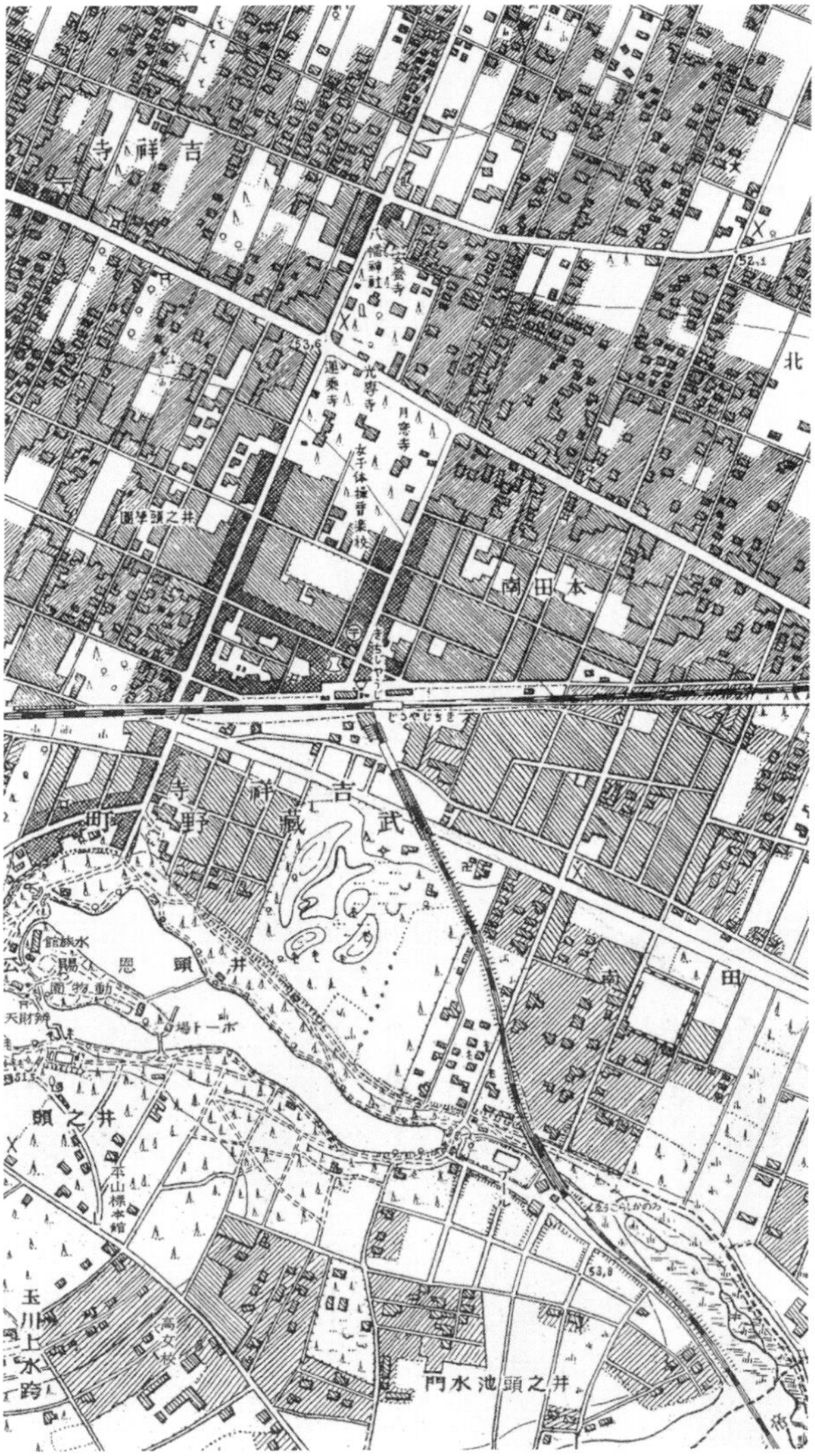


武蔵野村が武蔵野町になって約10年を経た昭和12(1937)年当時。陸軍参謀本部陸地測量部発行「1/10000地形図」。

# 20 三鷹駅　駅舎は三鷹市と武蔵野市で二分割

## ◆キウイは三鷹の特産品

下連雀に親の代から暮らしている学生時代からの友人が、三鷹産のキウイを贈ってくれた。

三鷹でキウイが栽培されていることは、数年前に知った。たまたま明治神宮に足を運んだ折、宝物殿横手に設けられた会場で「東京都農業祭」を開催しており、そこで三鷹でもキウイが栽培されていることを知った。

友人が贈ってくれた三鷹のキウイは「東京ゴールド」。平成25（2013）年に農林水産省に品種登録された、いってみれば東京生まれのキウイだ。スーパーなどの店頭でよく見かける輸入品のキウイは果肉がエメラルド色の「ヘイワード」だが、「東京ゴールド」は果肉が黄色で甘みが強く、酸味が低かった。肉質も柔らかく、果実を縦に切ったらハートの形をしている。女性に喜ばれそうなキウイだ。

お礼の電話を入れると「今度はキウイワインを送るよ」という。キウイは今や三鷹の特産品に成長、三鷹産のキウイだけで醸造したワインも製造するようになっているという。これはもう、楽しみに待っているしかない。

三鷹産のキウイ

東京でキウイの栽培が始まったのは40年ほど前の昭和50年代初頭。土壌が合っている三鷹や調布周辺が東京産キウイの産地となっている。三鷹市内ではヘイワードを中心に東京ゴールド、果肉の中心部が紅色系の「紅妃」の三種が作られているが、ほとんどは生産地周辺で消費されるとのことだ。三鷹産のキウイもワインも市場に出回りにくいわけだ。

三鷹市の農業産出額は9億円ほど。品目別では、トマトが1位を占め、ブドウ、ナス、キウイ、ブルーベリーが続いている。昭和30年代までは東京近郊の農村だった三鷹だが、住宅都市となった今でも都市型農業が息づいているのは嬉しいではないか。

## ◆三鷹市と武蔵野市の市境が斜めに交差しているわけ

甲武鉄道が新宿〜立川間で開業したころは、三鷹村も武蔵野村もまだ神奈川県北多摩郡で、東京府北多摩郡となったのは明治26（1893）年だ。

三鷹市は幕府の直轄領だった牟礼を中心にして周囲に新田が開発され、村々が出来ていった。一例を上げれば、牟礼の西隣になる下連雀は、神田連雀町からの入植者が拓いたことからその地名がついたものだ。玉川上水から直線的に地割されていったのが特徴になっている。

一方、武蔵野市域の玉川上水以北は、ほとんどは明暦の大火（振袖火事）以降の新田開発で、五日市街道を基準に北は千川用水まで、南は玉川上水まで短冊形に地割されていったから、今に至るまでそれぞれの道筋が市境となる玉川上水で斜めに交差することになった。

三鷹市は関東大震災以降、人口が増え始めて昭和15（1940）年に町制を施行。戦後に市制に移行したとはいえ、これといった産業もない農村都市だった。

三鷹市が開発に舵を切ったのは昭和30年代からだ。昭和31年に全国2番目、関東で初の公団住宅として建設された牟礼公団団地24棟全４９０戸を皮切りに、新川公団住宅、三鷹市台公団住宅が誕生させるなど、人口増加に積極的動く。やがて税収も上がって市財政が安定していったことは、昭和48（１９７３）年に公共下水道普及率１００％を達成。全国初の下水道完備都市となったことから窺える。

## ◆破談となった合併案

中央線吉祥寺～三鷹～武蔵境の行政区域は三鷹市と武蔵野市で複雑に入り組んでいる。井の頭公園は三鷹市だが、公園通りは武蔵野市だ。

三鷹駅も、中央線の北側は不等辺直角三角形型をしている上連雀一丁目だけで、三鷹市域はほとんどが中央線の南側に展開している。そんな三鷹市を、吉祥寺駅と武蔵境駅でまたいでいる形なのが武蔵野市域になっている。

そもそも三鷹駅も、三鷹市域と武蔵野市域に分かれている。橋上駅である三鷹駅の下を玉川上水が流れている。北西方向から南東方向へ、三鷹駅を斜めに2分割する如くだが、玉川上水が市境となっていることから玉川上水の東側が武蔵野市、西側が三鷹市に分けられている。

武蔵野市の市制施行は昭和22（１９５７）年、三鷹市は昭和25年。市制施行時も近く、また駅を両市で分け合っているような近しい関係から、「昭和の大合併」と言われた昭和28年の町村合併促進法施行のとき、三鷹市と武蔵野市の合併話が持ち上がっている。

玉川上水に沿う「風の散歩道」

昭和の大合併では多くの市町村が合併したが、市同士の合併は初めてのこととあって、全国的に注目された中で、武蔵野市議会は合併案を可決した。三鷹市が財政面の問題を抱えていたから当時の市長が武蔵野市に合併を打診したのだが、三鷹市議会は昭和30年1月の市議会で、僅差ながら否決した。話を持っていった方が否決したものだから、納得の行かない武蔵野市は三鷹市に再考を求めた。三鷹市は再度、市議会で賛否を問うたが、またもや否決。合併話は結局破談となった。

両市の合併話が再度浮上したのは町村合併促進法が実質的に延長された新市町村建設促進法が出来た時だ。昭和33年9月、三鷹市は翌年4月1日を目処に合併しようと武蔵野市に再度提案。三鷹市は9月25日、市議会で合併案を可決し、武蔵野市の賛否を待つことになった。しかし、今度は武蔵野市議会が否決。以降、両市の合併話は起きていない。

## ◆北口開設と中島飛行機

「三鷹」の由来は、徳川将軍家の鷹場が世田谷領・府中領・野方領にまたがっていたことに由来するそうだが、三鷹駅は昭和5(1930)年6月15日に開業している。前年6月に開設された中野電車区三鷹派出所が9月に三鷹電車庫(現在の三鷹車両センター)に昇格。同時に本線との間に電車の出入りが増えたため三鷹信号所が開設され、その信号所が昇格する形で誕生したのが三鷹駅となっている。当初は小さな駅で、玉川上水の西側に南口だけを開設しての三鷹駅開業で、そのころのささやかな駅前通りが発展したのが現在の三鷹通りだ

住宅が増えた三鷹駅北口

一方、三鷹駅北口は昭和16年1月に開設されている。太平洋戦争の開戦はこの年の12月8日だ。

三鷹駅北側の武蔵野市側では、三鷹駅が開業した昭和5年に計測器メーカーの横河電機製作所が渋谷から移転し、吉祥寺工場を開設。軍の要請で航空計器の製造を始めていたが、中島飛行機が武蔵野製作所を開設してから軍需産業の街へと変貌した。

中島飛行機は主に陸軍の戦闘機、爆撃機を製造。そのうち最も有名な戦闘機に「隼」がある。中島飛行機は機体ばかりでなくエンジンメーカーとしても名を馳せ、三菱重工の名古屋航空機製作所(当時)が開発したゼロ戦のエンジンが中島飛行機製であることはよく知られたところだ。三菱製の瑞星発動機では速度等で軍部の要求に応えられず、泣く泣く中島飛行機の栄発動機を搭載した経緯がある。

中島飛行機は陸軍からの航空エンジン工場の拡張要請に応じ、昭和12年より武蔵野町北部に新工場を建設、翌年中島飛行機武蔵野製作所が開設された。

軍部と中島飛行機は、工場従業員の通勤用に武蔵境駅から武蔵野製作所への貨客両用の引き込み線を敷設したが、工場の拡大につれて関連会社や下請け工場も武蔵野製作所周辺に集積していったことからの三鷹駅北口の開設だった。当時は武蔵野口と呼ばれており、通勤ラッシュさながらの朝の光景は、武蔵野町(当時)の日常風景でもあった。

昭和16(1941)年には西隣に海軍向けのエンジン組み立て工場として中島飛行機多摩製作所も開設。昭和18年に両製作所を合併して中島飛行機武蔵製作所となり、その広大な敷地からも「東洋最大の航空機メーカー」と称された中島飛行機の規模の大きさが窺い知れるほどだ。

一例をあげれば、武蔵野陸上競技場(吉祥寺北町5丁目)は、中島飛行機のグラウンドだったところだ。一本道を挟んだ西側の緑町2~3丁目に立地する武蔵野市役所、NTT研究開発センター、緑町パークタウン、そして武蔵野中央公園(八幡町2丁目)等々はいずれも中島飛行機武蔵製作所だったところだ。

富士重工業から改称したSUBARUは中島飛行機をルーツとしているが、武蔵野中央公園の北側にSUBARUの社宅があることも、往時を偲ばせる。

## ◆進駐軍専用「白帯車」

中島飛行機武蔵製作所は米軍の攻撃目標となり、昭和19年11月から終戦までの間に計9回の空襲を受けて廃墟と化した。そして迎えた戦後、武蔵野市は中島飛行機武蔵製作所の広大な跡地にスポーツセンターの開発を計画する。その一つが野球場の建設で、進駐軍専用車が連結された中央線が走っていた時期だ。

敗戦で米軍が日本に進駐し、鉄道全般について占領軍による管理が始まると、国鉄は進駐軍の要請で状態の良い客車を集めて特別に整備し進駐軍専用に指定。東京から全国各地に向かって占領軍の将兵およびその家族のために連結された特別仕立ての車両を連結した定期列車を走らせた。日本人はオフリミットの印に窓の下に白い帯が描かれていたことから「白帯車」と呼ばれた進駐軍専用車両は、昭和21年1月から東京や大阪の電車区間でも走り出し、国鉄・私鉄ともに1両から半車(1両の半分)を進駐軍専用に使用した。白帯車は昭和27(1952)年のサンフランシスコ対日講和条約発効まで走っていたのが、オキュパイド・ジャパンの時代だった。

## ◆三鷹から武蔵野競技場線が伸びる

野球場建設に先駆けて、その足として三鷹駅から中央線の支線、通称武蔵野競技場線が敷設された。武蔵境駅から中島飛行機武蔵製作所への引込線が残っていたので、その一部を利用して三鷹側から急カーブを描く連絡線を設けて電化したものだった。

野球場は昭和26年に完成。収容観客数5万人規模を誇り、新設された武蔵野競技場線も、試合開催日には東京駅からの直通電車も運行された。しかし、実働たった1シーズン。昭和26年の完成から解体までわずか5年と、日本で最も短命に終わった野球場となった。

経営母体は武蔵野文化都市建設株式会社。中島飛行機の残留従業員労働組合が昭和22年に土地の払い下げを受けて設立した会社で、社長は公職追放を受けた直後の松前重義、役員には武者小路実篤、徳川夢声、近衛秀麿など錚々たる顔ぶれが名を連ねた。戦後、中島飛行機関連の土地を接収した米軍がグリーンパークと称したことから昭和25年に株式会社東京グリーンパークに改称。野球場名も「東京グリーンパーク球場」と命名した。

野球場はオープンしたものの、突貫工事だったことからグラウンドは土丸出しで、少し強い風が吹こうものなら球場全体に土埃が舞い、観客も選手も野球どころではなくなる有様。不評が不評を呼んで翌シーズン終了後に廃止が決定。東京グリーンパーク球場、武蔵野球場、三鷹球場等々、呼称も定まらなかった同球場は昭和31（1956）年10月、解体されて姿を消した。

球場跡地は日本住宅公団（現・UR都市機構）に売却、昭和33年に「武蔵野緑町団地」となった。団地内のカーブを描く道路が球場であったことを伝えていた武蔵野緑町団地は平成8（1996）年から平成15年にかけてリニューアルされ、「武蔵野緑町パークタウン」として生まれ変わった。

武蔵野競技場線も昭和34年11月に廃止された。廃線跡の大部分は「グリーンパーク遊歩道」として整備されている。

### ◆太宰治も跨線橋から電車を眺めていた

三鷹車両センターに架かっているのが跨線橋だ。鉄骨剥き出しで開設時からの無骨な跨線橋だが、子供連れが電車を楽しむ絶好のビューポイントになっている。三鷹に住んだ太宰治もこの跨線橋が気にいってようで、橋の袂には、階段から下りてくる太宰治の写真付きで解説板が立っている。

三鷹駅南口を出て、ペディストリアンデッキを下りると玉川上水に沿って「風の散歩道」と称される散策路が井の頭公園まで続いている。風の散歩道から本町通りに100mほど行った左手に細長い4階建てビルがあり、1階は葬儀社の店舗となっている。

この葬儀社があったところは、昭和30年代までは戦前から続く2階建て家屋の貸本屋だった。その2階に下宿していたのが太宰治の最後の女となった山崎富栄で、地元では文学散歩の経路になっている。

山崎富栄の下宿先と太宰がよく暖簾をくぐった本町通りの飲み屋が

太宰治墓所のある禅林寺

昭和４年完成当時の姿をとどめる跨線橋

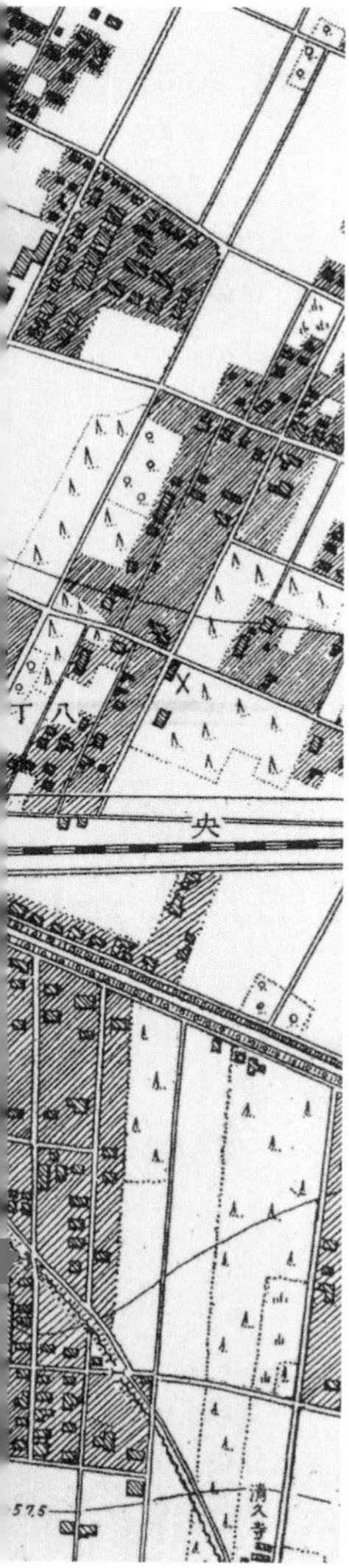


目と鼻の先だったのが馴れ初めで、知り合ってすぐに半同棲。昭和23年6月19日、太宰治と山崎富栄は目と鼻の先の玉川上水に飛び込み、心中した。

今でこそ玉川上水は水深20センチほどの流れだが、往時は水量豊かで1メートル近い水深があり、流れも急。落ちたら先ず助からないと言われ「人恋川」呼ばれていた。2人が心中した時期は梅雨時で玉川上水も増水。2人の遺体が発見されたのは飛び込んだとされる紫橋から四つ目、新橋の少し下流の地点で、入水後1週間ほど経ってからの発見だった。

三鷹通りを南に行ったところにある黄檗宗禅林寺(下連雀4丁目)には、太宰治の墓がある。太宰治と向かい合うように森鷗外の墓もある。太宰治は生前、森鷗外を尊敬、その意を汲んだ太宰治未亡人が森鷗外と向かい合う墓所を選んだという。

桜桃忌には今も香華が絶えないが、第一回の桜桃忌が太宰と親交のあった友人たちによって禅林寺で開かれたのは、太宰の死の翌年の昭和24年6月19日だった。「桜桃忌」の名は、太宰治が死の直前の遺した作品「桜桃」から取られた。

6月19日に太宰の死体が発見され、奇しくもその日が太宰の39歳の誕生日であったことは、その作品とあいまって若い世代に圧倒的に訴え、桜桃忌は昔も今も青春巡礼の地であるようだ。

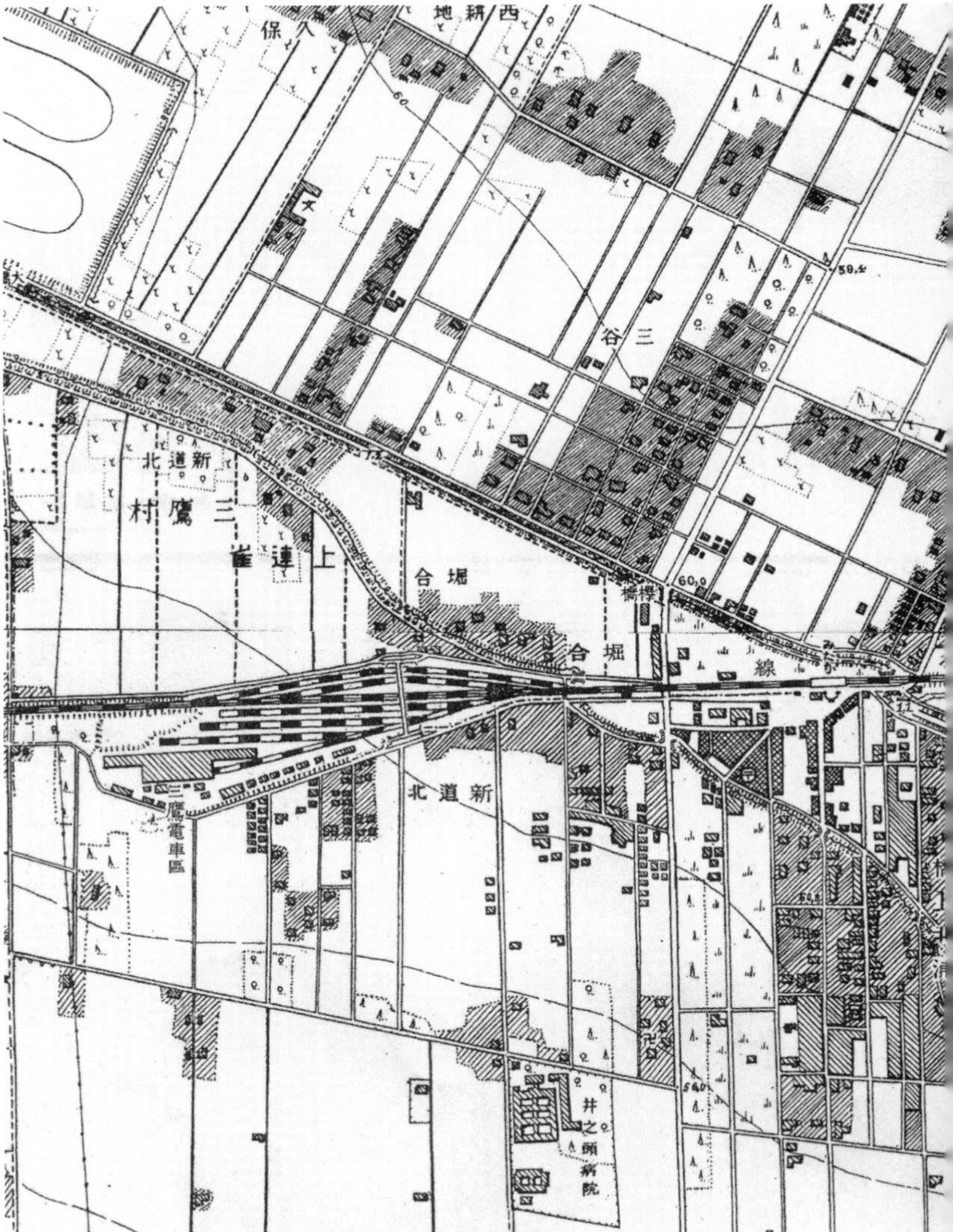


三鷹駅が開業したのち、西側には三鷹電車区が設置された昭和12（1937）年当時。
陸軍参謀本部陸地測量部発行「1/25000地形図」。

# 21 武蔵境駅

## 駅開業は武蔵野市で一番早かった

### ◆境浄水場専用線と中島飛行機武蔵製作所引き込み線

武蔵境駅北口を出て、目の前の武蔵境通りを三鷹方面に向かうと、まもなく左に分岐していく本村公園遊歩道に出る。この長い遊歩道が〈三鷹駅〉の項で触れた境浄水場専用の引き込み線跡になっている。

境浄水場専用線は、浄水場築造に要する砂利・砂・セメント等の資材を運搬するために、大正10（1921）年に敷設された。砂利や砂は青梅鉄道小作付近の多摩川で採取し、青梅鉄道及び中央線経由で武蔵境まで運ばれた。浄水場完成後は、濾過砂運搬用に使用されていたが、昭和46（1971）年12月に廃止され、軌道は撤去された。玉川上水の橋跡にそのまま斜めに「みどり橋」（人道橋）が架けられたが、現在は撤去されている。軌道敷跡が整備されて昭和48年から緑地が続く本村公園の遊歩道として利用されている。

明治後期、増大する東京市の水道需要は淀橋浄水場だけでは心許なくなり、東京市水道局の水道拡張事業で大正13年に境浄水場が完成した。原水は多摩川で取水し、村山貯水池（多摩湖）山口貯水池（狭山湖）での貯水を経て、トンネルの導水路「村山境線」を通り「境浄水場」に送られた。境浄水場からは和田堀給水所まで、水道管が埋設された。

境浄水場付近

村山境線の上は多摩湖自転車道として整備されている。境浄水場から和田堀給水所までの水道管の上は道路となっており、井ノ頭通りのルーツとなった。

中島飛行機武蔵製作所への引き込み線は、境浄水場専用線の一部を使用して、本村公園を途中で横切るみずき通りのあたりから分岐してグリーンパーク遊歩道部分につながり、ほぼ北に向かって中島飛行機の工場に入っていった。

## ◆甲武鉄道1日4往復で運賃は上等・中等・下等の3段階

武蔵境駅周辺はかつて境村だった。出雲松江藩松平出羽守の御用屋敷の跡が開発された駅南側の境南町地区、保谷村の農民たちが開発した駅北側、檜原村など多摩地区西部の山間部からの移住者が開発した駅西側――武蔵野市の玉川上水以北のエリアは明暦の大火後の新田開発で拓かれた短冊形の地割が特徴の市街地だが、玉川上水南部の武蔵境駅周辺の地割が枡目状に近く、吉祥寺〜関前と異なっている所以だ。

江戸時代にこうした新田開拓者が生んで育ててきた吉祥寺村、西窪村、関前村、境村の4村が明治22（1889）年に合併し、武蔵野市の原形となる神奈川県北多摩郡武蔵野村が誕生した。

武蔵野村誕生のこの年に、甲武鉄道の蒸気列車が煙を吐きながら新宿〜立川間を走り出した。開通当初の途中停車場は中野・境・国分寺の3駅のみ。武蔵野村は

甲武鐵道營業開始竝ニ發車時刻改正廣告

四月十六日ヨリ改正發車時刻表

| | 上等 | 中等 | 下等 |
|---|---|---|---|
| 新宿中野間 | 九錢 | 六錢 | 三錢 |
| 中野境間 | 廿七錢 | 十八錢 | 九錢 |
| 境國分寺間 | 十五錢 | 十錢 | 五錢 |
| 國分寺立川間 | 十五錢 | 十錢 | 五錢 |

甲武鉄道の時刻表

積極的に誘致を行って境停車場を実現している(武蔵境駅に改称は大正8年)。

当時の運転は1日4往復。運賃は上等・中等・下等の3段階。運賃の基準は下等の1マイル1銭。中等は下等の2倍、上等は下等の3倍。境〜中野間は27銭、18銭、9銭。

甲武鉄道開通当初はそば・うどんが1〜2銭の時代であったから、初めて見る蒸気列車に乗れる人は限られており、村人の交通機関は馬車の時代がしばらく続いたのだろう。

## ◆停車場できて小金井桜の花見賑わう

停車場ができると、田無を結ぶ馬車も運行されたほか、江戸期からの名所であった玉川上水の「小金井桜」の最寄り駅としても賑わった。

〈境の停車場より北に向かう田圃道を十町ほど辿り行くと、玉川上水の流れに出会うた。ここに桜橋という小さな板橋が架けてある。これから上流の両岸にある桜が所謂小金井の桜である〉と明治36年刊『東京郷土地誌遠足の友』は伝えている。

〈此の橋を渡って左に折れ、堤に沿うて西に向かえば、上がれば上がるほど桜の木は段々と其の数を増してくる。更に進んで小金井橋の畔に行くと、老いたる木が沢山ある。花の節にはこの辺が第一の見どころである。

二人は青毛氈の代わりに天然の青毛氈芝生の上に座り込んだ。用意の弁当を開いて、花を眺め、葉を褒めながら楽しき食事をすました。小金井の桜というのは、西小川村より東境村に到る一里半ほどの間に渡れる上水の両岸にある並木である。然るに甲武鉄道開通の後に土地の志ある人々が更に新しく植え添えた。それ故、昔の面目を保つこととなった〉

鉄道開通前は東京から小金井まで1日がかりの花見行程が、新宿から1時間ほどの近さになった。近隣の農家が花見茶屋も出すようになり、お茶も出せば酒も出す。花見はより楽しい行楽になっていったことがうかがえる。

## ◆独歩文学碑に出てくる〈三崎町の停車場〉

駅北口を出ると正面に見えるスキップ通りは、境停車場が出来た頃から商店が1軒、また1軒と増えていって出来た商店街だ。現在は玉川上水まで続く長〜い商店街に発展。武蔵高校や亜細亜大の学生の通り道にもなっている。スキップ通りの名称は「好き」と「きっぷ」を合体させたもので公募によってつけられた愛称という。

スキップ通りを800mほど行くと前出の『〜遠足の友』にある桜橋に出る。境浄水場が見える桜橋の袂には国木田独歩の文学碑がある。明治、大正、昭和の時代、数多の文人が武蔵野を描いたが、国木田独歩はその代表だろう。

〈風強く秋声野にみつ、浮雲変幻たり〉

〈夜更けぬ。風死し林黙す。雪しきりに降る。燈をかかげて戸外をうかがう、降雪火影にきらめきて舞う。ああ武蔵野沈黙す。しかも耳を澄ませば遠きかなたの林をわたる風の音す、はたして風声か〉

〈武蔵野の冬の夜更けて星斗闌干たる時、星をも吹き落としそうな野分がすさまじく林をわたる音を、自分はしばしば日記に書いた〉

国木田独歩文学碑

国木田独歩の代表作『武蔵野』からの抜粋だが、独歩の文学碑には桜橋に因んだ箇所が刻まれている。〈今より三年前の夏のことであった。自分は或友と市中の寓居を出でて三崎町の停車場から境まで乗り、其処で下りて北へ真直に四五丁ゆくと桜橋という小さな橋がある。それを渡ると一軒の掛茶屋がある。この茶屋の婆さんが自分に向かって、「今時分、何にしに来ただア」と問うたことがあった（中略）自分らは汗をふきふき、婆さんが剥いてくれる甜瓜（まくわうり）を喰い、茶屋の横を流れる幅一尺ばかりの小さな溝で顔を洗いなどして、そこを立ち出でた〉

『武蔵野』が発表されたのは明治31（1898）年。そのころはまだ水道橋駅は開業していなかったから、文中〈三崎町の停車場〉とあるのは、小石川側に改札が設けられて開業した飯田町駅のことと思われる。

## ◆市役所が駅から遠い三鷹市と武蔵野市

武蔵野市は、吉祥寺村、西窪（現在は西久保）村、関前村、境村の4カ村が母体となっているが、維新の行政混乱期に翻弄されている。

慶応4（明治元年）年武蔵県となるが、明治2年には武蔵県が分離して、4ヶ村は品川県の管下に置かれる。明治4（1871）年には吉祥寺村と西窪村は東京府に、関前村と境村は入間県に編入され、明治5年には残った関前村、境村も神奈川県に編入された。

明治22（1889）年甲武鉄道が開通した年に神奈川県北多摩郡武蔵野村となった。明治26年、多摩川の水源管理問題から多摩地方は東

武蔵境駅の駅舎

京府に編入され、武蔵野村も東京府北多摩郡武蔵野村と、実にめまぐるしい。昭和3(1928)年に町制施行。市制移行は戦後の昭和23年だ。

武蔵野村が誕生した時、武蔵野村役場は吉祥寺、西窪、境、関前の連合戸長役場があった関前の「延命寺」に置かれた。村議会は本堂で開かれていたという。真言宗智山派延命寺は、関前村が開村した江戸前期の寛文年間(1661〜63)隣接する関前八幡神社と共に創建されたといわれる。

武蔵野町となると、役場は現在の吉祥寺駅北西の中町地区に新築されることになり、昭和4年に落成。以降、戦後に市制移行しても市役所は中町にあり、住民にとっても交通便利だった。昭和55(1980)年武蔵野市北端、西東京市と接する緑町に武蔵野市役所の新庁舎が完成し移転した。

住民の利便性を考えると、市役所に行くのは一苦労と思われるが、三鷹市も市役所は市域南端、調布市と接する野崎1丁目にある。どちらの市役所も、駅から遠いところにあるのが三鷹市と武蔵野市の共通点になっている。まあ、一家に2台の車を持つ家庭も少なくないから、駅から遠くてもいいのだろう。

## ◆武蔵境駅周辺の戦前戦後

大正6(1917)年武蔵境から多摩鉄道が走り出す。現在の西武多摩川線のルーツだが、多摩川の砂利採掘が目的の砂利鉄道だったことから、駅周辺は駅前商店街(現在のスキップ通り)の人通りが少しばかり増えた程度で、戦前戦後にかけて武蔵境駅周辺はあたり一面、田畑が広がっていた。

日本獣医畜産大学(現在の日本獣医生命科学大学)が昭和12(1937)年、田園地帯に校舎を建てて開学。昭和16年には亜細亜大学が創設され、学生の街としての武蔵野市の一面が形作られる。

その頃は中島飛行機武蔵野製作所が操業しており、武蔵野市北部は軍需産業で発展するが、B29の

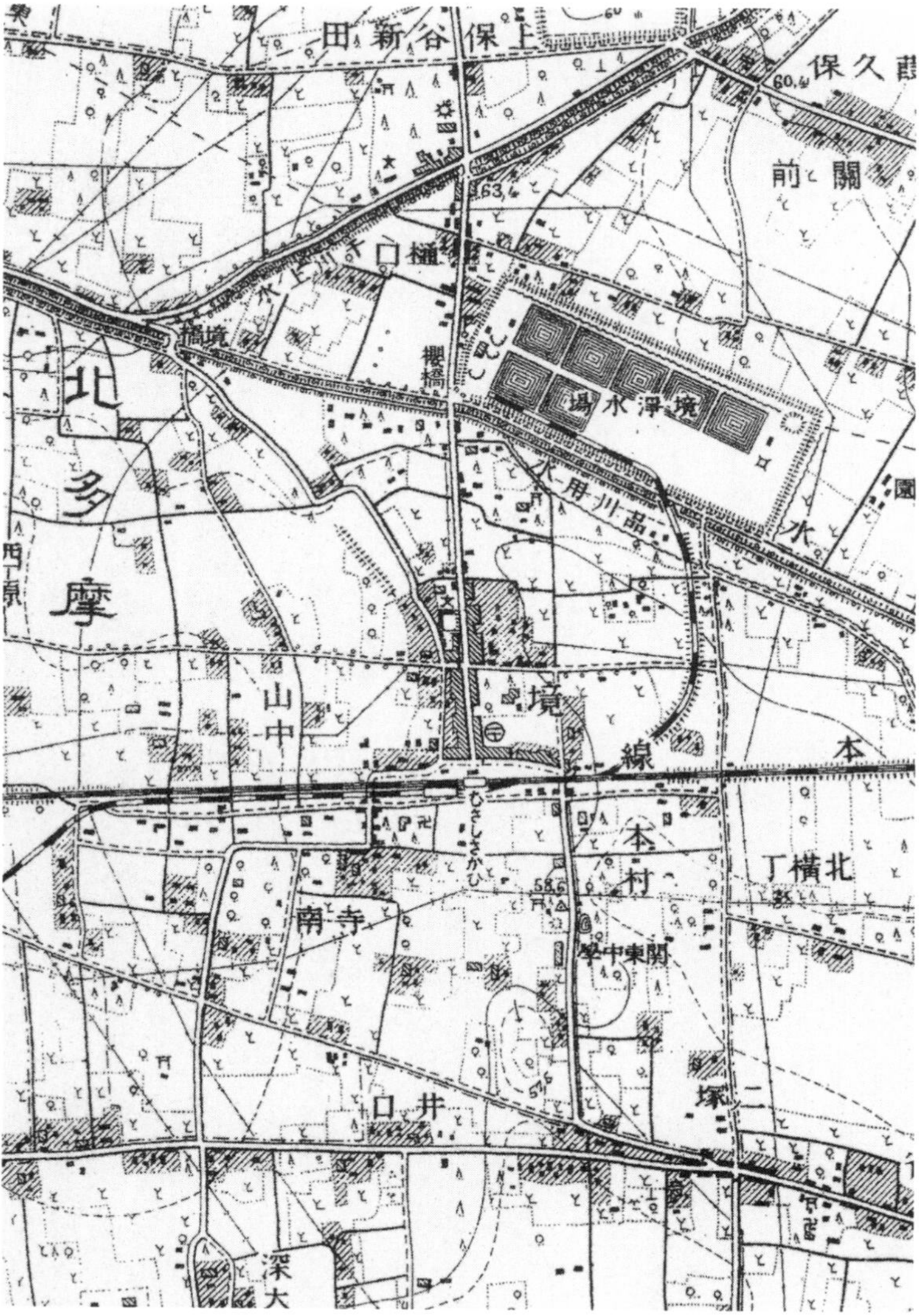


境浄水場への引き込み線が敷かれていた昭和2（1927）年当時。
陸軍参謀本部陸地測量部発行「1/25000地形図」。

度重なる空襲で壊滅。戦後は廃墟からのスタートとなった。

都市化が加速していくのは昭和30年代だ。都営住宅や緑町・桜堤団地等々が建設され、農地も年ごとに消えていった。昭和34（1959）年、武蔵境の北に日本住宅公団（現・UR都市機構）建設した桜堤団地はことに大規模なもので、最終的には150棟を超え、戸数も1800余戸を数えた。武蔵野市の人口が10万人を突破したのもこの頃だ。桜堤団地は、現在は建替えられて賃貸住宅の「サンヴァリエ桜堤」となっている。

西武多摩川線も中央線の支線的な性格を強め、通勤路線となったのも昭和30年代だ。

一方、中央線と西武多摩川線が乗り入れている武蔵境駅周辺は長い間、開かずの踏切が街の南北の行き来に難渋をきたし、交通渋滞や踏切事故なども問題視されていた。しかし、平成18（2006）年には西武線が、平成21年には中央線の高架化が完成し、これと並行するように武蔵境駅の駅舎や駅前広場、都道・市道の整備が進んだ。平成23年には、複合機能をもつ公共文化施設「武蔵野プレイス」が駅南口に完成。また平成30年には北口に複合施設クオラが完成。武蔵境駅周辺は、回遊性が高い南北一体化した街へと発展している。

# 22 東小金井駅 自動車輸送の拠点駅だった

## ◆北口再開発が動き出す

東小金井駅の1日平均乗車人員は3万2千人（令和元年。四捨五入。以下同じ）。隣駅の武蔵小金井駅は6万2千人で、武蔵境駅も6万9千人を数える。

東小金井駅の乗車人員数は平成2年2万2千人から1万人増えていることになるが、乗車人員数を街の賑わいの目安にすれば、東小金井駅は二つの隣駅に大きく水をあけられている。

東小金井駅の開業は昭和39（1964）年9月10日。東京オリンピックの10日前だった。駅の周辺は一面の畑で、そこに簡素な橋上駅と広大な貨物側線も設けられた。貨物ヤードも含めると大きな駅ができたことで「さあ、通勤客も増えるぞ」と、バス会社は駅前に乗り入れるバス路線を多数新設したが、利用客少なくて数年で1路線残すのみとなった。

南口は戦前から東京農工大があり、駅前も徐々に商店街が形成されていったが、あたり一面農地だった北口は当初の思惑とは裏腹に開発は進まないままに終わってしまった。しかし、半世紀が過ぎてようやく再開発事業が動き出した。

現在は再開発予定地の区画整理事業に入っているところだ。北口駅前は交通広場が整備されているが、再開発事業は交通広場を核にして、北大通りにいたるまでの梶野通り沿いと、かつて自動車輸送を行っていた貨物側線一帯も含んだ中央線沿いがそのエリアとなっている。

## ◆拠出金1億円以上の請願駅だった東小金井

東小金井駅から南東方向に延びる道を5分ほど行くと昭和51(1976)年に建設された東小金井駅開設記念会館、通称マロンホールがある(小金井市東町3丁目)がある。会館前には東小金井駅開設記念碑と宮崎金吉新駅設置協力会長を顕彰する胸像が建てられている。

小金井駅は、全国で初めて駅用地から駅舎建設まですべて地元負担で開業という請願駅の出自を持つ。

小金井町が市に移行したのは昭和33年。プロ野球で言えば長嶋茂雄が国鉄の金田正一に4三振デビューした年だ。その前後から人口が増え始め、お隣の武蔵小金井駅周辺は賑わい始めていた。武蔵境駅と武蔵小金井駅に挟まれた谷間のような存在だった東小金井地区は、このままでは埋没してしまうと危機感を抱く。小金井東の地元住民は市制移行の前年、昭和32年に新駅設置運動に立ち上がった。住民大会を開催し、会長に小金井市長、名誉会長に地元の代議士を推して、新駅設置促進会なるものを発足させた。しかし、当時の当地域は国の制定による緑地帯としての遮断地区であって、駅を新設するなど一顧の余地さえ許さぬ特別地区ということで、国鉄は「駅の開業など以ての外」と門前払い同然だった。

ここから東小金井地区の駅開業までの苦難曲折が始まった。

地元の熱意と総意で新駅用地2~3千坪の土地提供と寄付で積み重ねた駅舎建設資金1億円以上を拠出することを市議会も議決。昭和35年10月、新駅の設置がついに認可された。

しかし、すんなり新駅誕生とはいかなかった。資金金額の支払いもさることながら、国鉄側から貨物駅併設の条件が出されたのだ。

## ◆北口が華やかだった自動車輸送時代

その頃、日本の自動車輸送は、トラックなどの陸送または船舶輸送が主体で、昭和30年代の後半にテストケース的なものとして、私有貨車による鉄道輸送がトヨタほか数社の手によって行われていたにすぎなかった。

国鉄は新たに自動車輸送に乗り出すことを企図、自動車輸送の車両基地を各地で模索していた時期だった。地元の請願で開業することになった東京・東小金井駅の新設は、渡りに船だったようなものだったろう。

国鉄は昭和40年4月、自動車積み専用貨車2両の試作を決定すると、11月には試験輸送区間を笠寺(愛知県)〜東小金井間とし、対象荷主を笠寺は三菱自動車、東小金井はプリンス自動車に決定。三菱自動車は名古屋に工場を持ち、プリンスは荻窪工場があったからで、輸送開始に備えて東小金井駅貨物駅が駅東側に設置された。

昭和41年には自動車積み貨車ク9000形式(後にク5000と改称)が日本車両豊川工場及び三菱重工三原工場で各1両ずつ完成。その年7月から営業試験輸送を開始された。

笠寺〜東小金井間で両基地から毎日1車ずつ動き出したのが、鉄道による自動車輸送黄金期の幕開けだった。

東小金井からは日産プリンス(プリンスは自動車輸送が始まる直前、日産に吸収合併された)の新車を、笠寺からは三菱自動車の新車を積載し、相互間の輸送を行う試験輸送は成功。以降、全国にこのシステムが普及していった。

やがて東小金井には専用貨車があふれ、トヨタの新車も見られるようになった。自動車プールにずらりと並んだピカピカの新車と専用貨車は、東小金井駅の風物詩ともなった。

鉄道による自動車輸送の黄金期は、長くは続かなかった。国鉄側の受け入れ基地となる貨車基地は一時全国で25ヵ所もあったのが、貨物輸送の合理化などで縮小された。自動車の輸送手段としての役割もジリ貧傾向をたどったことから輸送コストや物流上の便宜性からみてもトラックや船による輸送に対抗できなくなり、自動車輸送は年々減少をたどった結果、自動車メーカーは70年代後半から船舶輸送に切り替え始めた。昭和59（1984）年12月、トヨタ自動車の撤退で鉄道による乗用自動車輸送は幕を閉じることになった。

東小金井貨物駅は、その年の2月にはすでに貨物扱いを停止。以降、北口は時間が止まった。

線路も撤去されて更地になっていた貨物ヤード跡地はその後駐車場などになり、一部は自転車置き場となって再開発を待っている。

## ◆「南口の顔」東京農工大学

東小金井駅が開業当初の橋上駅だったころ、利用者は長い階段を上り下りしなければならなかったが、中央線の高架化工事が終わった平成20年代初頭に駅舎も一新。エスカレーター、エレベーターでバリアフリー化もされた。駅周辺の南北往来も東大通り、駅改札通路、駅改

東京農工大学（工学部）

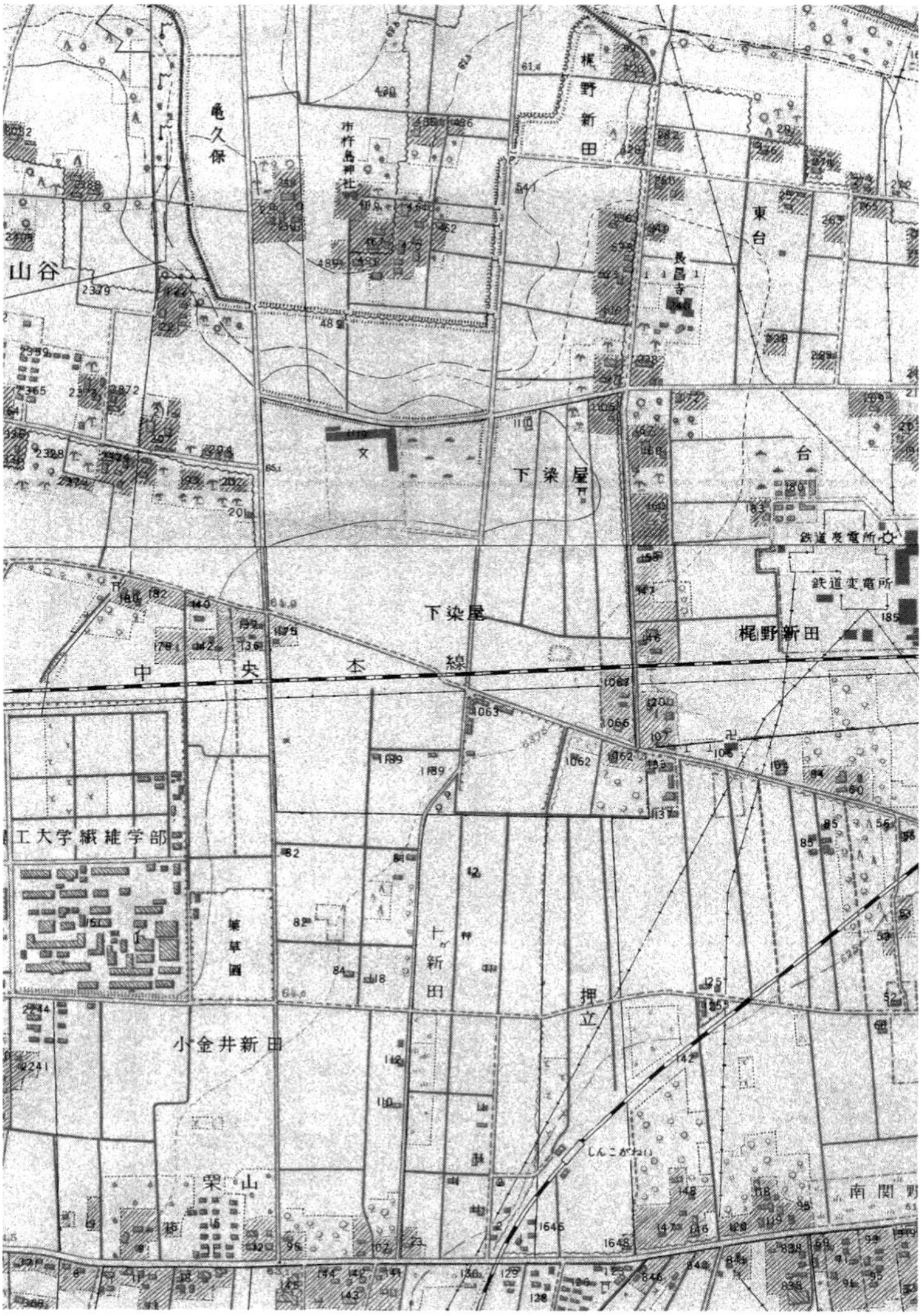


地図中央付近に東小金井駅が開業する以前の昭和27（1952）当時。
建設省国土地理院「1/10000地形図」

札通路外南北通路で南北一体化の準備は出来ている。

東小金井南口商店会は、駅開業後の昭和44（1969）年に、東小金井南口の商店主によって結成されたもので、カフェや定食屋、居酒屋などの飲食店を中心に、駅前の通りや裏の路地まで個性豊かなお店がぎっしりと並ぶ。学生風の若い世代が目立つのは、東京農業工業大学の学生か。

東京農工大は明治7（1874）年に設立された内務省勧業寮内藤新宿出張所に設置された学問所が前身となっているが、農学部と工学部は昭和24（1949）年に新制大学の東京農工大学として統合されるまでそれぞれ全く別の教育機関としての変遷を辿っている。

農学部は東京農林専門学校、工学部は東京繊維専門学校が前身となっている。

東京繊維専門学校は、東京高等蚕糸学校が昭和19（1944）年に東京繊維専門学校と改称されたもので、昭和24年に新学制が施行されると、東京農工大学の繊維学部となった。繊維学部は養蚕農家の衰退とともにその役目を終えたと判断した東京農工大学は、昭和37年に繊維学部を工学部に改称している。

東京農工大キャンパスにある科学博物館は繊維の博物館で、繊維を中心に東京農工大の研究による新しい発見や最先端技術も展示。日本の博物館では希少性が高く注目されている浮世絵や繭、繊維機械も動態展示されている。

東京高等蚕糸学校が昭和15年に都内から小金井に移転当時は、学校内外一面の桑畑であったという。

# 23 武蔵小金井駅 中央沿線最大級の再開発事業で南口は激変

## ◆駅前空間から電柱は姿を消した

武蔵小金井駅と東小金井駅——中央線の二つの駅を持つ小金井市は、市のほぼ中央に位置する武蔵小金井駅を中心に、東西に中央線と連雀通り・五日市街道が、南北に小金井街道・新小金井街道が走る軸があり、市内のほとんどが住宅地であり、企業が少ないベッドタウン型の都市である。

その表玄関となる武蔵小金井駅は中央線の高架化計画に伴い、平成8（1996）年に南口駅前再開発事業の都市計画が決定。再開発方針が定まってから二十年余。南口は見事なまでに変貌した。

南口からふれあい通りまでを第1地区、ふれあい通り以南を第2地区として進められた再開発事業では、電柱の地中化によって駅前空間は解放感にあふれ、第2地区には再開発のシンボルである住商一体のツインタワーが聳える。総開発面積5万2000㎡超の広大な再開発エリアは中央沿線最大級の再開発プロジェクトとも仄聞する。

しかし、武蔵小金井の街は駅をちょっと離れれば、北に桜の名所として知られる小金井公園、南は武蔵野台地を代表する地形である国分寺崖線——「はけ」を中心に自然林があり、さらに都立武蔵野公園、都立野川公園、多磨霊園にも面するなど市内には緑が多く存在している。住宅都市として恵まれた環境にあるのが、武蔵小金井だ。

「はけ」という言葉も知られるようになったのは、大岡昇平が昭和25年（1950）年に著した『武蔵野夫人』からと聞く。

大岡昇平はその頃、国分寺崖線のはけ下に住む友人のところに寄寓しており、武蔵野の風景を舞台にこの小説を書き上げた。

〈土地の人でもそこが『はけ』と呼ばれていることを知る人は少ない〉との書き出しで始まる『武蔵野夫人』は武蔵野を舞台に、富士山の見える武蔵野の「はけ」に12歳上の私立大学フランス語教師の夫と暮らす29歳の秋山道子が小説のヒロインで、従兄の娘の家庭教師となった従弟に生まれて初めて恋愛感情を抱いて…というよろめきラブストーリー。敗戦後の混乱が少し落ち着きを見せた時期にあたっていたからか、女心を鷲掴み、ベストセラーとなった。翌年には主演田中絹代、監督溝口健二で映画化もされ、これも大ヒットした。

「武蔵野」という言葉は今も一種独特の響きを持つ。小金井市から府中市にまたがる都立武蔵野公園は、昔の武蔵野の面影を残す一画に位置している。園内のくじら山から国分寺崖線——「はけ」が見渡せる。

## ◆花見客のための駅開業だった

東小金井駅は小金井市東部の住民の熱意が実っての開業だったが、市域のほぼ中央にある武蔵小金井駅は観桜用に設けられた駅だ。

それまで、小金井桜の花見最寄り駅は、甲武鉄道開通時に開業した武蔵境駅だった。武蔵境の村人は駅の開業で、村を活性化しようと玉川上水近辺の村々は往時の花姿を失っていた小金井桜の復活に力を注いだ。

**【小金井の桜(明治後期)】**
江戸時代中期から、玉川上水の土手の両側に植樹されたヤマザクラの並木は、江戸近郊のお花見の名所として多くの人に親しまれてきた。現在の武蔵小金井駅の起源は、大正13(1924)年４月に観桜のために設置された武蔵小金井仮停車場で、翌年１月に駅に昇格している。◎所蔵：生田 誠

明治も終わりに近づく頃、東京帝国大学教授だった植物学者三好学によって玉川上水堤の小金井桜の山桜並木は天然変種の一大集積地であることが明らかになった。

三好学は日本に「天然記念物」の概念を広め、その保護の必要性を訴えた先駆者だが、国は大正3（1914）年に奈良の吉野山、茨城の桜川と一緒に玉川上水堤の桜を日本の名勝として指定した。

大正12年には田山花袋が『東京の近郊一日の行楽』（博文館）で、小金井の桜を取り上げた。

〈小金井橋付近が矢張り一番好い。ちょっとした料理屋などもある。向こうでは旨いものがないから、海苔巻か弁当でも拵えていって休み茶屋の一部を借りて、のんきに遊んでくるのが好い。竹藪があたりに多いので、筍も新鮮だ〉

小金井桜の名声いよいよ高まったところ、武蔵境に青天の霹靂が襲った。鉄道省は大正13年4月4日、花見の時期に武蔵小金井仮乗降場を開業したのだ。

紀行文でも名を馳せた田山花袋が、小金井桜の花見のポイントに挙げた小金井橋は、武蔵小金井駅から小金井街道を行ったところにある。武蔵境駅から行くよりはるかに近かった。武蔵境の落胆をよそに、武蔵小金井駅前から観桜馬車も出るなど、季節には大賑わい。そして大正15年1月、仮乗降場は晴れて駅に昇格し、武蔵小金井駅となった。三角屋根の南口駅舎だけだったが、昭和11年に北口も開設された。

## ◆桜の名所は上水堤から小金井公園へ

中世には金井原（現在の前原町南部付近）が武蔵野合戦（南北朝時代に、足利尊氏ら北朝方の軍勢と、新田義興・新田義宗ら南朝方の軍勢との間で行われた一連の合戦）の舞台となった小金井も江戸時代には幕府の天領（直轄地）となり、代官の支配下に置かれる。

承応3（1654）年に玉川上水が通水。八代吉宗治世の享保年間（1716〜36年）には幕府の財政再建策による新田開発奨励策もあり、武蔵野の台地に開墾の鍬が入ると、急速に集落が発達。武蔵野新田82ヵ村の開拓の功績を残して名を残す名主川崎平右衛門が、村人の癒しと娯楽に玉川上水沿いに桜を植えたのが、小金井桜の起こりとなっている。

小金井桜は戦前戦中の時代に衰退。昭和27（1952）年に上水堤に桜祭りが復活するが、並木の衰え著しく、三好学が命名した富士見桜や日の出桜といった多くの銘木がすでに失われていた。

昭和40年代に入って玉川上水の通水が停止されると、水路や桜並木の荒廃が始まった。昭和の時代も末期になると上水堤には雑木が繁殖して雑然とした景観に変り果て、一時は上水堤崩壊の危機もあった。小金井市は東京都や市民団体と協働で、名勝小金井桜復活へ向けた事業を進めているが、いまは都立小金井公園が上水堤に代わって花見の名所となっている。

駅から小金井街道を北に向かい、田山花袋が小金井桜の見どころとした小金井橋を渡ったところに小金井公園がある。広さは日比谷公園の5倍近く、上野公園の1・4倍に相当する。

小金井公園は戦前の紀元二千六百年（昭和15年）記念事業として計画された「小金井大緑地」が原形で、昭和29年に「小金井公園」として開園。園内には武蔵野の原風景ともいえる雑木林と芝生が広がっている。

都立小金井公園のC57

小金井公園で広い面積を占めるのが江戸東京たてもの園。歴史的な建造物を移築・復元して展示しており、東京都江戸東京博物館の分館として設置された。園内には江戸時代から昭和中期までの30棟が建ち並ぶ。二・二六事件で暗殺された高橋是清の邸宅、山の手の住宅、商家や銭湯、居酒屋など昔の下町の風情も楽しむことができる。それぞれ、テーマごとにゾーンニングされている。

ＳＬ展示場にはＣ57形蒸気機関車と旧形客車が保存されており、客車は中央線で走っていたものとの解説がある。

## ◆武蔵小金井駅の始発電車人気

小金井市は古くは養蚕農家の村だった。

小金井市に明治34（１９０１）年に、生糸を生産する鴨下製糸工場ができた。小金井市の工場としては最も古い工場となるとのことだが、往時は小金井市を含む北多摩一帯は養蚕が盛んだった。「桑都」と呼ばれ、機業の街として殷賑を極めていた八王子の後背地という位置づけとなっていたのが、北多摩一帯の村々だった。

現在では養蚕農家も姿を消し、製糸工場もない。住宅都市に変貌を遂げた小金井市からは想像もできないが、桑畑が広がり、糸を紡ぐ機織りの音が聞こえていたのが、明治時代後半から昭和前半までの小金井市であり、武蔵小金井駅周辺であった。

駅が開業するとまもなく、駅の東側を南北に走る小金井街道沿いに商店が建ち並び始めたが、駅の近くから桑畑が広がる農村風景は戦後まで続いた。

昭和20年代後半になると、戦後の住宅難の波は三鷹を越えて武蔵小金井にも波及。養蚕業の衰退とも相まって駅周辺の桑畑から住宅が建ち始めた。桑畑が広がっていた南側も北側も市街地化が進んでいく中で昭和34(1959)年9月、広大な敷地を持つ武蔵小金井電車区が開設した。

武蔵小金井始発の電車が今も多いのはこの電車区のおかげだ。電車区開設に合わせて駅も2面3線に改良され、武蔵小金井始発電車が多数設定された。以降、沿線でも武蔵小金井駅は始発人気が高い。地元の人によると、通勤時間帯は発車20分前には列ができていることもあるそうだ。

西武多摩川線新小金井に住んでいる友人は20年以上前、家を探しているとき、武蔵小金井も選択肢の一つだったことから、不動産屋に「朝の通勤が楽になりますよ」と始発電車のあることを盛んにアピールされたそうだが、電車区が開設された昭和30年代の不動産屋もきっと武蔵小金井始発電車を喧伝したのだろう。

令和2年3月14日のダイヤ改正まで、武蔵小金井始発電車は快速ばかりでなく上り各駅停車もあった。朝の通勤時に始発で座っていけるのはサラリーマンにとって魅力だろう。始発電車がどこまで住民増に貢献したか定かではないが、昭和40年代には武蔵小金井のベッドタウン化は加速していった。

小金井市は明治22(1889)年現在の市域とほぼ同じ「小金井村」が発足。養蚕と製糸の時代を経て、小金井市が市制を施いたのは昭和33(1958)年。地方自治法の一部を改正する法律が公布・施行され、市になる要件が「人口5万人以上」から「3万人以上」に緩和されたことに伴ったもので、人口4万人の小金井市が誕生した。小金井村が昭和12(1937)年に町制に以降したときは人口1万人に届いていなかったから、戦後の人口増が窺える。

小金井市は平成30年に市制施行60周年の節目を迎えているが、住宅公園都市として人口は令和2年12月現在で人口は12万3600人を数えている。

# 24 国分寺駅　半世紀を要した北口再開発プロジェクト

## ◆ツインタワーに駅前交通広場

国分寺駅北口が鮮やかに変貌した。1年ほど前に訪れた折はまだ工事中だった駅前交通広場もすでにバスターミナルが稼働。バスの発着でごった返していた狭い駅前広場時代が嘘のような広い駅前空間に生まれ変わった。北口駅ビルも兼ねたツインタワーは今や国分寺のランドマークとなった。

国分寺駅北口再開発は国分寺市にとって半世紀の時を経て完成する一大プロジェクトだった。

国分寺は大正12（1923）年の関東大震災後には東京市民の郊外への進出などにより、人口も次第に増えていき、昭和に入ると周辺地域に工場や研究所などが進出。それらへの通勤者の住宅用に農地の宅地化が進む。昭和15（1940）年国分寺村は町制を施行して国分寺町となり、戦後は海外からの引揚者などで人口が急増。昭和39（1964）年に国分寺市となった。

国分寺市が「国分寺駅北口駅前広場の都市計画」を決定したのは、記念すべき市制施行の翌年のことだ。

国分寺駅には西武国分寺線や西武多摩湖線が乗り入れて鉄道ネット

国分寺のランドマークとなった北口のツインタワー

ワークがひろがった結果、国分寺駅周辺は北口を表玄関に市街地化が進行。都市計画という概念が薄かった時代に発展したことから北口周辺は農村から商店街に発展したため道路が狭く、老朽化した建物が密集するなど、様々な問題を抱えていたことからの再開発計画だった。

しかし、戦後も20年経つと、権利関係も複雑化。再開発の話し合いは一向に進まない。かくて、駅北口の再開発は実現するまでに半世紀の時間を要することになった。

平成29年春、北口再開発事業の核となるツインタワービルが完成し、複合商業ビルとしてオープンした。北口駅前広場からは駅前通り西側に都市計画道路もつくられる。狭い街路の多い地域の中に延長335m，幅員22mの2車線道路を建設するもので、これにより駅前通りを含めた周辺の建替えが促進される。

従来は丸井が顔だった南口が賑やかだった国分寺駅は、北口も特別快速停車駅にふさわしい顔になった。

## ◆鄙びた農村に鉄道が走った

国分寺の街は、武蔵国に建立された国分寺とともに生まれ、育ち、名も戴いた。

奈良時代、聖武天皇の詔によって日本各地に国分寺が建立された。武蔵国は埼玉県、東京都、川崎市、横浜市にまたがる広大な国だっただけに、諸国に建てられた国分寺の中で武蔵国分寺は最大級だった。武蔵国の国府が置かれた府中と近いこともあり、国分寺の街も政治・文教の中心として経済・交通・文化・産業等あらゆる面で発達し、画期的な繁栄時代を迎える。

鎌倉時代には、駅北側の恋ヶ窪地域は鎌倉街道の宿場町として栄えたと伝えられている。しかし、偉容を誇った武蔵国分寺も元弘3（1333）年、新田義貞の鎌倉倒幕での分倍河原の戦いに巻き込まれて焼失。繁栄の根源だった武蔵国分寺を失うと国分寺・恋ヶ窪地域はしだいに武蔵野の鄙びた農村集落へ変わっていった。

栄華の時代は遠く去り、明治時代まで鄙びた農村だった国分寺を蘇らせたのが、鉄道だった。明治22（1889）年市町村制施行で10村が合併し国分寺村が誕生したその年、甲武鉄道新宿〜立川間が開業。国分寺駅が現在地に開設されると、駅北側の本町・本多地域が開発されていく。

明治26年、国分寺村は神奈川県から東京府に編入されると、翌年には国分寺〜東村山間に西武国分寺線の前身となる川越鉄道が開通し、翌年には川越まで全通する。昭和3（1928）年には後に西武多摩川線となる多摩湖線が開業。この多摩湖線はその後、西武池袋線や新宿線などと都心部へとつながっていく。うら寂しかった農村が交通の要衝となったのだ。

国分寺駅北側で鉄道ネットワークがひろがった結果、国分寺駅周辺は古い街並みを残したままの北口を表玄関に市街地化が加速。計画的な土地区画整理事業も行われないまま発展したがために権利関係が複雑化、北口の再開発は足かけ50年余の時間がかかることになった。

## ◆西武国分寺線と川越鉄道

国分寺駅は開設以来、長く北口しか持たない駅だった。南口が設けられたのは昭和31（1956）年と、実に戦後10年経ってからだ。北口には早くから西武国分寺線及び多摩湖線が国分寺駅から北へ向かって鉄道ネットワークが形成されており、街の発展への目は北口に集中していたからでもある。

〈所沢へ行くには、寧ろ武蔵野鉄道に拠るべきであるが、私は中央線の国分寺の方から行った。国分寺から岐れて北を指して、川越まで行っている短い鉄道は、例の川越鉄道で、今はどうか知らないけれど、小さな駅では駅長が切符も切れば旗も振ったりしている鉄道であった〉

今は西武国分寺線となった往時の川越鉄道沿線ルポ『日がへりの旅』（大正8年刊）の一節だ。

明治22年、甲武鉄道が新宿〜立川間で走り出した頃、日本鉄道も現在の高崎線に当たる路線で明治16（1883）年に開業していた。武蔵野台地は2本の鉄道に挟まれるようにして蚕糸、織物、製茶などの産業が盛んになっていった。舟運の発達していた川越はそうした物資の集積地として江戸時代から発展している。鉄道時代の到来で、新たな物流ルートとして川越と東京を結ぶ鉄道が計画されるのは必然の成り行きだったろう。

川越から大宮に向かい、日本鉄道と結ぶ計画案もあったが、このルートは荒川に橋梁を架ける必要がある。かくて川越から南下して入間や所沢などを経て甲武鉄道国分寺駅に接続するルートとなったのが、西武国分寺線のルーツとなる川越鉄道だった。

川越鉄道は明治27（1895）年にまず国分寺〜久米川間が開業。これは現在の西武国分寺線に当たる。翌明治28年に久米川〜川越（現・本川越）間が開通した。この路線は現在の西武新宿線の東村山駅以北

西武多摩湖線（左）と国分寺線（右）

となっている。部分開業を重ねて川越〜国分寺間で全通した当時、川越鉄道の途中駅は小川停車場、東村山停車場、所沢町停車場、入曽停車場、入間川停車場を数えるのみだった。

西武国分寺線沿線の恋ヶ窪には遊女と武士の悲恋物語が伝承されている「姿見の池」(恋ヶ窪1丁目)がある。昭和の時代までは付近の湧水や恋ヶ窪用水が流れ込み、清水を湛えていた。平成5(1993)年に東京都の「国分寺姿見の池緑地保全地域」に指定され、平成11年に湿地、用水路、水辺林等を含めた池周辺地域として整備された。恋ヶ窪には野川の水源もあり、かつての武蔵野の里山風景も垣間見える

## ◆文教都市国分寺と西武多摩湖線

西武多摩湖線は昭和3(1928)年に国分寺〜萩山間を開業。その後延伸していくのだが「文教都市国分寺」を形成した路線だ。

沿線には国分寺駅側から文化学園大小金井キャンパス、東京学芸大学そして一橋大小平国際キャンパスなどが立地している西武多摩湖線は、後に西武王国を興す堤康次郎が率いた開発会社「箱根土地」が開業した多摩湖鉄道を前身としている。

多摩湖鉄道は女子英学塾(現在の津田塾大学)が小平に移転することから、箱根土地が小平学園都市の開発と村山貯水池・山口貯水池——狭山丘陵の袂一帯の観光開発という両睨みで開業した路線だった。

小平学園都市計画はしかし、大学用地と街区割りの調整が図られず、東京商科大予科(現在の一橋大学)用地1区画のみとなり、現在の一ツ橋大学小平国際キャンパスとなった。

箱根土地は東京商科大学予科の移転が決定すると、「小平学園分譲地案内」の広告を打っている。

コピーに曰く——

〈丸の内が近代的オフィス街の模範なら小平学園は大東京の理想的住宅地です。小平学園に居住し丸の内に通勤することは正に都会人の憧憬です。東京駅から一時間で国分寺に着き、三十四分で小平学園に着きます。省線は東京駅まで定期券を買えば往復何回乗っても一日十五銭ですから市電の賃金とほぼ同じです。また始発駅ですから混み合いません。新聞を読んでいる間に乗り換え無しで楽に通勤ができます〉云々。

戦後の昭和24年、東京第一師範学校・同女子部など四つの師範学校を統合して東京学芸大学が開設。同じ年に東京経済大学も駅南側で開学。文化学園大学は昭和62年に小平キャンパスを開設している。

沿線開発は多摩湖線が戦前から進んだこともあり、取り残された感のある国分寺線沿線の市街化は南口同様に昭和30年代以降になっている。

## ◆南口に残されていた武蔵野の面影

駅南側の殿ヶ谷庭園（南町2丁目）は都立の有料庭園だが、武蔵野台地の国分寺崖線と呼ばれる段丘崖と豊富な湧水を巧みに生かして築かれた、回遊式林泉庭園となっており、国の名勝に指定されている。もともとは三菱財閥創業家の岩崎彦弥太の別邸だったのを東京都が庭園と整備した。園内には池や周遊順路が整えられ、地元住民や近隣で働く人間の憩いの場として利用されている。

都立武蔵国分寺公園

国分寺駅南側は、南口改札開設が昭和31年と遅かったように、昭和20年代は戦前同様に農地が広がり、昭和30年代までは殿ヶ谷庭園が象徴する武蔵野の風景を色濃く残していた。

農地が宅地に変わっていくのは昭和40年代から顕著となり、昭和50年代にはすっかり市街地化している。しかし、計画的な土地区画整理事業行われないまま、農道がそのまま商店街となり、住宅地の道となった。もっとも、今となっては昭和の時代を残すその夾雑さが、南口の魅力ともなっている。

南口が変わるのは昭和64年3月、JR東日本が8階建て駅ビル「セレオ国分寺」をオープンしてからだ。開業当初から丸井がテナントとなり、大型商業施設が誕生したことから、南口は繁華な駅前となった。北口にツインタワーが聳えるまで、南口は国分寺の顔だった。

真姿の池湧水群

## ◆山手線高架複々線化の砂利を運んだ下河原線

国分寺駅には3路線が乗り入れていた時代がある。西武国分寺線及び多摩湖線と、国鉄下河原線だ。

下河原線は多摩川の砂利を運搬する目的で明治43（1910）年に国分寺～下河原間で開業した「東京砂利鉄道」が前身。多摩川の砂利はコンクリートなど建設資材用の一級品として定評があり、明治から大正にかけてこの時代には玉川電鉄、南部鉄道、西武多摩川線等々多くの砂利鉄道が走っている。下河原線は山手線東京～上野間高架複々線工事などに使う砂利の確保が目的だった。

下河原線は当初、国分寺駅から下河原駅（京王線中河原駅南東に位置した）までの貨物線だったが、昭和８（１９３５）年東京競馬場が開設されたことから翌年、同競馬場アクセスのために東京競馬場近くから分岐し、東京競馬場前駅を開設した。当初から電化され、競馬開催日だけの運行となった。そのころには京王線も東府中駅から競馬場線の運行を始めている。

下河原線は戦時中の休止期間を挟んで、昭和24年に貨客両用線として営業再開。国分寺～東京競馬場前間は武蔵野線開業日の昭和48年３月末日に廃止された。残りの貨物線（北府中～下河原間）は武蔵野線に編入されるが、３年後に廃止されて、下河原線の歴史の幕は閉じた。

下河原線は砂利鉄道とはいえ、府中市にとって初めての鉄道だったことから、市域の廃線跡の一部は下河原緑道に整備されている。

# 25 西国分寺駅　史蹟の街の北口再開発

## ◆中央鉄道学園跡地に市役所移転計画

国分寺市役所は西武国分寺線恋ヶ窪駅を最寄りとしているが、令和7年度には西国分寺駅に移転してくる。かつての中央鉄道学園跡地の一画で、東京都公文書館北側に隣接して5階建て新庁舎を建設する計画だ。

中央鉄道学園は国鉄の教育施設で、昭和36（1961）年までは「中央鉄道教習所」、その前身は鉄道省の「東京鉄道教習所」だった。

中央鉄道学園は昭和36年国鉄第4代総裁十河信二が、西国分寺駅南口の広大な敷地に開設した。十河は学園を国鉄大学にして、多くの国鉄職員に大卒資格をとらせようと何度も文部省にかけあったが、学園の大学認可は下りなかったという経緯がある。

中央鉄道学園は22万平方メートルの敷地に校舎や実習設備、図書館、学生寮、陸上競技場、野球場などを備えていた。国分寺駅から下河原線を利用した引き込み線（総延長1890m）が引かれており、構内には新幹線0系・101系電車・EF60形機関車などの古い鉄道車両が教育目的で多数置かれていた。毎年10月頃には富士見祭と称する学園祭で一般公開が行われたから、カメラ片手に出かけていた鉄道ファンは少なくない。引き込み線跡もなくなっている現在、そのころの写真が残されていれば、鉄道好きにはお宝だ。

中央鉄道学園の学生は国鉄職員として雇用され、学園内では国鉄の制服を着用。大学課程を修了すれば大学卒業者相当の扱いとなったことから、国鉄内部では「鉄道大学校」と呼ばれたりしたものだった。

昭和62（1887）年に国鉄が分割民営化される際に、国鉄の債務を返済する目的で閉鎖され、敷地は売却。学園閉鎖、敷地売却後に遺跡調査が行われ、現在は団地や武蔵国分寺公園、総務省情報通信政策研究所、都立多摩図書館、東京都公文書館が立地。そこに市役所新庁舎が建つことになる。

## ◆「史蹟の街」西国分寺

南口を出て商業施設「レガ」の前から史跡通りを行くと、多喜窪通りの南側に武蔵台遺跡公園がある。ここには縄文時代中期とされる住居跡が復元、展示されている。公園を出て、武蔵野線の線路沿いの道はかつての鎌倉街道と伝えられる。切通しになっている鎌倉街道を道なりに進むと、黒鐘公園の園内には建物の遺構が復元された武蔵国分尼寺跡が広がっている。尼寺伽藍の中枢部を構成する中門・金堂・尼坊など主要建物等々を、埋没保存されているその位置で建物平面などを復元的に表示されている。

新庁舎移転予定地の東側になる武蔵国分寺公園は一周500mの円形芝生広場を中心に中央鉄道学園時代からのサクラ・ケヤキ・イチョウなどの巨木や滝、池、噴水がバランスよく配置されており、池のまわ

南口に整備されている史蹟通り

りには延長33m、幅3mの藤棚やノウゼンカズラの棚があり、開花期には公園を彩る。

武蔵国分寺公園の南側には「お鷹の道」と「真姿の池湧水群」がある。江戸時代、国分寺市内の村々は尾張徳川家の御鷹場だったことにちなんで、国分寺崖線下の湧水が集まり野川に注ぐ清流沿いの小径を「お鷹の道」と名づけ、350mほどの遊歩道として整備されている。四季折々の散策路として人気がある。

「真姿の池」は嘉祥元（848）年、絶世の美女といわれた玉造小町が病気に苦しみ、病の平癒を願い全国行脚をした際に、武蔵国分寺で願をかけたところ、「池で身を清めよ」との霊示を受けて快癒したと伝承されている。現在は弁財天が祀られている。

「真姿の池」をはじめとする国分寺崖線下の湧水群は「お鷹の道」と合わせた環境の良さを評価され、環境省選定名水百選に、東京都の名湧水57選にも入っている。

武蔵国分寺跡は国分寺崖線下の湧水群の南に広がっている。金堂、講堂、中門、七重塔などの跡地それぞれに解説が設けられており、全国でも最大級といわれる武蔵国分寺の威容を知ることができる。

## ◆北口周辺地区まちづくり計画決定

西国分寺駅は昭和48（1975）年に開業した武蔵野線との接続に設けられた、中央線では最も新しい駅だ。武蔵野線は山手線を走る貨物線の代替として東京外環貨物線として計画されたが、沿線から旅客列車運転の要望も出て、西国分寺駅も中央線をまたぐ形で駅が建設された。

東西に走る中央線に南北の武蔵野線が通ったことで、西国分寺は四つのエリアに分けられる。

南西エリア（駅南口）は駅前広場や道路等の都市基盤や商業施設も整い、南東エリア（鉄道学園跡地とその周辺）は、住宅・道路・公園などの一体的な整備が行われた。北東エリアについては，都市計画緑地「姿見の池緑地」をはじめとした緑に囲まれた落ち着きある住宅地が形成されている。その一方で遅れているのが西国分寺駅北口周辺地区だ。

北口駅前にあたる西恋ヶ窪2丁目～3丁目、日吉町1丁目は基盤整備などが不十分なまま宅地化が進行。地区内道路の8割が幅員6m未満であり、狭い道路と脆弱な道路ネットワークが大きな課題となっていた。

国分寺市は平成28年12月「西国分寺駅北口周辺地区」をまちづくり推進地区に指定。地区のまちづくり計画を策定するための検討組織である西国分寺駅北口周辺まちづくり協議会を設置。2年間にわたって検討を重ねて、令和元年5月に西国分寺駅北口周辺まちづくり計画案を公表。その後、国分寺市まちづくり条例に基づく手続きを経て、令和2年3月に「西国分寺駅北口周辺地区まちづくり計画」を決定している。これから住民と市によって北口再開発の全体像や方向性を煮詰めていくことになる。

北口駅前が新しくなるのは、もう少し時間がかかりそうだ。

南口の商業施設「レガ」

# 26 国立駅

## 一橋大だけではないぞ。鉄道総研もある！

### ◆新幹線とリニアを開発した鉄道総研引き込み線

国立駅も、西国分寺駅と同じく国鉄の機構に引き込み線が敷設されていた。

北口にある鉄道総合技術研究所――通称鉄道総研またはJR総研は、鉄道技術の研究・開発を行うJRグループによる公益財団法人。国鉄の鉄道技術研究所などから業務を引き継いで発足したもので、構内に列車の走行試験を行える試験線を備えていた。

試験線は国立駅からの引き込み線で昭和36年に完成した設備。当初は研究所を1周するように敷設されて環状線となっていた。全長1400m、東西方向530m、南北方向320m単線で、公道や研究所内通路を横断する部分には踏切も設置されて、試験走行の際には要員を配置していた。

試験線ではリニアモーターカーのテスト走行も行われたが、平成7（1995）年東側と南側は軌道を撤去。環状線ではなくなり、国立駅

鉄道総研への引き込み線跡を緑道として整備された「ぽっぽ道」と新幹線車両

からの引込線も廃止となった。今は構内で残された600m区間を往復して種々の試験が行われている。引き込み線跡は「ぽっぽ道」として緑道に整備されている。

所在地である国分寺市光町は、同研究所が開発を行った新幹線の列車愛称「ひかり」号に由来している。国分寺市が住居表示法で昭和41年に町名整理を行った際、同研究所での新幹線開発と昭和39年の東海道新幹線開業を記念し、旧地名の平兵衛新田から改称したものだ。

「平兵衛新田」は江戸時代、この地を新田開発した人物に因んだ由緒ある旧地名のため研究所は地元市民との交流の機会にもなっている一般公開を「平兵衛まつり」と名付けて毎年10月に行っている。レトロな雰囲気の鉄道総合技術研究所はセキュリティ厳しく、滅多なことでは中に入れてもらえないが、「平兵衛まつり」の日ばかりは総研の展示、体験コーナーを一般開放。噴水池の周りにレールを敷き、ミニ機関車を走行。子供ばかりか大人も乗って嬉々としていた。中庭に展示してある走行実験に用いられたリニア新幹線の試験車両にもお目にかかれる。しかし、令和元年は台風19号接近で、令和2年はコロナ騒動と2年続けて「平兵衛まつり」は開始中止で、地元の落胆は一入だ。

国立駅は大正15(1926)年4月の開業以来、南口だけだったが、住宅の増加、研究所の開設などで昭和34年に北口が開設されている。当初は砂利の広場で駅前通りも未舗装だった。

平成25(2013)年1月、南北改札口を閉鎖し1ヶ所に統合して一体化。狭かった北口駅前広場も平成31年に整備が終わり、広々とした駅前空間が生まれている。

## ◆赤い三角屋根駅舎の学園都市

国立駅南口には、国立のシンボルだったあの赤い三角屋根の旧駅舎が復元されて戻ってきた。

**【国立駅(昭和戦前期)】**

大正15(1926)年4月、当時の国分寺～立川間に開業した国立駅は、国分寺の「国」と立川の「立」から採って命名されたもので、駅誕生直前には谷保信号所が置かれていた。この三角屋根の木造駅舎(旧南口駅舎)は、国立市指定有形文化財として、駅前に再建されている。◎所蔵：生田 誠

旧駅舎の前面の正方形に区割りされた駅前広場からは、中央に幅員50m近い大学通りと2本の放射道路が伸びている。

南東方向に伸びる旭通り、南西方向に伸びる富士見通りの放射道路は商店街となっており、メインストリートの大学通り両サイドに一橋大学のキャンパスが広がる。

春には桜、秋には銀杏、冬にはイルミネーション――グリーンベルト植樹が季節には街に彩りを添える大学通りを更に南下すればゆったりした住宅地が広がる。国分寺崖線の「はけ」からは澄み切った湧水が流れ、その自然は四季折々の景観を演出している。

文教施設と住宅地――国立の街の原形が出来たのは、大正末期に遡る。

大正12（1923）年の関東大震災で都心部にあった大学も甚大な被害を受けた。現在の一橋大学の前身である東京商科大学もその一つ。

一橋大学は初代文部大臣となる森有礼が明治8（1875）年に京橋区尾張町（現在の銀座5〜6丁目）で開いた私塾商法講習所を源流とし、東京高等商業学校〜東京商科大学〜国立一橋大学と歩む。東京職工学校をルーツとし、東京高等工業学校から進化していく東京工業大学とともに、戦前は専門系官立大学の両雄だった。

帝都復興院総裁の後藤新平および原敬内閣の文部大臣として大学令

桜が満開の大学通り

復元された三角屋根駅舎を臨む

（1918年）以後の高等教育拡張政策を担った中橋徳五郎にとって、東京工業大学と双璧をなす官立大学である東京商科大学の復興は重要な政治的懸案となっていた。その解決を学園都市の建設で請け負ったのが、両者と知己の間柄であり、後に西武王国を築く堤康次郎だった。

堤康次郎は当初、西武池袋線に大泉学園都市を計画、東京商科大学の移転候補地としたが、紆余曲折あって計画は御破算に。東京商科大学の移転先は国立となった。そのため、大泉学園駅は学園のない駅名となっている。

堤康次郎が率いていたデベロッパー「箱根土地」は、当時は山林だった国立市北部を切り拓く。大学用地を基準にメインストリートを設け、分譲地の宅地は間口10間、奥行20間の200坪を標準とし、放射道路沿いに商業地を配置する図面を描くと、学園都市建設に着工。同時に中央線に新駅を誘致。国分寺駅と立川駅の中間であることから「国立」を駅名とした。

堤康次郎はその頃、軽井沢の開発も手がけており、駅前広場を飛行場に、大学通りを滑走路代わりに、軽井沢と国立を飛行機で飛び回り、陣頭指揮を執った云々のエピソードが残されている。

東京商科大学が神田一橋から国立の学園都市に移転してきたのは昭和2（1927）年。その前後から分譲地に住宅が建ち始め、戦前から戦後にかけて国立音楽大学、桐朋学園、国立学園、ＮＨＫ学園なども開校して、国立は住宅地としても発展していく学園都市となっていった。

## ◆町を二分する大論争で「文教都市国立」の誕生

国立市の前身は、谷保村だった。平安時代の創建という古い歴史を持ち、甲州街道沿いに位置する谷保天満宮の周囲に数百戸の農家が点在。住民は農業、養蚕を主とし、街道沿いには商業・手工業を営む家もあったのが、大正時代の谷保村だった。

谷保は「やぼ」が正しい読みだが、南武鉄道（現在のJR南武線）が昭和4年に開業した谷保駅の駅名を「やほ」としたため、地名の「谷保」までも「やほ」と言うようになった。谷保天満宮は「野暮天」の語源ともなっているが、どうもそれを嫌ったようだ。

国立の人口が急速に増えていくのは戦中の疎開と、戦後の住宅復興からだ。昭和26（1951）年に谷保村から国立町になったころは朝鮮戦争の最中だった。米軍基地から派生する立川の繁華は国立にも波及。米兵相手のキャバレーやバーなど水商売、風俗業も国立に侵食してくる。

学園都市としての環境か、あるいは経済的発展か。町を二分する大論争が起きた。町議会の討議も二転三転。市民や学生を中心に「文教地区指定運動」も起きた。

町議会は開発以来の学園都市であることを選択。文教地区指定を決議し、都に申請。建設省と東京都から都内で初めてとなる文教地区の指定を受けたのは昭和27年1月。かくて「住民の選択」で学園都市としての方向性を決めた国立市は、市のシンボルである赤い三角屋根の駅舎の前に「国立文教地区」の看板を掲げて市内外に向けて高らかに宣言した。

昭和40（1965）年、入居8千人規模の公団富士見台団地が完成。人口も一躍5万人を突破し、昭和42年に国立市が誕生している。

## ◆むさしの号と武蔵野線国立支線

国立駅から西国分寺駅に向かう途中で中央線と分岐して単線となり、トンネルに入っていく電車がある。銀色の車体にオレンジの帯と、中央線と同じような車両で走るこの電車、利用したことのない人にはほとんど知られていない「むさしの号」だ。

むさしの号は、府中本町駅・八王子駅〜大宮駅間を中央線・武蔵野線・東北線経由で運転する普通列車の愛称だが、通常は旅客列車の走行しない武蔵野線国立支線（新小平駅〜国立駅間）大宮支線（与野駅〜西浦和駅間）を走ることから、乗り鉄さんの間では有名らしいが、なにしろ運行本数が少ない。平日ダイヤでは朝方は府中本町始発2本、夕方は八王子始発2本の計4本。土休日は朝方に府中本町始発1本、八王子始発2本の計3本。1日の運行はこれだけで、昼間は運転されないから利用する人は限られることになり、一般には知ること少ないことになる。

むさしの号は昭和58年（1983）年夏季に東北・上越新幹線連絡の臨時列車として府中本町駅〜大宮駅間に直通列車を運行したことから始まっている。平成9（1997）年 秋田新幹線「こまち」運転開始とともに「こまちリレー号」となり、翌年に「新幹線リレー号」に改称。名称が現行の「むさしの」になったのは平成13年。その後も停車駅や本数、時刻など運行形態の変更などを経て、平成26年3月15日のダイヤ改正から現行の1日3〜4本となった。

国立駅では大宮行き「むさしの号」は2番線に入線（八王子行きは中央線八王子方面の列車が使用する1番線に入線）しての出発進行。まもなくトンネルに入ると西国分寺駅手前の新府中街道あたりから左にカーブしながら最初の停車駅が地下駅の新小平駅となる。トンネル区間はさらに続き、新秋津駅手前でようやく地上に出る。用事がなければ、乗っていて楽しい電車ではないようです。

# 27 立川駅 中央線の進化と二人三脚で多摩の代表的都市に

## ◆中央線快速電車と多摩地区の発展

立川駅から東京駅まで快速で50分前後、中央特快なら40分ほどだ。これが新宿までならそれぞれ10分ほど短い時間で着く。

中央線の快速は昭和8（1933）年9月、朝夕の通勤時間帯に限り列車線を使用して御茶ノ水～中野駅で運行開始した急行電車が、そもそもの始まりという。「急行電車」の名称から急行券を買い求めようとした利用客が続出したそうだ。昭和35（1960）年急行料金を徴収する急行列車「アルプス」の運行開始で、紛らわしさ解消に翌年3月、急行電車を現行の快速電車に改称。その後、複々線区間の伸長につれて終日運転など運行形態の利便性を高めながら現行に至っている。

中央特快は昭和42年7月、東京～高尾間で日中のみ「特別快速」の運転を開始したのがその起こりとなっている。競合路線となる京王線の特急に対抗して運行したものだ。特快誕生で、多摩地区からは朝夕ラッシュ時の運転が強く要望されたが、実現するのに20年待たねばならなかった。

昭和61（1986）年11月、東京～高尾間で下り夜間に「通勤快速」

立川駅付近を走る中央線電車

が登場。「特別快速」と称していないものの、速達ランクは特快と同等だった。国鉄民営化翌年の昭和63年、特別快速は「中央特快」と「青梅特快」に分離され、通勤快速、中央特快、青梅特快の利便性向上が図られながら、現行に至っている。

立川市は八王子市と並んで多摩地区を代表する街だが、中央線の進化と多摩地区の発展は二人三脚といえる。多摩地域には30市町村ほど数えるが、立川市ほど駅を繁華の核にして大きな変化を遂げた地域は他に類を見ない。

中央線に南武線と青梅線が乗り入れる立川駅は多摩地区最大の利用客を誇る。さらには多摩都市モノレール線が平成12（2000）年に全通した。多摩地区を南北に結ぶにモノレール線には立川北駅と立川南駅があり、駅周辺の回遊性向上が図られた。

400万人ともいわれる人口を有する東京三多摩地区の中心都市として、高島屋や伊勢丹等々多くの大型商業施設やオフィスが集積する立川駅の繁華は八王子を凌ぐ。

## ◆若山牧水が詠んだ駅前茶屋

「立川の駅の古茶屋　さくら樹のもみぢのかげに見送りし子よ」

歌人若山牧水が明治39年、立川に立ち寄った折に詠んだ一首だ。

北口バスターミナルの一画に建つ若山牧水歌碑

北口の小公園に設けられている「立川小唄」の碑

**【立川駅と立川飛行場(昭和５年頃)】**
大正11（1922）年に陸軍の立川飛行場が開かれ、続いて大阪との間を結ぶ民間定期航空路の飛行場となったことで、戦前の立川町は大きく発展することになった。立川駅の北口から立川通りが延び、左奥に立川飛行場が見える。この後、昭和15（1940）年には市制を施行して、東京府下では八王子市に続く２番目の立川市が成立する。◎提供：朝日新聞社

**【立川駅(昭和戦前期)】**
明治22(1889)年に開業した立川駅には、昭和5(1930)年の南口開設以前、北口しか存在しなかった。この駅前には乗合自動車が乗り入れており、タクシーも並んでいる。駅から出てきた人々は洋服・和服に帽子を被った男性が多く、軍人とともにランドセルを背負った子どもの姿もある。◎所蔵：生田 誠

明治22年（1889）年4月、新宿～立川間に甲武鉄道が開通。その頃は1日4往復、新宿まで107分だった。駅前の茶屋があった場所は、現在はバスターミナルとなっており、一画に若山牧水の歌碑が建てられている。

〈明治39年秋10月、この地を過ぎ一首をものす。駅前数株の老桜あり、多摩桜と称す。茶屋、色あせたる赤毛布、村童の群れ、歌人の詩興をそそる〉と、昭和25年に建てられた歌碑の一節は云う。

立川市は、明治時代の立川村と砂川村から成っているが、鉄道誘致に当たって立川村は、蒸気機関車などに必要な水を村の貴重な生活用水であった柴崎分水から提供することを躊躇していたところ、砂川村が蒸気機関車用水を提供することとなり、引き替えとして駅の出入口は砂川村方面となる北側に設けられた。

甲武鉄道は開業年の8月には八王子まで延伸。明治27年には、後に青梅線となる青梅鉄道立川～青梅間が開通した。当初は石灰運搬を目的とした貨客鉄道だったとはいえ、鉄道が2本も走り出した立川駅は多摩地区の交通の要衝となったが、立川は農村のままだった。

明治43（1910）年刊の『中央東及西線川越線青梅線鉄道名所』は立川駅をガイドして曰く「青梅鉄道の分岐するところの要駅なり。多摩川の鮎狩り。夏季に至り避暑を兼ねて鮎を狩る一日の清遊は、平日繁劇に耐えて事を処する職業者の疲弊を慰謝して余りあらん。沿岸には料理する茶亭あり」云々。

多摩川の鮎は江戸期から有名だが、甲武鉄道開通後、立川駅近隣の農家が多摩川の鮎漁を売り物にし始めたと『日本海陸漫遊の栞』にある。

〈其の奥座敷を客間に充てて料理もなせり。また鮎漁の仕方に数種在り。曰く鵜飼、曰く銛、曰く投網、曰く友釣、別に屋根船あり。屋根舟には客十人を入れ船中にて酒を酌み、かつ捕り得たる鮎を直ちに料理して食するを得べし。就中最も興あるは羽網にて多きときは一回四五十尾の鮎を捕らえる事ありという〉云々。

鮎漁の他には触れていないことから、鉄道が2本も走りながら立川は明治末期になっても農村のままであったことがうかがえる。

## ◆養蚕と養豚の戦前から東京ウド「立川こまち」の戦後

立川市は江戸時代には、おおよそ南半分が柴崎村、北半分が砂川村だった。柴崎村は明治14（1881）年に立川村へ改称。大正12年に立川町となり、昭和15年に市制に移行している。江戸初期の「砂川新田」から村となった砂川村は昭和29（1954）年に砂川町となり、昭和38年に立川市へ編入されている。

駅前の繁華に目を取られがちだが、立川では今も農業は健在である。中でもウドとブロッコリーは東京有数の生産地となっている。

立川でウドの生産が始まったのは、養蚕が衰退した昭和20年代からで、本格的に生産が始まったのは昭和30年代に入ってから。収益性が高く、冬場の農閑期の貴重な収入源として栽培が盛んになった。一般的なウドは山野に自生し、緑色をしているが、立川が代表的な生産地の「東京ウド」は、地下3mの光の入らない「室(むろ)」で育てることによる白い色が特徴。立川のウドは「立川こまち」とブランド化されている。ブロッコリーでも東京有数の生産量を誇っており、練馬区とトップを競っている。

立川は大正期までは広大な土地を利用した養蚕・養豚農家も多い農村だった。

古くから「桑都」と称された八王子の織物業が江戸中期に立川村に波及。養蚕農家の桑畑は駅周辺にも迫っていた。大正5（1916）年には東京府原蚕種製造所（後の東京蚕業試験場）が立川に開設されて、農家に技術指導も行い、蚕業振興の中心的役割を果たしている。

立川の養豚で名を馳せたのは三菱だった。大正8年、三菱財閥の創始者・岩崎弥太郎の甥、岩崎輝弥は「立川養豚場」を開くと、最先端の知識と技術で、立川ばかりでなく国内の豚の改良増殖や養豚知識の普及啓蒙にも大きな役割を果たした。

日本経済新聞の前身にあたる中外商業新報は昭和11年7月、「東洋一の養豚場」とも見出しを打って、立川養豚場を記事にしている。

〈立川といえば或る方面では飛行場を直感するが、オール日本の農業方面では立川養豚場を連想する。この農場は岩崎輝弥氏の独力経営になるもので汎東洋に種豚の供給をしている、その規模の充実せる内容は敷地約八町歩百花囲繞せる東洋一の豚の御殿で美麗なること驚くばかり。豚舎はコンクリート建で場内にトロッコ線にて水道が縦横に通じ、凡ゆる近代新考案が出来ている将に豚の天国である〉（要約）

立川養豚場は、現在の昭和記念公園の敷地にあったが、昭和16（1941）年立川飛行場の拡大で神奈川県に移転している。

## ◆「空の都・立川」誕生

大正期に入ると、立川駅は駅前から北に伸びる「仲町通り」（現在の北口大通り）が賑わうようになっていたが、立川を急速に変えていくのは鉄道ではなく、飛行機だった。

大正3（1914）年から7年にかけて戦火が覆った欧州大戦（第一次世界大戦）は、国や軍部に飛行機の重要性を認識させ、帝都東京の近郊に飛行場を建設することとなった。

立川は都心に近くて駅北側には広大な土地があり、鉄道も通っていることから燃料輸送や兵員輸送にも好都合と、立川が飛行場の建設地に選ばれた。大正10年、立川町から砂川村にかけて用地買収が始まり、立川飛行場は大正11（1922）年帝都防衛構想の陸軍航空部隊の中核拠点として開設された。岐阜県各務ヶ原で編成された航空第五大隊が早速立川飛行場に移駐。飛行第五大隊へ改称されると、大正14年に飛行第五連隊となった。

大正12年の関東大震災で、深川にあった洲崎飛行場が使えなくなると、立川飛行場には日本飛行学校の練習場が開設されるなど、民間の飛行場としても利用されるようになった。

「日本航空輸送」による日本最初の民間定期航空も就航。昭和2年にはソ連から親善機が飛来、最初の外国機となった。以降、外国機の飛来が相次ぎ、立川飛行場は国際空港として知られるようになる。

立川が「空の都」と謳われたのがその頃のことだ。

♪東京ばかりか浅川青梅五日市から一走り。汽車だ電車だ川崎からも空の都よ立川よ♪などと歌われたのは昭和5（1930）年立川の花街から生まれた「立川小唄」の一節だ。

立川飛行場開設95周年だった平成29年、立川飛行場の正門があった駅北口の公園に「立川小唄」記念碑が設けられている。「空の都」だった立川の歴史の一コマを伝えている。

## ◆「赤とんぼ」立川飛行機とプリンス自動車

立川に移転してきた民間会社の一つに石川島飛行機製作所がある。同製作所は昭和11（1936）年に立川飛行機へ改称するが、昭和5年に月島から立川へ移転してきた。昭和9年には陸軍の依頼を受け、練習機として複葉機「赤とんぼ」を開発している。団塊の世代で、プラモデルに馴染んだ向きには懐かしい飛行機だ。

立川飛行機は戦後、電気自動車の開発に着手するも米軍から工場の接収を受け、技術者らは独立して電気自動車・自動車を開発する会社を興している。この会社が後のプリンス自動車工業で、昭和30年代には荻窪工場から「グロリア」「スカイライン」などの名車を世に送り出した。昭和41（1966）年に日産自動車と合併、日産プリンスとなった。自動車輸送の鉄道拠点となった東小金井駅の自動車プールには、グロリアやスカイラインが並んでいたものだった。

立川飛行機そのものは戦後、紆余曲折を経ながら不動産賃貸業を主とする「立飛ホールディングス」として現在も存続している。

## ◆立川南口と花街

立川駅南口の開設は昭和5（1930）年。この年に五日市鉄道（五日市線）が立川まで延伸され、前年には立川と川崎を結ぶ南武鉄道（南武線）が立川駅を開業していたことからの南口開設だった。

立川駅の南側は、明治後期に東京府立第二中学校の開校などはあったが、昭和の初めまでは一帯に桑畑が広がっていた。

大正11年に立川飛行場が開設された頃から立川町の人口が急増。北口の繁華は駅の南側にも波及し、桑畑が消えはじめ、家屋が次々と建

立川駅南口

つようになった。乱開発が進むことを懸念した地主らは昭和3年から耕地整理に着手し、区画整理も行われた。

南口の開設もあって発展の基盤が整ったが、南側が急速に拓けていったことは昭和3年には二業地が誕生していたことからもうかがえる。「立川小唄」を生んだ立川花街は、南武線に沿った錦町錦町二業地が花街の認可を受けたものだった。その後、羽衣町にも二業地ができ、錦町の方は「錦町楽天地」羽衣町の方は「羽衣新天地」と呼ばれて、南武線沿いに花街が広がっていった。

南口側は、戦前の耕地整理で区画は整ったが、戦後の街の発展に対して駅前広場や道路が狭かった。昭和30年代前半から、南口側の住民や商店経営者らより駅前広場など都市基盤の整備が要望されるようになり、立川駅南口土地区画整理事業が昭和39年に都市計画決定。昭和41年に事業認可となるが、反対運動もあって工事に着手できたのは昭和49年となった。

区画整理事業に関連して建設されたのが「立川南口駅前ビル」で、昭和52年に「東武ストア」をテナントとして開業している。区画整理事業は、都市計画決定から約半世紀となる平成27（2015）年に完了と長い年月を要したが、平成11（1999）年に開業した「グランデュオ立川・サザン」も、区画整理事業と合わせてJRの駅ビルと再開発ビルの合体ビルとして建設されている。

## ◆「映画の街」でもあった立川の戦後

立川では戦時中の昭和19年、北口駅前などで建物疎開が行われた。空襲による被害を防止・軽減するため空地を設けるもので、駅前や仲町通りの東側などの建物が取り壊された。戦後はこの空地が駅前広場や北口大通りとして整備され、結果的に現在の北口の街づくりの原点となった。米軍基地返還

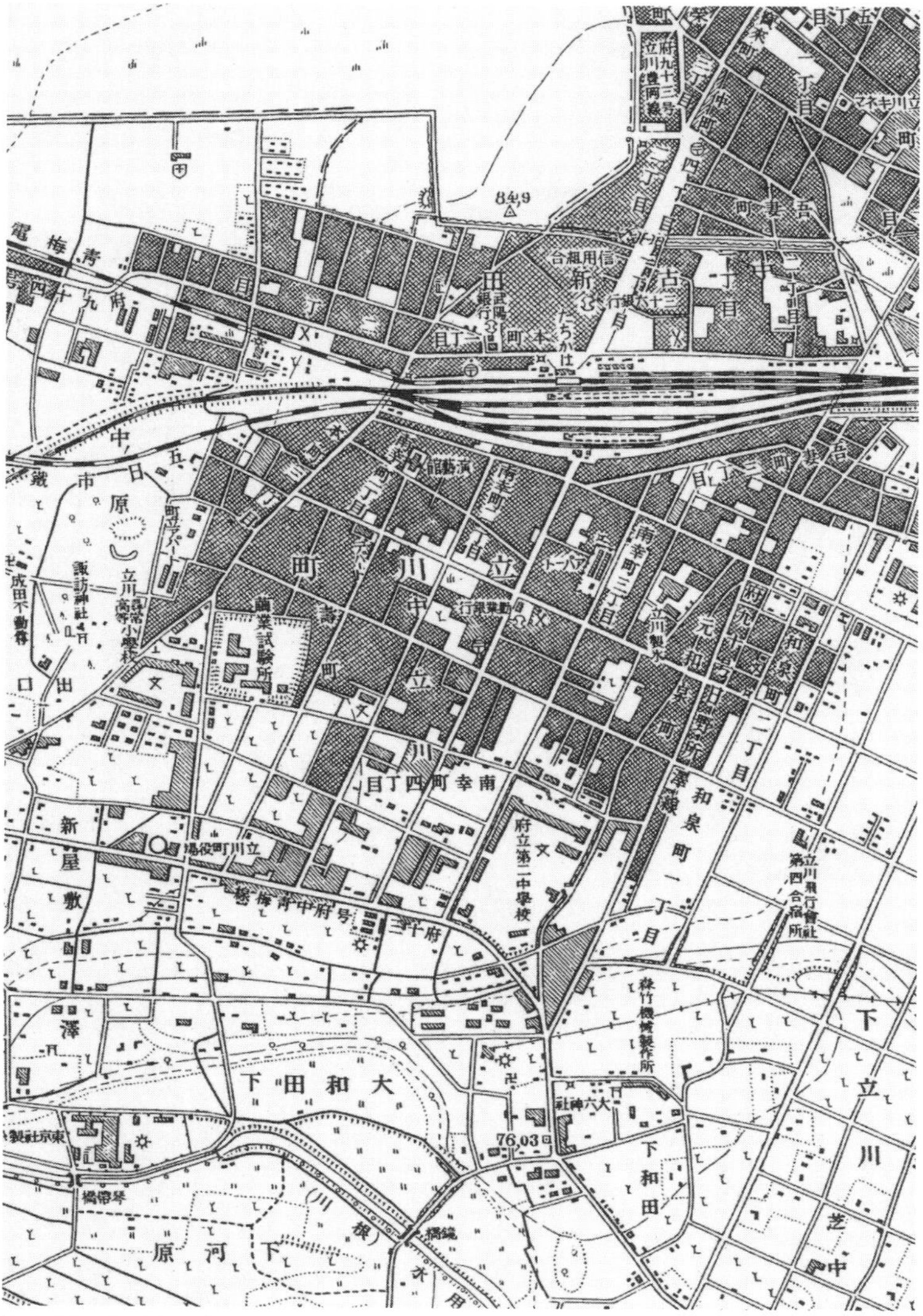

飛行場の開設後、立川の街が発展を遂げた昭和15(1940)年当時。
内務省発行「1/10000地形図」

後は、跡地利用に伴い国営昭和記念公園の開設、裁判所や市役所、各種商業施設ができ、それが今日の立川の発展の原動力ともなった。

終戦後、立川飛行場は米軍が接収・進駐し、立川は基地の街となった。駅北口には露店やヤミ市が立ち並び、昭和25（1950）年に朝鮮戦争が始まると米兵を相手とする商売で好景気となった。基地から出てくるドル紙幣が良くも悪くも発展に繋がった。商業や飲食業などで賑わうようになり、特に映画館はブームを呼んだ。

立川の初めての映画館は、飛行場が開設されて間もない大正14年7月、立川駅北口に出来た「立川キネマ」だ。同じ年、南口に「立川演芸館」が開館、昭和10年頃から映画も上映されるようになったといわれる。

戦後、立川飛行場は米軍立川基地となり周辺は繁華街として発展したが、昭和30年代後半には、北口に「シネマ立川」「立川セントラル」「立川松竹」「立川中央」南口に「立川名画座」「立川日活」「立川大映」「東映立川南座」「立川東宝」「立川新東宝」（「立川錦座」）と10館を数え、「映画の街」とも呼ばれたのが、立川の戦後の一側面だ。

# 28 日野駅 市民会館の愛称に残る先人の記憶

## ◆志半ばとなった日野煉瓦製造所

「ひの煉瓦ホール」――日野市民会館の愛称に、進取の気性に富んだ日野の先人の記憶が蘇る。まだ江戸時代の面影を残していた日野宿の有志は、多摩の田舎と東京市中を結ぶ甲武鉄道建設を知ると明治20（1887）年10月、日野の近代化を図る日野煉瓦製造所の新設認可願いを提出し、翌21年1月には早くも本格的に操業を開始している。しかし操業期間はわずか2年半の短命に終わった。資金面のみならず営業面での柱でもあった中心人物だった土淵英（はなぶさ）の急死によって明治23年8月に廃業を選択せざるを得なかった。

この短期間に製造されたレンガはおよそ50万個。日野煉瓦製造所は本格的な煉瓦工場であり、生産した煉瓦の大半は鉄道局に納入されて甲武鉄道の建設資材になった。多摩川鉄橋の橋脚には、そのうち20万個が使われたと言われ、日野煉瓦製造の煉瓦は今も多摩川鉄橋の橋脚を支えている。

日野煉瓦製造所が興された時期は、日本の経済が近代化していく時代に当たる。

明治政府は明治4（1871）年の新貨条例で紙幣の統一を図ったが、近代体制への移行にカネはいくらあっても足りない。新貨条例後も政府発行紙幣に加えて私設ナンバーバンクの国立銀行紙幣も流通。明治14年には政府発行紙幣が1億2000万円、国立銀行紙幣が3500万円に上っている。明治14年度の予算額は6857万円。国家予算の2倍以上に当たる不換紙幣で日本の財政は回っていたことになる。

明治13（1880）年から財政を担当した松方正義は西南戦争後のインフレ対策に徹底したデフレ策を断行している。その三本柱が「緊縮財政と増税」「不換紙幣の整理」そして「輸出の振興」だ。

松方正義は政府内外の反発の中、三本柱による財政再建を断行。明治15年には日本銀行を設立して中央銀行制度を確立。紙幣整理を進め、兌換紙幣の発行による金融の安定化が民間の起業熱を刺激し、企業や工場の創設も相次ぎ、雇用の機会も増大。日本経済の近代化へのステップを踏んだのが明治10年代後半の鹿鳴館時代から20年代にかけてだった。

この時代はまた鉄道建設の進展もあった。半官半民の国策会社である日本鉄道が明治16年6月、上野～高崎間を開業。以降、東日本の幹線鉄道網が進捗。西日本では明治21（1888）年山陽鉄道が開業するなど、産業発展に欠かせない物流網も整っていく。

明治16年には東京電燈も設立され、欧米に遅れることなく新しいエネルギーである電気の時代が幕を開けたことも、明治20年代に日本の近代化を大きく発展させていく。

先見の明で時代を先取りし、日野駅の誘致にも心を砕きながらわずか34歳の若さで急逝した土淵英はもとより、土淵を失って廃業せざるを得なかった日野煉瓦製造所は「無念」の一言だったろう。

## ◆新選組と日野宿

日野駅前から甲州街道入口まで東西に延びていたのが日野宿で、土淵英は日野宿八坂神社の宮司だった人である。八坂神社には新選組近藤勇が遣うことで知られた天然理心流の奉納額が納められていることでも知られているが、駅から歩いて15分ほどの「日野市立新選組のふるさと歴史館」（日野市神明4丁目）には、日野に残されている新選組資料を集めた常設展が行われ、新選組の歴史を中心にさまざまな企画展も催されている。

分館の「日野宿本陣」は土方歳三、井上源三郎、近藤勇、沖田総司らが集ったころの姿そのままで残され、新選組誕生当時の空気を感じられる。新選組関係の資料はもとより、本陣に受け継がれてきた貴重な資料や幕末に係わる資料も保存されている。

日野宿本陣は都内で唯一残る江戸時代に建てられた本陣。新選組が主役となる幕末の動乱が幕を開ける直前の嘉永2（1849）年正月18日の大火で焼失してしまった主屋にかわるものとして建設されたもの。幕末に日野宿の問屋と日野本郷名主を務めていた佐藤彦五郎が本陣兼自宅として使用していた。

旧宿場街の日野宿本陣

佐藤彦五郎は天然理心流近藤周助に入門し、自宅に道場も開く。道場にはやがて近藤勇や沖田総司、山南敬助らが訪れるようになり、日野出身の土方歳三・井上源三郎らを交えた新選組と日野の人々との物語の幕が開いた。
その風貌、その生き様から新選組でも一番人気の土方歳三の墓は、石田寺にある。多摩モノレールで満願寺駅が最寄り駅となっている日野高校の隣だ。
歳三の墓所は、墓石は新しくされているものの、土方歳三の現存する唯一の写真が供花と一緒に飾られている。「日野市史」は、この写真が残されることになった経緯を次のように記述している。
〈…この朝、土方は早朝、箱館山の裏から上陸した東征軍に対し、旧新撰組の隊士や士官からなる一隊を指揮した。一本木関門から箱館市内に向けて突入し、激しい銃撃戦の中、馬上で戦闘指揮中、敵弾を下腹部に受け落馬。近くの農家に運び込まれたが、手当の甲斐もなく、付き添った旧新撰組隊士に「世話になった。すまぬ」と言い残して、波瀾に富んだ35歳の一生を終わった。

土方は市街戦の始まる前、小姓の市村鉄之助に写真一枚を託し、外国船に乗せ、江戸へ送った。明治2年7月、市村は乞食姿で日野市の佐藤家（注：土方歳三の義兄宅）を訪れ、この写真を届けた。現存する土方の写真がこのときのものである〉

土方歳三が今も熱烈なファンを持つのは、生き様も死に様も戦いの中にあり、一刀彫のような剛毅そのものの生涯だったからだろう。

日野市の高幡不動こと真言宗智山派別格本山高幡山明王院金剛寺は千年以上の歴史を持つ古刹だが、「新撰組のお寺」となったのは、土方家が日野の旧家であり、その昔から高幡不動尊が一族の菩提寺であり、檀頭格だったことによる。

高幡不動尊には歳三を初め、新撰組隊士の位牌が安置されているが、歳三並びに土方家の墓所が石田寺にあるのは、石田寺が高幡不動尊の末寺であり、墓所としていることによる。このような関係を「墓檀家」と呼んでいる。

石田寺土方歳三の墓所

土方歳三が眠る石田寺

## ◆養蚕農家への移行

〈日野村は甲州街道の宿駅にして多摩川の南岸に在り。立川村とは僅かに多摩川の一帯水を隔てその間二哩六鎖に過ぎず。戸数五百、人口二千余。毎月六十の日市を開き、米穀生糸繭雑品を売買す。此の地また鮎漁に適す。近傍名勝旧蹟の案内すべきなければ直ちに八王子に移らん〉と、明治36年刊『日本海陸漫遊の栞』の日野停車場ガイドは実にそっけない。

日野駅は明治23(1890)年1月6日、貨物扱い所を併設して甲州街道と交差するところに開設された。甲武鉄道が立川〜八王子間を延長開業してから5ヶ月後だが、集落があるのは日野宿のみ。日野駅周辺はもとより甲武鉄道もあたり一面田畑の田園地帯を走っていた。

その後、日野坂を大きく迂回して上る現在の甲州街道新道の開通に合わせて昭和12(1937)年6月、新道に近い築堤上に現在の駅が開設された。新道開通で旧甲州街道となったのは、現在の大坂上通りである。

駅の移設に合わせて駅舎も新築されたが、昭和10年代に入っても駅周辺の集落は駅開業当時と同じで日野宿沿いだけ。変わったのは駅南側の八王子側の乾田地帯が桑畑になっていたくらいだ。八王子の機業が近代化し隆盛を極めていたことから、その後背地として養蚕農家が急増していったのが、大正後半から昭和にかけての日野だった。

## ◆ブドウとナシの都市農業

日野駅の北側に多摩川、南には浅川が流れる日野は「多摩の米蔵」として、甲州街道日野宿を中心に繁栄。昭和12年に新築された日野駅のデザインは、「八丁田圃」と呼ばれる稲作地帯だった田園風景との調和を考えたデザインだという。

大規模企業や大規模団地が棟を並べるようになった現在でも、日野には河川や丘陵地が多く、国土交通省の「水の郷百選」に認定されるなど自然も多い。また、多摩地区としては水田や野菜畑などの農地が占める割合が高く、都市農業の代表的な都市として紹介されることも少なくない。

その一例に、ブドウや梨がある。日野市で栽培されているブドウの主力は、「高尾」。立川市にある東京都農業試験場(現在の東京都農林総合研究センター)で巨峰の実生から選抜した多摩生まれの品種だ。巨峰よりやや小ぶりで果肉は締まっていて、甘みが強く濃厚な味わいが口いっぱいに広がる種なしブドウだ。

日野市での多摩川梨栽培は昭和初期ころから始まり、ピーク時には80ヶ所ほどの梨園があった。しかし、戦後の都市化とともに農家数も減少して梨園は現在、最盛期の3割ほどだが、もぎたての梨の直売や宅配による全国発送を行っている。

多摩川梨とは多摩川流域で栽培している梨の総称。8月から収穫が始まる「幸水」から「稲城」「豊水」「あきづき」そして巨大梨の「新高」と多彩な顔ぶれが揃っている。

日野の農業には大根やトマトもある。

日野の冬の風物詩などと言われていることが多い「東光寺大根」は練馬大根の流れを受け継ぐ。辛みが多く少し苦いことから、もっぱら漬け物用に加工されている。全体に細く、首の部分は10円玉くらいの太さしかない。

日野のトマトは桃太郎系とファーストトマト系の二つが主流。3月ごろからハウス栽培の桃太郎トマトの販売が始まり、4月中旬を過ぎると「日野ファーストトマト」と名付けられた温室トマトが出揃う。やがて露地ものの「桃太郎」が出て夏の食卓に彩りを添える。

ブルーベリーは、日野では歴史が浅い。平成10年に「日野市ブルーベリー研究会」が発足し、東京都と日野市の補助支援により作付面積が増加。現在では市内に14軒の摘み取り園があり、年々増加している。7月から9月上旬までがブルーベリーの最盛期となる。

イチゴや柿も栽培されている。

イチゴは12月から5月まで、温室栽培される品種「とちおとめ」は、収穫量はまだ少なく地元限定。日野バイパス沿いにある日野農産物直売所(万願寺)や高幡不動駅近くにあるJA東京みなみ七生支店などで売られている。

柿は、ブドウの「高尾」と同じく立川の東京都農業試験場で生まれ、品種登録名は「東京御所」。上品な甘みと芳醇さが残るフルーティな味わいが特徴。他にも「富有」「太秋」「禅師丸」といった柿も栽培されている。

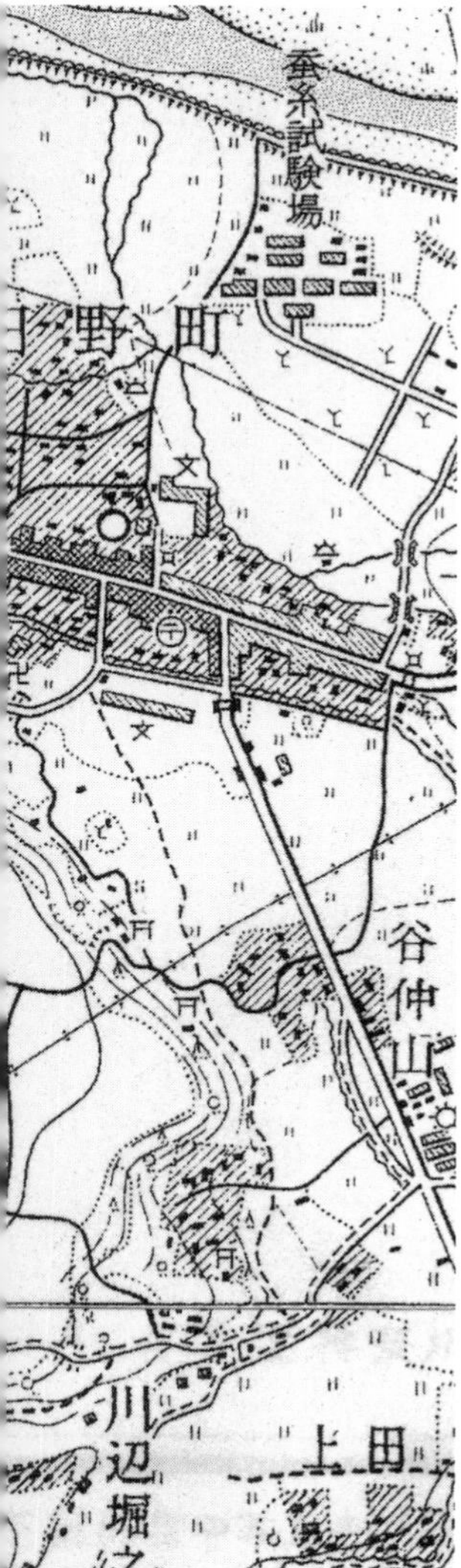

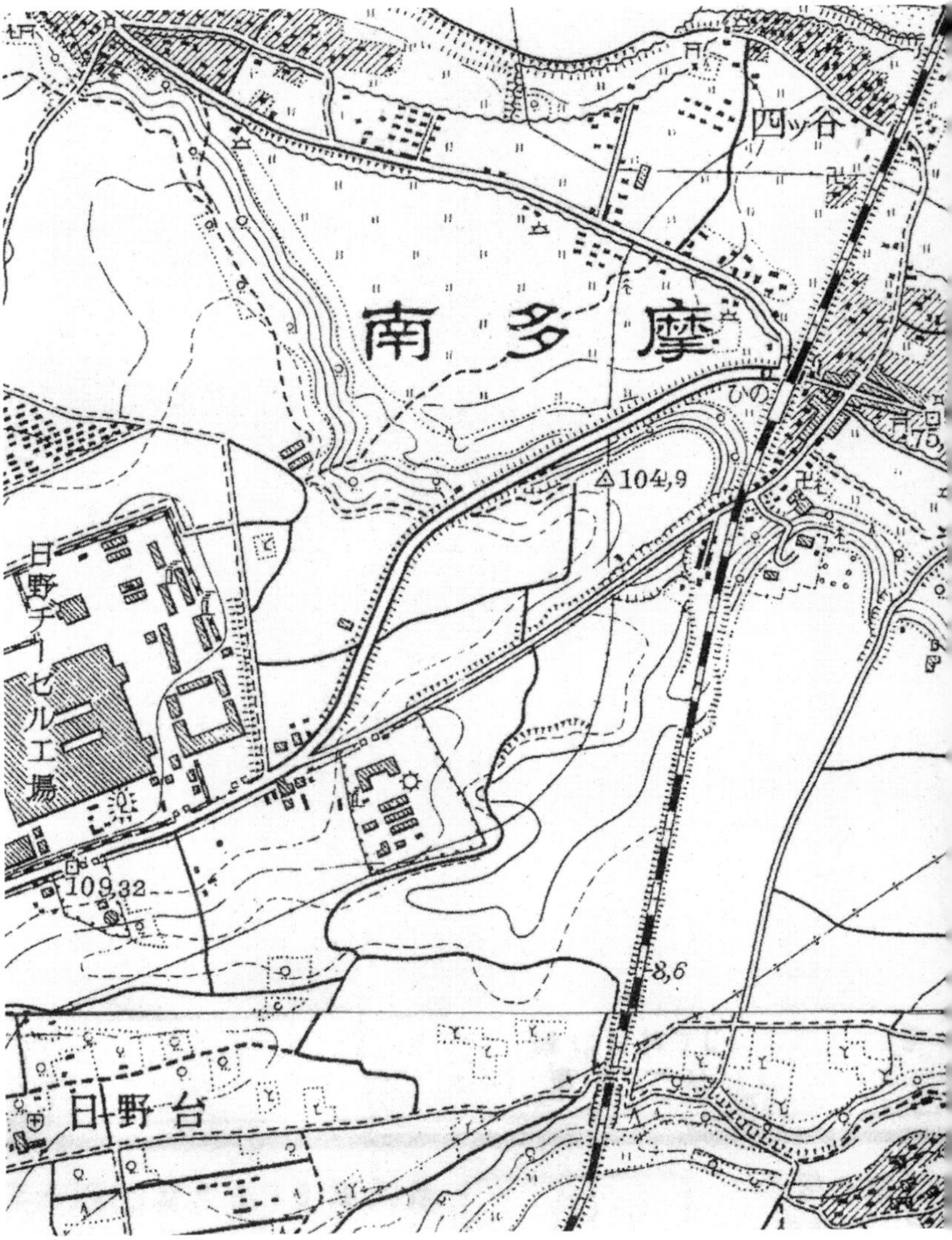


日野ヂーゼルの工場が進出した昭和27（1952）年当時の地図。
建設省地理調査所発行「1/25000地形図」

# 29 豊田駅　桑畑から多摩平の森への１００年

## ◆農村日野を直撃した世界的大不況

豊田駅の開業は日野駅より10年後、20世紀に入った明治34（１９０１）年2月。真冬の寒い時期の開業となったが、旅客より貨物がメインの駅で、周辺の風景も寒々しいものだった。駅の北側は日野台地の崖と山林が見られるだけで、浅川沿いに水田が広がる南口だけの駅だった。そんな風景は10年経っても変わらず、明治43年刊の『中央東及西線・川越線・青梅線鉄道名所』に〈浅川に産する砂利を採取して搬出するより設けたる駅にて、見るべき所無し〉などとガイドされている。

豊田も日野と同様に大正期から昭和にかけて養蚕農家が増え始め、昭和10年代前半には駅の南側も北側も、駅舎に迫るほど桑畑が広がっていた。

農村日野を変えるのは、昭和金融恐慌～世界恐慌と続いた深刻な不況だった。

大正12（１９２３）年の関東大震災で振出手形が不良債権化したいわゆる震災手形処理の破綻から銀行の倒産が相次ぐ金融恐慌が収まらない中で、政府は暴風雨にわざわざ窓を開けるような金解禁を断行した。経済無知の蛮行はサラリーマン失業時代を呼ぶ深刻な不況を招いた。小津安二郎の『大学は出たけれど』が評判を呼んだのは昭和４（１９２９）年のことだ。この年、アメリカでは株価が大暴落。世界恐慌の引き金を引いた。

生糸の最大輸出先であったアメリカ発の世界恐慌の波が日本に上陸して商品相場も暴落。金融恐慌では比較的軽微だった農村も、世界恐慌では大打撃を受けた。浅川沿いを中心に水田が広がり、「東京の米蔵」と呼ばれた日野の稲作農家も、また養蚕農家も例外ではなかった。

機業地八王子の後背地として、日野にも養蚕農家が広がっており、貴重な現金収入源としていた兼業農家も多かった。八王子の不況が日野を直撃した上、農産物価格も急激に低下。深刻な不況に日野が喘いでいた当時の日野町長が採った不況対策が、雇用の創出と税収も図れる企業誘致だった。

## ◆日野五社と内陸型工業都市日野の基盤

日野市には豊田駅の北側に富士電機、コニカミノルタ、日野自動車が、日野駅の南西側にセイコーエプソンなど大手一流企業の名が見える。これらの企業は昭和戦前の不況時、日野町長が先頭に立って用地を確保し、企業誘致に努めたことで日野に進出してきたものだ。

企業誘致が功を奏し、日野に進出してきた大手企業は5社を数えたことから「日野五社」と呼ばれ、そのうち神戸製鋼系列の神鋼電機は戦後に撤退。跡地は都立日野台高校と市立大坂上中学校となっている。

日野台3丁目から4丁目にかけて広大な敷地を展開している日野自動車は、日野に製造部門を置いたことから社名に「日野」を冠するようになった。

日野自動車のルーツは明治43（1910）年設立された東京瓦斯電気工業株式会社。明治末期から大正時代にかけ、普及期にあったガス・電気器具を生産。大正6（1917）年に自動貨車（トラック）を試作。翌年、我が国初の自動車生産を開始。昭和12（1937）年自動車生産部門は自動車工業株式会社および共同国産自動車株式会社と合併し、東京自動車工業株式会社を設立。日野に製造部門を置いたことから昭和17年に日野重工業株式会社と改称。昭和34年、現在の社名「日野自動車工業株式会社」となった。

同社のあるエリアのみ「さくら町」となっているコニカミノルタは、日野に工場を置いた当時は、後にコニカとなる「小西六写真工業」の時代(「新宿駅」の項を参照)。町名は同社のブランドである「さくらフィルム」が来由となっている。

日野市役所の東に当たる日野町のセイコーエプソンは日野に工場を置いたオリエント時計が、その後セイコーに吸収された。

富士町の富士電機東京工場は昭和18年、日野に来た当時の社名は富士電機製造。大正12年8月29日、古河電気工業とドイツのシーメンス社との資本・技術提携により設立されている。

日野は都市農業の代表的な街だが、内陸型工業都市の顔も持つのは戦前の「日野五社」時代がその基盤だった。

## ◆多摩平団地誕生で北口激変

日野市には中央線の駅が日野、豊田と2つある。しかし、駅前の賑わいも利用客数でも、メインは豊田に傾斜している。日野駅の乗車人数は1日平均2万7千人だが、豊田は3万6千人に近い(いずれも令和元年度)。

豊田駅周辺には戦前、大手企業が進出したことから利用客も増えたと思いがちだが、駅の北側には昭和15年の1万分の1地図でも道はない。現在の東京都道155号町田平山八王子線となる道筋が中央線と交差して走っているぐらいで、駅舎間際まで桑畑が広がっていた。駅に向かう道がないから進出大手企業は日野か八王子から通勤用の送迎バスを出していたのが、戦後の昭和20年代にようやく北口が開設される豊田駅だった。

豊田駅の利用客は現在、北口がメインだ。北口のすぐ近くにあるイオンモール多摩平の森への通勤客や買い物客、コニカミノルタ、富士電機、ファナック、GEヘルスケア・ジャパン、日野自動車などへの通勤客や訪問客、さらには首都大学東京日野キャンパス、東京薬科大学、都立八王子東高等学校、都立日野台高等学校の学生も利用が多い。

豊田駅が変わる契機となったのが、昭和33（1958）年から入居が始まった多摩平団地だ。日本住宅公団の造成した公団住宅で、3～4階建て中層フラット棟68棟、1～2階建てテラスハウス179棟、全2792戸の住宅が誕生。昭和30年前後から日本住宅公団によって建設が始まった公団住宅は、水洗トイレ、風呂、ダイニングキッチン、ベランダなどを取り入れ、近代的なものとして憧れの住宅だった。

駅前通りも整備され、商店街も誕生。駅北側は一挙に賑やかになった。

昭和41年には豊田電車区が完成した。当時は460両を受け持つ国鉄最大の電車区で、豊田駅も2面4線の駅に改築され、始発電車の多い駅となった。始発電車のある駅が新しく住まいを求めるサラリーマンが注目するのは「武蔵小金井」の項で触れた。

多摩平団地は現在、建て替えの時期を迎えて「多摩平の森」と名称を変えて再生中だ。北口を出てすぐの賑わい商業施設「イオンモール

北口のイオンモール多摩平の森

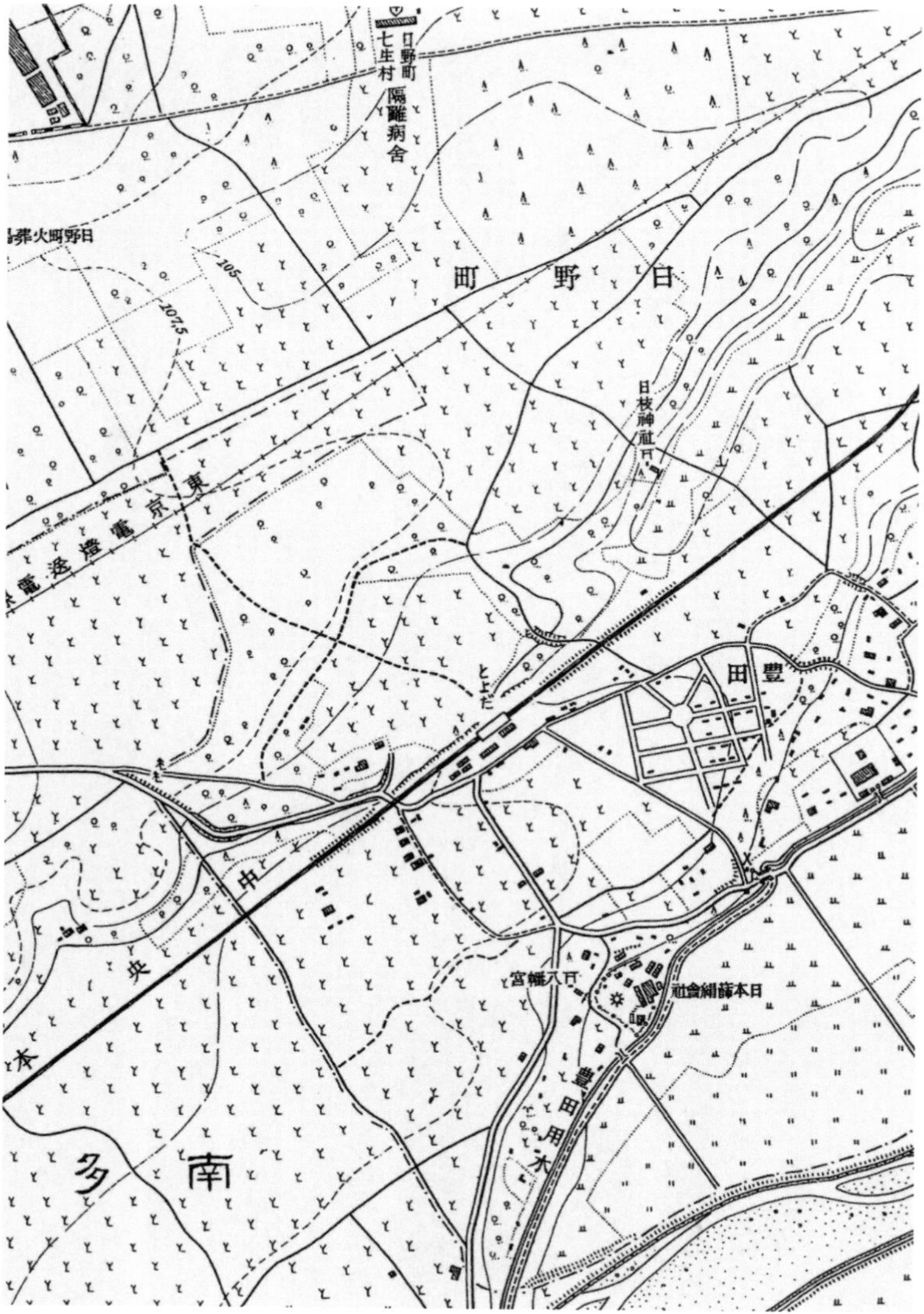


豊田駅周辺も一面の桑畑だった昭和15（1940）年当時。
内務省発行「1/10000地形図」

多摩平の森」も団地再生で生まれた跡地に出来たものだ。

## ◆南口は区画整理事業中

北口の繁華に取り残された感のあるのが、駅前通り沿いにマンションが建ち並ぶ南口だ。多摩丘陵を臨む南口も平成28年に地区計画が決定され、豊田駅南口周辺地区まちづくり協議会が発足。現在は区画整理事業の途中にある。

駅南側は崖線下の湧水、水路、多摩丘陵、豊かな樹林、水路、浅川 など、豊かな自然に囲まれた環境にある。駅から南側を見下ろせば、緑に包まれた豊田の街の先に多摩丘陵を臨め、浅川沿いから見上げれば、街なかの豊かな緑の先に駅前の市街地を見る。

駅から浅川までの1キロのほどの間に20mの高低差があり、その地形の変化から、駅周辺の緑豊かな住宅地、崖線と豊かな湧水がつくりだす斜面緑地、浅川沿いには一部残る畑や広い公園など、立体的な緑の連続性を感じることができる空間となっている。

日野市では20年ほど前から新駅「西豊田駅」設置をＪＲ東日本へ要請していたが、令和元年に断念を決めている。ＪＲ東日本は新駅設置の条件として「日野駅と同等の利用客数の純増」「日野市が建設費用全額負担」を提示したが、利用客数は遠く及ばないこと、建設費用は概算80億円に及ぶことからの断念だった。

# 30 八王子駅　桑都から首都東京唯一の中核市へ

## ◆特急あずさ停車で沸いた八王子

八王子駅前はその日、ちょっとしたお祭り騒ぎであった。10月1日のダイヤ改正で特急あずさが八王子に停車するようになったからだ。

特急あずさは中央線で初めての特急列車で、昭和41（1966）年12月から新宿～松本間を1日2往復で走り始めた。運転距離は240キロ余りと短いものの中央線で初めて食堂車が連結されていた特急あずさが昭和42年10月のダイヤ改正で八王子に停まるようになったのだ。

八王子は敗戦後の焼け跡闇市時代を経て、昭和20年代末には商店数2千戸、従業員数は6千人超。メインストリートの横山町～八幡町間約1キロの甲州街道両側の商店街歩道にはアーケードもでき、八王子商店街は復興。また織物業も戦後の衣料不足から需要が高まり、昭和20年代半ばには、ガチャンと機（はた）を織れば万というお金が儲かると「ガチャ万」と揶揄される好況期を迎えた。昭和39年に開催された東京オリンピックでは自転車のロードレースとトラック競技の舞台となった。

その日、八王子駅北口には「躍進する八王子市」と謳い「特急あずさ号停車」とした大きな横看板が飾られ、駅構内の鉄道弘済会（現キオスク）も「祝　特急あずさ号停車」の看板を掲げて、お祭り気分を盛り上げた。

北口広場には「織物の街　八王子」のシンボルとなった高さ11メートルの織物タワーが建ち、昭和

30年代初頭に誕生した紋ウールが戦後八王子織物の最大のヒットを飛ばして売れ続けていたころのことだ。

## ◆八王子の発展を牽引した機業

それから半世紀。社会構造、生活様式の変化により織物業は衰退したが、八王子は現在でも日本有数のネクタイの街となっている。

糸を染めてから織る先染めの絹織物であることが特徴の八王子織物ネクタイが八王子で初めてつくられたのは大正13（1924）年という。その後、ネクタイを作る業者は戦前戦後を通して増加。昭和31年には日本のネクタイの6割までが八王子でつくられていた。

八王子を「桑都」と称するようになったのはいつ頃よりのことか判然としないが、「桑都」の言葉は「浅川を渡りて見れば富士の根の桑の都に青嵐吹く」という西行法師の歌に基づくようだ。

戦前の八王子市が編纂した市史『八王子』（大正15年刊）は「桑田の中に出来たる都と言う意味にして八王子城下の繁昌を称したものであろう」として『元八王子村誌』からの引用で「北条氏照全盛の頃の作なりという八王子八景の詩歌の一節〈桑都晴嵐、郭外民家七八千、晴嵐吹送夕陽前、東西南北桑田茂る〉を紹介している。

「桑都」と称せられ隆盛を極めた歴史を持つ「機業地八王子」の歴史は古い。大正9年刊『二十年間の八王子織物と織物同業組合』に曰

絹の道資料館。絹の道古道は石垣に沿った道を行く

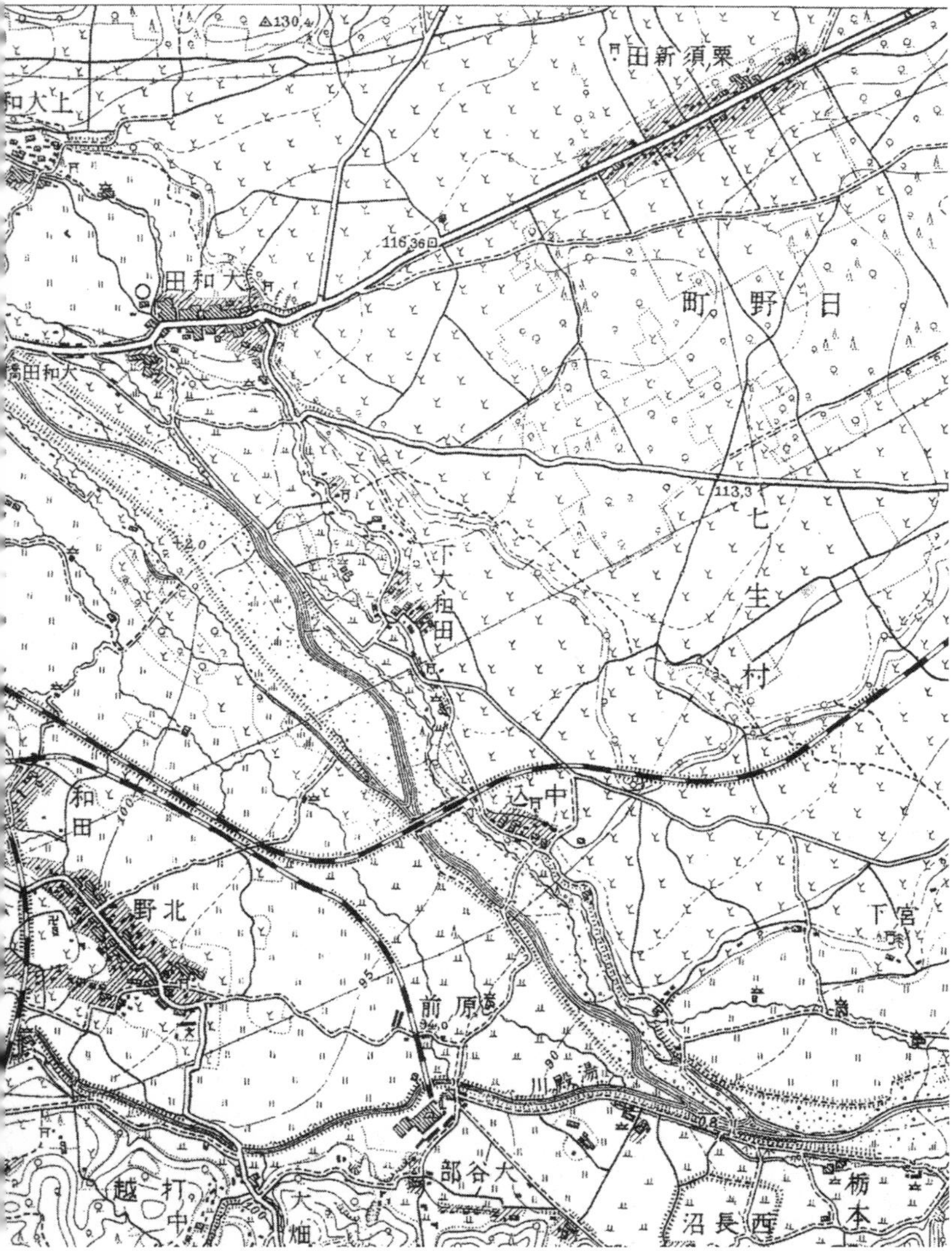

130.4
粟須新田
上大和田
116.36
大和田
日野町
大和田
113.3
七生村
下大和田
120
和田
中込
北野
宮下
95
前原
94.0
90
浅川
大谷部
打越
西長沼
栃本

「桑都」として知られた八王子周辺には桑畑が広がっていた。昭和2（1927）年当時。
陸軍参謀本部陸地測量部発行「1/25000地形図」。

仁丹
最新の流行品

**【八王子市街地(昭和戦前期)】**
八王子駅の北側を東西に走る甲州街道、八日町付近の風景で、既に道の両側に電信柱が立てられている。道路左側で、店先にトラックが止まっているのは、「筆墨硯」の看板が見える八日町３丁目の文房具店「伊藤文好堂」。江戸時代から続くこの老舗では、筆や墨、製図機械などとともに絵葉書も商っていた。◎所蔵：生田 誠

玉南
多摩川鮎漁場

**【東八王子駅(大正期)】**
京王電気軌道(現・京王電鉄)の関連会社であった玉南電気鉄道は、大正14(1925)年３月に府中〜東八王子間を開業し、この東八王子駅が誕生した。間もなく京王線の駅となったが、太平洋戦争の戦災で焼失。昭和38(1963)年12月に現在地に移転し、京王八王子駅に改称した。◎所蔵：生田 誠

く――

〈八王子織物の初めは農家の老媼子女が余暇に於いて各自の着料あるいは貢物の目的を以て機織りしたるにとどまった。時代が進化するに従って農夫は単に耕運播種にては生活出来ざるによって自ら生産したる玉繭糸を原料とし、草根本皮を以て加工し一種粗末なる織物を製造して自己消費の残余を交換の目的物とするに至って、北条氏の城下に特殊の市場が開設せられたのではないかと思われる。

天正十八年六月、北条氏遂に敗れて八王子城が落城後、市場も一時中絶したが、横山の地に市街が出来て市場も復活。江戸時代天明年間に及んで桐生足利の機業家が続々当地に移住してから農家から機織りの業が分岐するようになった。この頃から八王子は徐々に機業地としての色彩を現した〉(要約)

明治時代の八王子は家内工業だった機業が産業として勃興。大正期に入り、電気の普及が進んだ市街地への織物工場の進出などから八王子の人口は増加。大正6(1917)年には、八王子は東京府では東京市に次いで市制を施行したほど発展する。

大正期前半に起きた欧州大戦前後には電力も導入され、機業の近代化なった八王子は大正10年には、群馬(伊勢崎)を抑えて国内生産地生産高1位(八王子市織物同業組合調査)と、頂点に上り詰めたほど、八王子の機業は殷賑を極めた。ガス・水道などの都市基盤の整備もこの時期に進められた。

市制施行当時の八王子市役所

## ◆東海道線より中央線優先を主張した軍部

明治36年刊の『日本海陸漫遊の栞』に曰く「八王子町は甲武鉄道の極端にして府下南多摩郡に在り。町数十七、戸数五千余、人口二万ばかり。東京より甲府に至るまで随一の繁昌地にして市街の長さ三十町在り。市中には地方裁判所、郡役所、警察署、郵便電信局、織物市場、生糸市場、織物講習所、蚕糸業取締所、茶業商会、国立私立の銀行其他二座の劇場在りて常に興行せり」云々。

多摩地区で八王子と繁華を競っている立川は明治が終わる頃になっても、少しばかり賑わうのは一年を通して鮎漁の時季だけだったのに対し、鉄道開通後の八王子は日露戦争の始まる前から賑わいを極めていた。

八王子駅は明治22（1889）年8月11日、甲武鉄道立川〜八王子間開通で誕生している。立川駅開業から4ヶ月後だが、官設鉄道としての中央線は八王子から始まっている。20世紀に入った明治34（1901）年8月1日に開通した八王子〜上野原間が、官設中央線の最初の区間だ。このときに甲武鉄道八王子駅も現在地より西へ150mほど移動している。

八王子以西の中央線建設には、明治30年に八王子煉瓦製造が設立されている。日野煉瓦は短命に終わったが、八王子煉瓦製造は湯殿川北岸の工場から甲武鉄道までは引込線が引かれ燃料や煉瓦が運ばれたほか、工場南側の多摩丘陵の一画で採取された原料となる粘土はトロッコで運ばれた。明治40（1907）年に横浜の関東煉瓦に売却、明治45年大阪窯業に買収され、同社の八王子工場となった。この工場では甲州街道の歩道部分などで使用された舗道煉瓦の製造に切り替えられたが昭和7年、火災で閉鎖となった。

明治39年の鉄道国有化で国は甲武鉄道を買い上げて中央線としたが、官設中央線計画は早くからあった。

〈参謀本部の主張により、中央線は東海道線の敷設に先立つこと2年前、明治17（1884）年に工事着手も、工事頗る困難と経費また多額を要するために工事、一時中断（中略）軍事上から云えば、もしまた不幸にして敵国に海上権を制せられ、海岸線を突破されると仮定するも中央線あるを以て苦痛を感ずること、比較的微少〉云々。

明治44（1911）年、中央線八王子～名古屋間全通を伝える大阪毎日新聞5月1日からの要約抜粋だ。

記事によれば、新橋～横浜間に鉄道が開通後、明治政府は東京～大阪を結ぶ幹線鉄道が必要と考え、東海道線と中央線の2ルートを検討。中央線ルートを強硬に主張したのが、陸軍が主導する軍部だった。ペリーの黒船艦隊を例に取り、東海道線ルートではひとたび上陸されたら撤退ルートを確保できないと論じたことで、中央線の建設工事は東海道線より早かった。しかし、山岳部を走る難工事に音を上げ、明治19（1886）年に幹線鉄道の優先順位を東海道線に変更したとある。

## ◆織物の八王子に大きな影響を与えた横浜鉄道

甲武鉄道が国有化された2年後、八王子に横浜鉄道（現・横浜線）が開通し、生糸の輸出港横浜への「絹の道」が近代化された。

甲州街道八王子宿と東海道神奈川宿を結ぶ「絹の道」は神奈川往還、神奈川道、浜街道、神奈川宿からは八王子道と呼ばれ、複数のルートがあった。横浜開港後は八王子から片倉、鑓水、原町田を経て横浜芝生村（現在の横浜市御宿浅間町）を直線的に結ぶ八王子山中を1日で行くルートが重要視されるようになった。

八王子近郊はもとより長野、山梨、群馬などの各方面で生産された生糸は八王子宿に集められ、鑓水の生糸商人たちは、商いの成功に頭を巡らせながら横浜～八王子山中を1日がかりで往来していたのが、横浜鉄道開通前の情景だった。

鑓水商人の一人だった八木下要右衛門の屋敷跡地は現在、「絹の道資料館」となっている。絹の道資料館から300mほど進むと道は二股に分かれ、右側の未舗装の道が「絹の道」古道だ。その先の大塚山公園までの約1キロが昔の面影をよく残しているとして、文化庁の「歴史の道百選」に選ばれた古道となっている。

八王子の機業に大きな影響を与えた横浜鉄道開通後から、八王子は立川駅を凌ぐ交通の要衝となっていく。

大正14（1925）年、新宿～府中間で開業してい

大正時代の露店市

た京王電軌（現・京王電鉄）の関連会社として設立された玉南電気鉄道が府中〜東八王子（現・京王八王子）を開業。玉南電気鉄道は補助金を目的に地方鉄道として建設されたため当初は軌間も異なっていたが、大正15年に京王電軌に併合された翌年に改軌。翌年から新宿〜東八王子間の直通運転が始まり、八王子には新たに東京へのルートが増えた。

昭和5（1930）年12月には立川〜浅川（現・高尾）の電化が完成して、東京駅から電車が来るようになった。昭和6年12月には八高線が開通している。

## ◆市内を走った路面電車とバス、人力車

八王子市内に目をやれば、駅南側の市街地を外れれば桑畑が広がっていた昭和4年から武蔵中央電気鉄道が走り出している。甲州街道上に敷設された路面電車で、東八王子駅前〜高尾橋間を結んでいた。しかし、昭和5年に中央線が浅川まで電化されて都心から電車が直通となり、さらに翌年には大正天皇多摩御陵参拝に新宿と直通する京王電軌御陵線が開通したこともあり、業績は悪化。昭和13（1938）年に京王電軌に吸収され、翌年全線が廃止となった。

大正15年刊の市史『八王子』は当時の乗合バスと人力車にも触れている。

乗合自動車（バス）は八王子市街自動車株式会社の経営で、赤く塗った車両から赤自動車と言われた。八王子駅を起点に市内追分町を終点として5分毎に発車。運転区域を3区として料金は1区5銭。その他、高尾自動車尾上タクシー、旭自動車等を挙げている。

人力車は交通機関の発達で、その数を年々減少していたが、大正末期の市内現存数は153台。1里以内50銭、18町以内40銭、15町以内37銭、10町以内25銭、5町以内13銭。

割増料金は手荷物3貫目以上2割、夜間は3割。雨天1割、夜間雨天は3割、雪暴風雨4割、夜間は5割。時間待ちは1時間20銭、1日雇い上げ1人に付き3円。半日雇上げ5時間以上1円80銭――。路面電車が走り出す前は、庶民の手軽な足として、昭和初頭までは明治初年生まれの人力車は活躍していたようだ。

## ◆焦土からの復興

戦後の八王子は焼け野原からスタートした。終戦直前の昭和20（1945）年8月2日未明、170機にも及ぶ米軍爆撃機B29の2時間にわたる八王子大空襲で、市街地の90％が焼失。八王子は文字通りの焦土となった。

昭和21年、戦災復興事業を迅速かつ徹底して行うため特別都市計画法が制定され、特に空襲被害が大きかった全国115都市が指定を受け、東京は区部以外では唯一、八王子市が指定された。八王子駅の北口、南口、八日町以西の甲州街道周辺の三地区で戦災復興土地区画整理が行われ、昭和27年に八王子駅は若干東へ移転して新駅舎が完成。駅前広場、甲州街道と駅を結ぶ大通り（現・桑並木通り）や東西への放射線状道路などが整備された。

道路整備など都市計画が実り、甲州街道沿いの商店街は目覚ましい復興を遂げた。昭和29年に1キロにも及ぶアーケードが設置され、全国でも有数の規模の商店街となった。昭和35（1960）年には市内初の百貨店「まるき百貨店」が開店。その後も伊勢丹、西武百貨店、八王子大丸、長崎屋など大型の百貨店やスーパーマーケットも多数進出した。

スーパーマーケットチェーンとして知られた忠実屋は、八王子が発祥の地だ。昭和8年創業の漬物

甲武鉄道が八王子まで開通して６年後の明治28年。駅は現在よりも東にあった。
陸軍参謀本部陸地測量部発行「1/20000迅速図」。

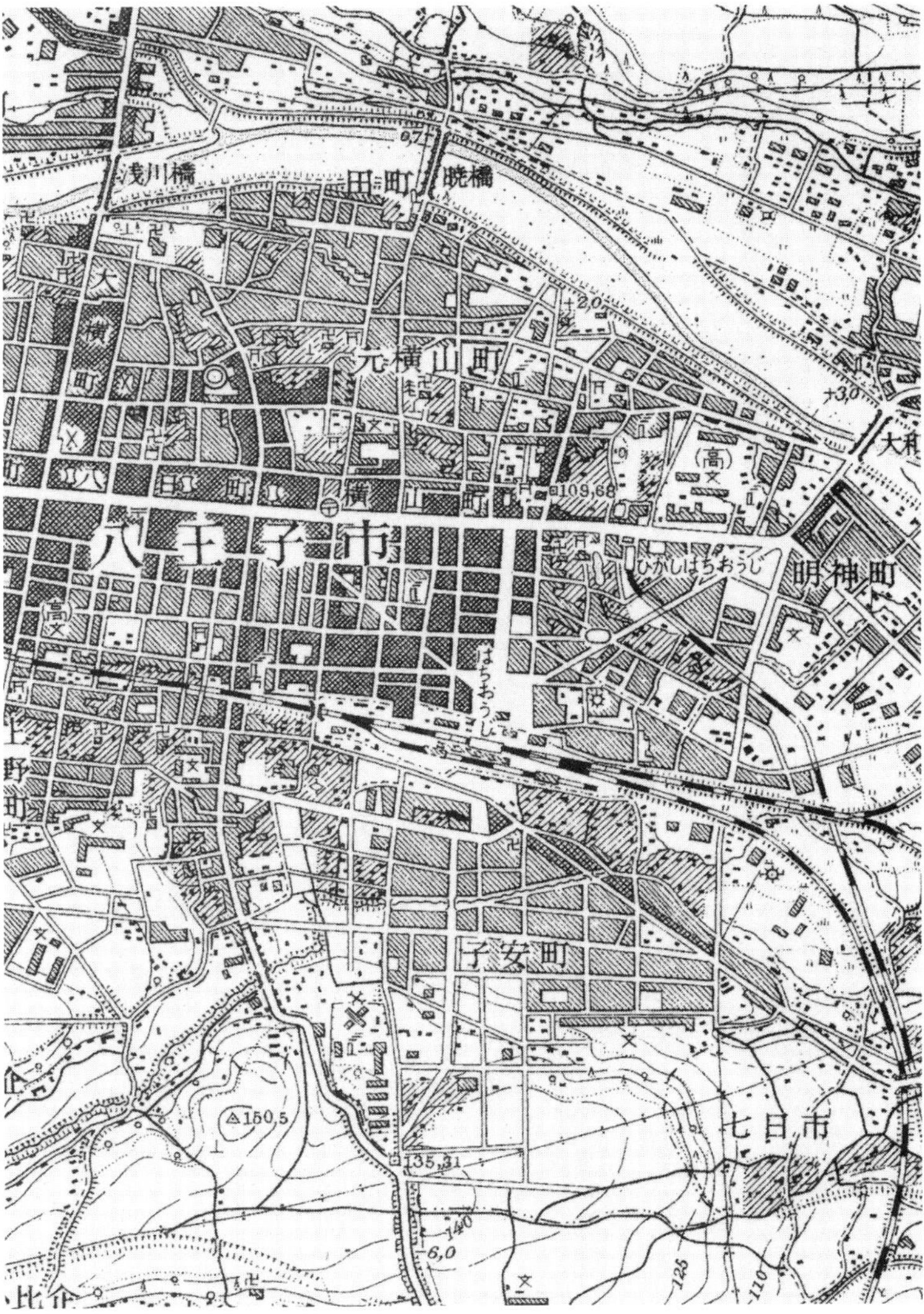


東八王子駅（現・京王八王子）が移転する前の昭和29（1954）年当時の地図。
建設省国土地理院「1/25000地形図」

の行商から始まり、昭和29年に忠実屋1号店となる八幡町店を開店、昭和35年にスーパーマーケットとなった。首都圏を中心にチェーン展開を進めたが、平成6（1994）年当時拡大路線にあったダイエーに吸収合併されている。

近年、甲州街道沿いはビル街となり、八王子から百貨店も消えたが、駅ビルや専門店ビル、商店街など百貨店全盛時代を凌ぐ賑わう商業地が拡がっている。

## ◆町村合併で市域拡大

八王子市は、いまさら改めて言うまでもないが、人口60万人に迫る多摩地域最大の都市だ。近年は産業都市、学園都市、住宅都市など、時代の変化と共に多様な性格を併せ持つ都市へ進化を続けているが、八王子の旧市内は狭いものだった。

神奈川県南多摩郡八王子町から東京府南多摩郡八王子町となったのは明治26（1893）年。八王子町が八王子市となったのは大正6（1917）年だが、市域は甲州街道沿いの横山町、八日町、八幡町を目抜き通りに八王子駅～西八王子駅間の中央線沿線周辺にまとまっていたにすぎない。

しかし、昭和30年以降の町村合併で市域が拡大。その結果、旧南多摩郡の大半が八王子市となったことから、多摩御陵、高尾山、陣馬山、八王子城址、絹の道も八王子市内となった。

かくて一挙に増えた農地や山林に団地や住宅、工場が急増していった。空襲による被害や、復員による転入者もあり、八王子市の戦後の住宅不足は深刻で、昭和20年代後半以降は公営住宅の建設が進められた。昭和32年には日本住宅公団（現・UR都市機構）による八高線沿線の北八王子工業団地を始め、市内に工業団地などが造成され、大工場の誘致が進められた。

昭和30年代後半には、第一次ベビーブームの子どもが大学進学時期を迎え、大学進学率の上昇や都心部の地価上昇もあり、都心部にある大学の多くは、郊外へのキャンパス設置を考えるようになった。最初に八王子に新キャンパスを設置したのは、新宿に校舎があった工学院大学で、昭和38年に八王子校舎が開設された。その後も、多くの大学のキャンパスが八王子市内に誕生。今では国内有数の学園都市となった。

八王子では大正末から昭和初め頃に、多摩結城と名付けられた紋織の八王子織物が考案された。八王子の技術の集大成と評価も高く、現在も伝統工芸品として織られている。江戸時代の宿場町から織物を中心とした商工業の街として発展した八王子だが、八王子織物は伝統産業となった現在の八王子にとって大きかったのは昭和61（1986）年国から業務核都市として定められたことだ。そして平成26年には自治体としての裁量範囲が格段に広がる中核市となった。世界有数の巨大都市である東京では初めてのことであり、未だ唯一の首都東京の中核市である。

# 31 西八王子駅 銀杏並木が高尾まで続く甲州街道の街

## ◆千人町は八王子旧市内の最西端

西八王子駅北口の甲州街道は、追分交差点付近から高尾駅前にかけて800本近い銀杏並木が続く。大正天皇の御陵造営を記念して昭和4（1929）年に植樹されたもので、春の浅緑色から秋の黄金色へと街を彩り、銀杏の色づくころには毎年「いちょう祭り」が開催されている。

甲州街道沿いに広がる千人町は八王子旧市内の最西端だった。駅が開設されたのは昭和14年4月1日。その年の12月に廃止される武蔵野中央電気鉄道の路面電車が甲州街道を走っていたが、その頃は京王電気軌道に吸収されて駅から西の横山車庫（現在の並木町あたり）から高尾橋までの運転だった。駅を開設したのは八王子～浅川（現・高尾）間の駅間距離が6キロ近くもあったので、千人町住民の利便性を考えてのもので、改札も北口だけだった。

今でこそ西八王子の街は市街化しているが、当時は千人町を離れれば甲州街道の両側はあたり一面田畑に山林で、この風景は昭和40年代まで変わらなかった。

西八王子駅は昭和52年に橋上駅化されたが、南口が設けられたのは翌年の3月。南口は現在、スーパーや商店街にロータリーもあってバスも発着しているが、南口開設の時期から南側に広がる散田町の開発は遅かったことがうかがえる。

八王子千人同心が由来の千人町は甲州街道沿いに1丁目から4丁目まであるが、千人町は二代秀忠頃までは五百人町と呼ばれ、組織の規模が拡大されて千人町となったのは三代家光の寛永年間だ。

小田原北条氏に代わって関東の領主として徳川家康が江戸に入ると、家康もまた小田原北条氏と同じく、家康の居城が置かれる江戸を甲州口から守るための軍事拠点として八王子を位置付け、八王子城を廃城とした上で八王子を直轄領とした。

八王子には関東各地の直轄領を支配する代官18人が駐在することとなり、武田家旧家臣の大久保長安が代官頭を務めてこの地方の開発を担当した。大久保長安は甲州街道を整備し、文禄2(1593)年には甲州街道沿いに新たに八王子町(現在の千人町付近)を設け、旧八王子城下の住民を街道沿いに移住させると、治安維持を担う「千人同心」を置き、文禄2(1593)年、小田原北条時代とは違う新たな八王子の町が成った。

三代家光治世には現在の八王子の中心市街(八王子駅の北側)には、甲州街道に沿って横山宿、八日市宿、八幡宿など八王子十五宿と呼ばれる大きな宿場町が完成。八王子城の城下町は元八王子となった。

追分の道標近くの陣馬街道沿いにある千人同心屋敷跡碑

## ◆猿楽師から出世した大久保長安

徳川家康に命じられて、八王子千人同心を組織したのは武田家の旧家臣であった大久保長安。千人町はその八王子千人同心の拝領屋敷の町として創られた。同心といってもその実態は半農半士集団で、平時は周辺の村々に散在。関ヶ原以降は日光東照宮の「火の番」――警護をもっぱらとし、50人が半年交代で務めた。

江戸後期から幕末期になると北海道の開拓や開港地横浜の警護がその仕事だった。維新期、板垣退助率いる官軍が甲州路から上ってきた時、千人同心が戦ったとは聞かず、まもなく解体している。

長安は猿楽師から信玄に取り立てられた。徳川家康にその才を認められて家臣として仕え、武蔵国西部で辣腕を振るい、後には関東代官頭まで出世したというのが巷間伝えられる大久保長安のプロフィールだ。

八王子千人同心屋敷跡などの碑はあるものの、長安の供養碑がないのは、没後の騒動が影響しているものか。慶長18（1613）年長安の死後、幕府は長安が金山の統轄権を隠れ蓑に不正蓄財をしていたという理由で墓を暴いて首を晒し、その一族まで処刑・改易処分にしている。俗に大久保長安事件と呼ばれるこの騒動には「天下の総代官」とも称された長安の威勢を引き継ぐ一族を恐れる幕閣の陰謀説もあり、真相は不明だ。

西八王子駅南口を出て万葉けやき通りを左折すると五叉路に出る。そこから南大通りを数分歩いた交差点角に曹洞宗のお寺がある。寺号は金龍山信松院。武田信玄の四女（六女説もある）松姫がここに眠る。

大久保長安は武田信玄に仕えていてことから、松姫との因縁話が残されている。

丸い墓石がいかにも姫君らしい信松院松姫墓所

## ◆戦国の姫が落ち延びた陣馬街道

八王子は徳川家康の天下になってから新しい時代を迎えるが、戦国時代末期は旧武田家遺臣等が数多く落ち延びた地で、松姫もその一人。

松姫は7歳で織田信長の長男・信忠と婚約。やがて同盟は破棄され、武田信玄と織田信長は交戦。婚儀も破談。天正10年、松姫21歳の時に武田家は天目山での勝頼自刃で滅亡。運命転変、松姫は3歳になる姪の小督（こごう）を連れて逃避行。陣馬山の山麓、恩方に落ち延びる。恩方は中央環状と陣馬街道が交差する山間部。家臣を伴っているとはいえ、甲州から八王子へ、幼い小督を抱えての山越えが苦難の道行きであったことは容易に想像出来る。

松姫は落ち延びた恩方で曹洞宗心源院卜山禅師により仏門に帰依。天正18年、この地に庵を編んだのが信松院の創建と伝わる。松姫は元和２（１６１６）年徳川家康の没年と同じ年に56歳で、波瀾と仏道の生涯を終えた。

一方、小督も少女期に仏道に入り、八王子で辣腕を振るった関東総代官大久保長安に請うて一寺を建て、これを玉田院と名付け、自身は玉田禅尼と称して仏道に身を捧げる。

小督こと玉田禅尼は慶長13（１６０３）年、病を得てこの地で29歳という短い生涯を閉じた。玉田院

松姫の墓石

甲州街道と陣馬街道の追分に建つ道標

はその後、廃寺。正徳5（1715）年武田信玄ゆかりの子孫が極楽寺に改葬している。墓石は風化、墓標に刻まれた文字は消え、お寺が供養に立てている卒塔婆に、玉田院の名が見えるだけとなっている。

その極楽寺は信松院前から松姫通りを北に向かい、甲州街道を右折。まもなく行き当たる東京環状沿いにある。信松院から徒歩30分ほどの距離に、武田信玄の血を引く二人の戦国の姫が眠る。

駅北口から甲州街道に出て右手に行くと、まもなく甲州街道と陣馬街道の追分に出る。その追分交差点手前の歩道脇に道標が建っている。文化8（1811）年江戸の足袋職人清八が、高尾山に銅製五重塔を奉納した記念に、江戸から高尾までの甲州街道に新宿、八王子追分、高尾山麓小名路の3箇所に立てた道標の一つと伝わる。

道標には「左甲州道高尾道」「右あんげ道」と刻まれている。「あんげ道」とは往時、松姫が苦難の山越えをした陣馬山中へと向かう陣馬街道の古称だ。昭和20年8月の空襲で上部は破壊され、基底部のみ残っていたのを平成15年、往時の姿に復元。以前は歩道橋下に据えられていたがその後、移設した。

千人同心屋敷跡記念碑は、交差点から陣馬街道に入ったところに建っている。

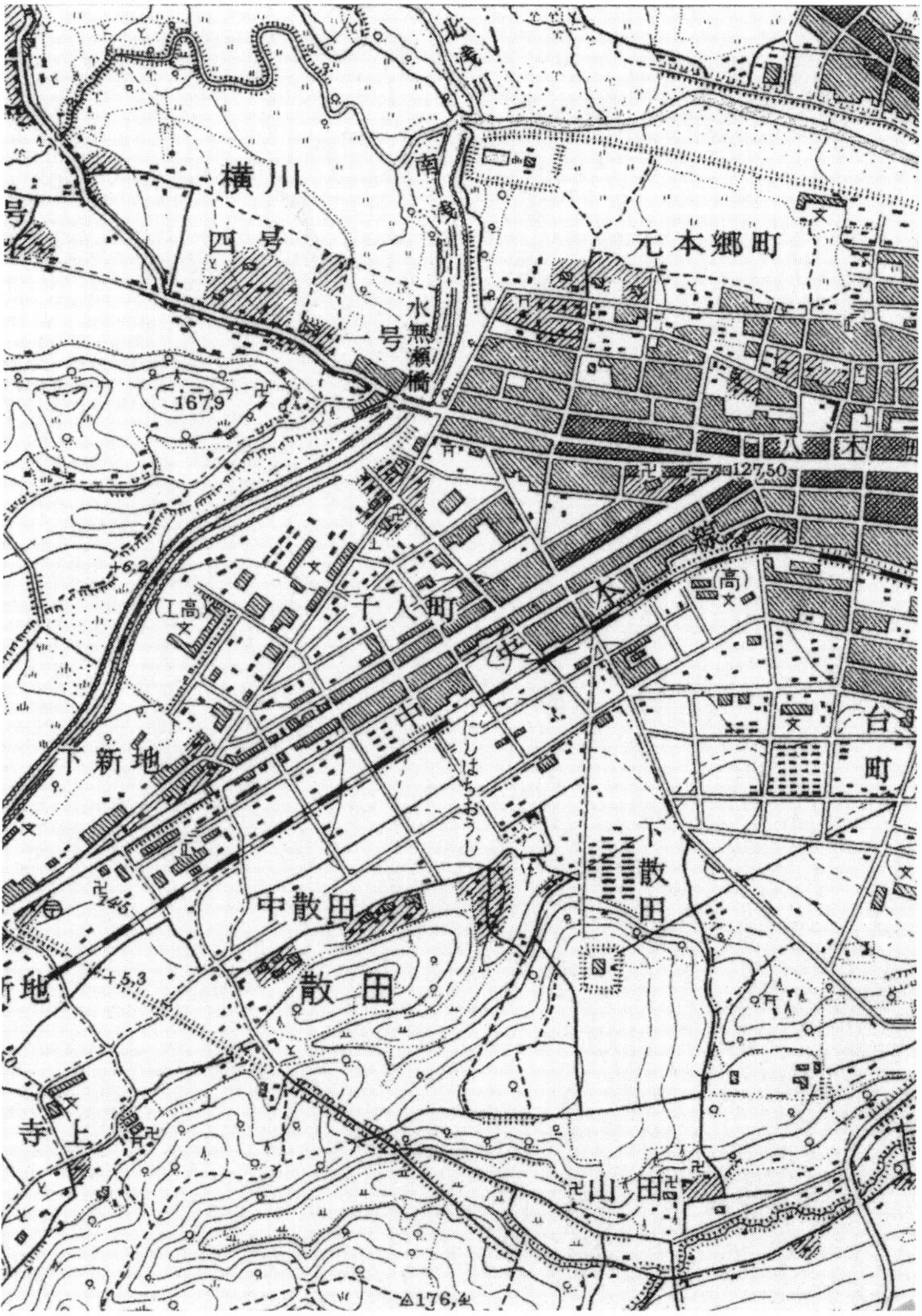

地図の左下には京王御陵線の線路敷地跡が残されていた昭和29年当時。
建設省国土地理院「1/25000地形図」

# 32 高尾駅 北口駅舎の移設決まる

## ◆JRも運行していた高尾山初詣臨時列車

高尾駅は明治34年8月1日、地名を取って浅川駅として開業している。鉄道が通ったことで、山岳信仰の聖地だった高尾山も、観光ガイドに取り上げられるようになった。明治43（1910）年刊の『中央東及西線川越線青梅線鉄道名所』のガイドに曰く〈浅川駅は飯田町より七十九銭。浅川は甲州街道の宿場で、養蚕が盛んである。駅より乗合自動車の便あり。老杉鬱々たる杉並木の傾斜路を登る。関八州さては武甲信の山々峰々を一眸に収る風光は雄大である。高尾へ登っても大見晴らし迄ゆかねば、其処に何らの価値もない〉云々。

田山花袋は大正7（1918）年刊の『一日の行楽』で高尾山を語っている。〈此の山には講中などがあって、かなりに流行する山である。時には中央線の汽車が行者で一杯になることがある。東京近くでは一日で遊びに行くのに手ごろなので、秋には観楓の臨時汽車などが出る〉云々。高尾講中はピーク時には100を超えていたという。

田山花袋の時代から1世紀。高尾山は初詣スポットとなったが、令和3年正月はコロナ騒動の渦中。京王電鉄も国土交通省、東京都の要請を受けて例年は大晦日から元旦にかけて運行していた終夜運転および臨時座席指定列車も取りやめ、高尾登山電鉄も入山規制がかかったことからケーブルカーおよびリフトに同様の措置を取った。

**【高尾登山鉄道、高尾山駅(昭和戦前期)】**
昭和2(1927)年1月に清滝～高尾山間が開業した高尾登山鉄道の(山上)高尾山駅である。高尾山のケーブルカーは高尾山薬王院に参詣する人々の足となり、ハイキング客でも賑わっていたが、この後、太平洋戦争中に不要不急路線として休止となる。戦後は昭和24(1949)年に運行が再開された。◎所蔵：生田 誠

高尾山初詣臨時列車はＪＲ東日本も10年ほど前までは北関東からの団体客専用の初詣列車を運行していた。山手貨物線から新宿経由で高尾駅まで電気機関車が引っ張り、お座敷列車仕様もあったから人気だったが、圏央道も開通し、近年は運行を取りやめたようだ。

高尾山薬王院は奈良時代の天平16（７４４）年、聖武天皇の勅願寺として行基が開山したと伝えられる古刹。南北朝時代の中興により「飯縄大権現」が祀られ、その眷属である天狗信仰の霊山ともなった。古くから修験道の修行地でもあり、現在も「琵琶滝」「蛇滝」では滝修行が行われている。

ケーブルカーは戦前からあり、リフトは昭和39年10月10日、東京オリンピック開会式の日からケーブルカーに並行して開業。昭和42年10月には京王高尾線が開通して、終着の高尾山口は改札を出ればケーブルカーの清滝駅まで5分とかからない。かくて、高尾山はハイヒールでも行ける山になったが、高尾山が観光地として全国的に有名になるのは、大正天皇多摩陵の造営だった。

## ◆多摩陵の造営と観光地化

大正天皇は大正15（１９２６）年12月25日に崩御され、翌日、元号は昭和に改められたから、昭和元年は1週間もなかったことになる。

昭和２（１９２７）年1月3日、官報号外で横山村・浅川村・元八王子村（現・八王子市）にあった御料地の一部を「武蔵陵墓地」とすること、その中の横山村内に大正天皇の陵所を置くこと、翌

棺を御陵に運ぶために設けられた斜面軌道

日の官報号外で2月7日に新宿御苑で、翌8日に陵所で「大喪の儀」が行われることと、陵名は「多摩陵」と告示された。

大喪の儀では霊柩列車用に東浅川仮停車場が設けられ、2月8日午前1時35分着という深夜に運行された。「祭場殿」から「玄宮」までの傾斜部分に、柩を運ぶための「山稜斜面軌道」も設置されたが、大喪の儀を終えると2月11日には撤去されている。

東浅川仮停車場は、その後も皇族専用の駅として使用されたが、昭和35（1960）年に廃止。跡地は八王子市が払下げを受けている。

天皇家の陵墓が東京に置かれたのは初めてのことであったことから、最寄り駅となる浅川駅は日本中から注目を集めることになった。昭和2年2月13日からは期間を区切って、翌年4月3日からは通年で一般参拝が許され、全国各地から参拝客が訪れるようになると高尾山も参拝客の誘致に力を入れた。

高尾登山電鉄のケーブルカーは、高尾山薬王院の貫首の発案により大正中期より計画が進められていたもので、

大喪列車用に設けられた東浅川駅

建設工事は大正14年に着工、昭和2年に開業と、全国的な参拝ブーム到来と開業時期がぴったりはまったことも功を奏した。

日本有数の観光名所の最寄り駅となった浅川駅が賑わうようになると、交通機関も進歩していった。甲州街道を走っていた路面電車の武蔵中央電気鉄道は昭和5年に浅川駅前〜高尾橋間を開通させた。同じ年に中央本線が浅川まで電化され都心から電車が直通となった。翌6年に、京王電気軌道は参拝客の利便性向上に北野駅から御稜線を開業し、終着駅を御陵前駅(昭和12年に多摩御陵前駅へ改称)とした。

御稜線は京王高尾線のルーツで京王片倉、山田の両駅は、昭和戦前は御稜線の駅でもあった。御陵線は、東八王子駅(現・京王八王子駅)の一つ手前、北野駅から分岐し西へ、山田駅を過ぎて北西に向かい、中央本線、甲州街道、武蔵中央電鉄、南浅川を高架橋で越えて多摩御陵前駅に至るものであった。

普段は北野〜多摩御陵前間の折り返し運転であったが、全盛期の頃は土日になると新宿からの直通運転が行われ、現在の高尾線並みの運行をしたのである。

御陵線は戦局の悪化により昭和20年1月に休止。多摩御陵前駅の駅舎は終戦直前の八王子大空襲で

現在の武蔵陵墓地は、昭和天皇陵が造営される前は、多摩御陵と呼ばれていた。◎昭和戦前期　所蔵：生田 誠

焼失。御稜線は昭和39年、正式に廃止となり、京王高尾線が走り出すのはその3年後だ。

## ◆「霊気満山」高尾山

高尾駅3・4番線ホームで大きな天狗の石像が睨みを利かせている。高尾山の天狗伝説にちなんで昭和53年に設置されたものだが、数多くの天狗伝説が残る高尾山の駅らしい演出だ。

高尾山は標高599mと、決して高い山ではないが平成19(2007)年フランスの旅行ガイド「ミシュランガイド」の日本語版が発刊された際、富士山とともに三ツ星の評価を得た。都心から近いのに自然林が広く残っているため、植物の種類が非常に多く、1600種の分布が報告されている。また野鳥や哺乳類も多数の種類が生息する山岳森林である上に山頂から東京都心が臨め、天気が良ければ富士山も見えることが評価された。以来、外国人観光客も急増した。

年間250万人という来山数は、ケーブルカーやリフトなども整備されているお手軽感もあるだろう。ケーブルカーで山頂駅を降りれば、展望レストランもある。かつてはゴンドラ(展望塔)もあった。乗降場は展望台の屋上で、8人乗りゴンドラ4台が回転しながら上昇し、眺望が楽しめた。しかし、昭和54年の数人がけがをした事故がきっかけとなり撤去されたのはもったいなかった気もする。現在も展望台部分は残っており、夏季にはビアガーデンとなる。

薬王院へ向かう途中には有名な「蛸杉」がある。その横に「引っ張り蛸」という縁起物が設置されているが、この少し先に神門がある。

高尾駅ホームの巨大天狗

扁額には「霊気満山」とある。

高尾山を歩いていると、ところどころで赤いよだれかけをつけた石仏が目に留まる。この石仏はお地蔵様ではなく「高尾山内八十八大師巡り」の弘法大師像だ。

浅川駅開業から2年後の明治36（1903）年、高尾の山全体を四国八十八ヶ所と見立てた高尾山内八十八大師が始まっている。

高尾山では年4回、薬王院主催による「八十八大師巡り」が行われているが、個人で巡拝する人も少なくない。八十八ヶ所は広範囲にまたがっており、自分のペースで高尾の山を散策しながら、2回、3回に分けて八十八大師を巡り、山上護摩受付所で「巡拝証」を受け取る。この場合、巡拝前に山麓不動院か山上薬王院護摩受付所で「高尾山内八十八大師巡拝案内図」を求め、記載されている案内マップで山内を巡拝しながら3ヶ所（不動院・琵琶滝・蛇滝）で朱印を押印。山上護摩受付所へ持参すると「巡拝証」が授与される。

## ◆「八王子」の地名の起こり八王子城

武蔵陵墓地改め武蔵野陵墓地は、高尾駅北口から歩いて20分ほど。大正天皇の多摩陵の後、貞明皇后の多摩東陵、昭和天皇の武蔵野陵、香淳皇后の武蔵野東陵が造営され、静謐な時が流れている。

北口からは八王子城址に向かうバスも多数出ている。バスは武蔵野陵墓地と多摩森林科学園の境を通る高尾街道を行き、八王子城址最寄りのバス停は「霊園前・八王子城跡入口」で、八王子城址はバス停から徒歩15分ほど。

八王子の駅前市街地の中心となる横山町、八日町、八幡町は、もともとは八王子城の城下町から移ってきたものだ。

　戦国時代、一介の戦国大名から東国に雄飛した小田原北条氏が築いた滝山城は、現在の八王子の中心部から北に5キロほどの地にあり、横山・八日市・八幡の「三宿」からなる城下町が発達した。その後、滝山城より堅固な八王子城が深沢山（現・城山）に築かれると、「三宿」も新しい城下町の商業地として現在の高尾街道沿いに移転している。

　八王子城は小田原北条三代目氏康の次男氏照が天正年間の1580年代後半に築いた山城で、豪壮な居館が主殿となった。氏照は山頂にあった「八王子権現」を城の守護神とし、城の名もそれにあやかり、八王子の地名の起こりともなった。

　八王子城はしかし、築城3年足らずで落城する。豊臣秀吉の関東制圧の一環で、前田利家・上杉景勝軍に夜戦を仕掛けられて落城、1日と持たなかった。

　秀吉が小田原攻めに大軍を動かしたのは天正18年2月。先鋒として徳川家康が3万余の兵を率いて駿府を出発。秀吉が大坂城を出たのは3月で、北条討伐軍の規模は総勢20万を超え、小田原北条勢は6万に満たなかったと伝えられる。八王子城攻撃の主力を務めた加賀・前田利家と越後・上杉景勝の両軍は合わせて3万余。一方、八王子城を固めていたのは数千とも5千に満たなかったともいう。

　城主氏照は小田原籠城戦に備えるために八王子城の精鋭を引きつれて小田原城にあり、兵力弱体化していた八王子城に前田・上杉3万の大軍が押し寄せたのは天正18年6月23日未明。数で押す「力攻め」に、夜が明ける頃には決着。落城の際、多くの婦女子や武将が自ら懐剣で喉を突き、御主殿の脇に

復元された八王子城の遺構のうち虎口から曳橋

流れる城山川に落ちる、通称「御主殿の滝」に身を投じ、その血で、城山川の流れは3日3晩赤く染まったと伝えられている。

八王子城址は、落城後は徳川氏の直轄領、明治以降は国有林であったことが幸いし、落城当時のままの状態で保存されていた。昭和26年、国の史跡に指定されて発掘調査や整備が進み、御主殿跡付近の石垣、虎口、曳橋などが復元されている。

## ◆北口駅舎の移設・保存決まる

高尾駅から東京駅まで中央特快なら1時間前後、快速でも70分前後だ。高尾駅周辺にはマンションや住宅が建ち並び、ベッドタウン化しているのを目にすると、高尾線が開通する前の国鉄浅川駅を知っている世代は感慨を覚える。あの頃、浅川駅は高尾山の玄関口でしかなかった。駅前から山麓までバスが田舎道を走っていた時代だった。

社寺建築風の駅舎はそうした時代の移り変わりを見てきたが、長く馴染んだ北口駅舎もまもなく高尾駅から姿を消す。

現在の北口駅舎は、大正天皇「大喪の儀」の時に、大喪列車の始発駅として新宿御苑内に設けられた「新宿御苑仮停車場」の駅舎を、大喪の儀が終わった昭和3（1928）年移設した高尾駅二代目駅舎となる。

八王子市とJR東日本、京王電鉄は高尾駅周辺整備事業に取りかかっており、現駅舎は南北自由通路の整備で支障になることから、移

長年馴染んだ駅舎も移設されてしまう

設・保存を決めたものだ。

移設先は「大喪の礼」の際に、東浅川仮停車場が設けられたところだ。東浅川仮停車場は八王子市が払い下げを受けた後、市の集会場施設となり、現在は東浅川保健福祉センターの第2駐車場なっている。当該地は、高尾駅から東に約1500m、甲州街道多摩御陵入口交差点の南側に位置している。

現駅舎は文化財的価値のある建築物であることから移設・保存の運びとなったが、三代目となる新駅舎はどのような顔になるのだろうか。

【著者プロフィール】
坂上 正一（さかうえ しょういち）
東京・深川生まれ、1972年東京都立大学経済学部卒業。日刊電気通信社に３年ほど在籍後、日本出版社に就職。その後、フリーランスとして生活文化をフィールドとして活動。2006年、新人物往来社『別冊歴史読本　戦後社会風俗データファイル』に企画・編集協力で参画後、軸足を歴史分野に。かんき出版でビジネス本にたずさわりながら2011年、同社から『京王沿線ぶらり歴史散歩』『地下鉄で行く江戸・東京ぶらり歴史散歩』を「東京歴史研究会」の名で上梓。2014年、日刊電気通信社から『風雲家電流通史』を上梓。現在は新聞集成編年史を主資料に明治・大正・昭和戦前の生活文化年表づくりに取り組み中。

【絵葉書提供・文】
生田 誠

**全駅紹介　中央線（東京～高尾）ぶらり途中下車**

2021年３月１日　第１刷発行

著　者……………………坂上正一
発行人……………………高山和彦
発行所……………………株式会社フォト・パブリッシング
〒161-0032　東京都新宿区中落合２-12-26
TEL.03-6914-0121 FAX.03-5988-8958
発売元……………………株式会社メディアパル（共同出版者・流通責任者）
〒162-8710　東京都新宿区東五軒町６-24
TEL.03-5261-1171 FAX.03-3235-4645
デザイン・DTP ………柏倉栄治（装丁・本文とも）
印刷所……………………株式会社シナノパブリッシング

ISBN978-4-8021-3232-9 C0026